북경 똥장수

북경 똥장수

어느
중국인
노동자의
일상과
혁명

신규환 지음

푸른역사

일러두기

1. 교육부 표기법상 북경北京은 베이징으로 표기되나 제목은 북경으로 표기하고, 본문에서는 베이징으로 표기했다.
2. 명청대의 수도는 베이징이었고, 민국 시기 장제스가 난징에 수도를 정립하면서 베이핑北平으로 강등되기도 했는데, 난징국민정부 시기(1928~1937)와 국공내전 시기(1945~1949) 동안 베이핑으로 불렸다. 일본점령기(1937~1945)에 베이징으로 불렸으며, 1949년 신중국 성립 이후 베이징으로 복권되었다. 자세한 내용은 이 책의 2장을 참고.

* 이 책은 2010년도 정부재원(교육과학기술부 학술연구조성사업비)으로 한국연구재단의 지원을 받아 연구되었음(NRF-2010-812-A00021).

책 머리에

이 책은 20세기 전반 베이징 똥장수[糞夫]의 일상에 관한 책이다. 혁명과 전쟁으로 점철된 20세기 중국 사회에서 어느 똥장수의 삶의 궤적을 추적하여 중국혁명이 그들에게 어떤 의미였는지 묻고자 했다. 나는 이미 베이징의 도시위생을 다룬 책에서 똥장수에 관한 이야기를 일부 다뤘다. 그러나 제한된 시점만을 다루다보니 똥장수의 기원과 발전, 지속과 변화 등은 포착해 내기 어려웠다. 똥장수라는 독특한 직업군이 독자들의 관심을 끌었던 터라 기회가 되면 별도의 책으로 본격적으로 다뤄 보고 싶다는 생각을 해 왔다.

역사가가 특정 집단을 다룰 때, 가장 큰 난관은 관련 사료를 발굴하는 일이다. 특히 똥장수와 같은 도시하층민을 연구할 경우에는 그들의 목소리를 직접 들을 수 있는 사료를 거의 찾을 수 없다. 그들은 대부분 문맹인 데다가 먹고살기에도 벅찬 생활 속에서 기록에 대해 별 관심이 없었기 때문이다. 그러나 사회사가의 목표는 다양한 자료를 통해 숨겨진 하층 대중의 목소리와 일상을 복원하는 것이다. 이 책은 그러한 시도 중의 하나다.

중국 사회의 도시하층민 중에서도 똥장수는 매우 독특한 지위를 지녔었다. 똥장수는 공장노동자나 인력거꾼과 같이 중국 사회에서 수적으로 다수를 차지하는 집단은 아니었지만, 물장수[水夫]와 더불어 시민들의 일상을 '지배'하는 직종이었다. 상수도 및 분뇨처리 시설이 갖추어지지 않은 도시공간에서 그들은 시민을 상대로 갈취와 태업을 자행할 수 있었다. 당연히 시민들은 이러한 일상의 폭력에 대응하지 않을 수 없었고, 시정부에 강력한 개입을 요구하기도 했다.

청대에 들어서 정식 직업군으로 정착한 똥장수는 20세기 이후 중국혁명에 대한 입장을 분명히 할 것을 강요받았다. 시정개혁을 표방한 시정부들이 분뇨처리 문제를 주요 과제로 주목하고 있었던 터라 똥장수는 어떤 식으로든 자신들의 입장을 정리해야 했다. 1920년대 베이양정부北洋政府는 똥장수를 개혁으로 이끌기 위해 노력했고, 1930년대 난징국민정부南京國民政府 시기에는 분뇨처리업의 개혁을 둘러싸고 시정부와 똥장수가 대립하는 상황이 연출되기도 했다. 1940년대 일본 점령당국 역시 분뇨처리업의 개혁과 똥장수 포섭을 위하여 다양한 정책을 제시했고, 1949년 중화인민공화국中華人民共和國 성립 이후 똥장수는 혁명과 개조의 대상이 되기도 했다. 이 책은 300년 이상 중국인의 일상을 지배해 온 똥장수의 역사적 근원과 혁명의 시기에 이들의 발자취를 더듬어 보고자 했다.

이 책은 전체 5장으로 구성했다. 1950년 4월 베이징시 인민정부 공안국이 똥장수 20여 명을 긴급체포한 사건과 그 배경을 추적하는 형식이다. 1장은 똥장수의 일상생활을 다룬다. 이 책의 주요인물인 위더순, 쑨싱구이, 딩전취안 등의 이력, 그들의 고향, 도시 이주의 계기, 생활수준과 의료생활 등을 묘사했다. 2장은 베이징의 이주민 사회를 살핀다. 베이징의 공간구조, 환경 인프라, 동향 네트워크 등을 언급했다. 산둥인의 도시 이주와 베이징의 이주민 사회를 이해하는 것은 중국 도시 사회와 도시민의 일상구조를 이해하는 관건이기도 하다. 3장은 시정부의 위생개혁과 똥장수의 환경폭동을 알아 본다. 특히 1930년대 난징국민정부 시기 시정개혁이 가속화되면서 환경폭동이 시작되고, 물장수와 똥장수들이 위생개혁에 어떻게 대응해 나갔는지 고찰했다. 4장은 중일전쟁 발발 이후 베이징을 점령한 일본군이 시정을 접수한 후 전염병 관리 및 위생관리를 위해 시정을 어떻게 개편했는지, 똥장수들을 어떻게 관리했는지를 추적한다. 5장은 항일전 승리 이후 도시환경의 변화와 신중국 성립 이후 위생관리와 위생개혁, 그리고 반동적 똥장수들에 대한 인민정부의 처분 등에 대해 언급한다.

똥장수가 20세기 중국혁명에서 어떤 의미를 지닐까? 그동안 국내외 많은 연구들은 20세기 중국혁명에서 학생, 노동자, 농민, 여성, 비밀결사 등 각계각층의 역할과 그들이 혁명의 주도자 혹은 혁명대중으로서 어떠한 역할을 수행했는지 다양한 연구를 진행해 왔다.[1] 예외적으로 미국학계에서 시민사회론을 주도했던 스트랜드David Strand가 베이징 인력거꾼의 생활상과 능동적 정치 참여를 강조한 연구 결과를 발표한 바 있다.[2]

기존 연구들은 노동자, 농민, 여성 등 노동대중과 지식인 사회는 중국 사회의 반제반봉건反帝反封建을 기치로 점차 중국공산당의 합작과 계급투쟁 노선에 동조해 나갔다고 보았다. 그러나 현실은 중국공산당의 의도대로만 흘러간 것은 아니었다. 특히 하루하루를 버텨 나가기 힘든 도시하층민에게 중국혁명은 일상의 '변화'가 아닌 일상의 '반란'이었다. 그들은 새로운 변화가 가져 올 희망을 기대하기보다는 현재의 일상마저도 빼앗길 수 있는 생존의 위협을 걱정해야 했다. 혁명이 중국인의 일상에 적지 않은 영향을 미쳤지만, 그것이 항상 혁명진영의 의도에 부합된 것은 아니었다.

게다가 도시하층민의 일상을 일부 복원한 연구도 특정시기에 한정됐다. 19세기 말 20세기 초, 1911년 신해혁명 이후 베이양정부 시기北洋政府時期, 1920년대 국민혁명 시기, 1930년대 난징국민정부 시기, 1940년대 항일전쟁과 국공내전 시기, 1950년대 신중국건립 시기 등 격동의 20세기 전반기 동안 중국 사회의 통시대적인 변화와 흐름을 꿰뚫는 연구는 거의 없었다고 해도 과언이 아니다.[3] 특히 똥장수와 같은 특정 직업인을 대상으로 한 통시적 연구는 국내외를 막론하고 극히 드물다.

이 책은 20세기 전반 베이징 사회를 배경으로 위생개혁과 혁명운동이 어떻게 전개되는지 제도적 변화에 관심을 두면서도 이러한 제도적 변화에 대응하는 도시하층민의 동향에 주목함으로써 도시하층민의 일상생활의 실태를 미시적으로 검토하고자 했다. 이러한 연구는 중국 근현대사를 위생과 환경이라는 새로운 관점에서 통시적으로 고찰할 수 있는 기회를 제공할 뿐만 아니라 도시하층민의 일상생활 수준에서 20세기 전반의 베이징 사회와 시정권력이 도시민에게 어떤 의미였는지를 밝히는 데 도움이 될 것이다.

이러한 의식 하에서 이 책은 크게 두 부분에 초점을 맞췄다. 하나는 도시하층민의 일상생활에 초점을 맞추되, 똥장수와 일반시민들이 각각의 입장에서 위생개혁을 어떻게 받아들였는지 중점을 두고 살폈다. 이를 통해 단편적으로 위생개혁의 성과를 간과해 온 그간의 연구경향의 한계를 극복하고자 했다. 다른 하나는 시정부의 위생행정을 집중 분석하여 지방정부 차원에서 위생의료를 구체적으로 어떻게 진행했으며, 어떠한 성과를 얻었는지를 검토했다. 특히 위생행정이 전개될 시기의 베이징 도시 공간구조의 특성과의 연관성에 주목함으로써 국가권력의 일방적인 통제만이 아니라 개인 및 사회에 대한 역동적인 상호관계를 형성하고 있었다는 점에 주목했다. 이 책은 단순히 미시사로 대표되는 일상생활사의 복원에만 목표를 두는 것이 아니라 위생의료체제라는 시스템의 작동방식과 국가권력의 문제를 염두에 두고 거시적 관점에서 도시사회사에 접근했다.

1970년대 한국에서 중소도시의 후미진 뒷골목이나 산동네에서 똥차를 끌거나 똥지게를 진 똥장수를 보는 일이 그리 어렵지 않았다. 나 자신도 혹시 똥장수를 만나면 그저 옷에 뭐라도 묻을까봐 온몸을 벽에 붙여 가며 코를 막고 똥차를 피하기 위해 애쓰던 기억이 새삼 떠오른다. 똥장수 이야기가 연구 주제가 될 것이라고는 나 자신도 생각지 못했다. 10년 전쯤 위생행정에 관한 박사논문을 준비하면서 그 일부로 똥장수 이야기를 다루었다. 운 좋게도 그 논문이 동양사학논문상을 받게 되어 이 주제를 단행본으로 펴낼 생각까지 하게 되었다. 이번 기회에 근대국가 건설을 위해 매진하던 시기에 도시하층민의 일상생활과 도시화 과정에서 그들의 삶을 위한 투쟁 등에 대해서 되돌아 볼 기회가 되었다. 중국의 경험을 통해 한국과 일본 등 동아시아 각국의 사례도 함께 반추해 본다면 더 의미 있는 작업이 될 것이다.

이 책은 한국연구재단이 지원하는 인문저술 지원 프로그램의 지원을 받았다. 한국연구재단의 지원이 없었다면 이 책은 세상의 빛을 보기가 어려웠을 것이다. 이 자리를 빌려 이 연구를 지원하고 심사해 준 재단과 익명의 심사위원들에게 감사드린다. 이 연구의 일부를 국제회의에서 발표할 기회를 제공하고 자료조사를 도와 준 중국 난카이대학南開大學의 위신중余新忠 교수와 베이징도서관北京圖書館, 상하이도서관上海圖書館, 베이징시당안관北京市檔案館 관계자 여러분에게도 감사드린다. 특히 이 연구가 진행되는 동안 음으로 양으로 지원해 준 여인석 교수를 비롯한 연세대 의사학과 식구들은 언제나 고마운 이들이다. 좋은 책을 만들어 준 도서출판 푸른역사에게도 감사드린다. 그리고 이 연구가 진행되는 동안 똥장수에 관한 끊임없는 영감을 제공해 준 든든한 조력자이자 지원군인 아내와 딸에게도 고마움을 전한다.

갑오년 맹춘 베이징에서

저자

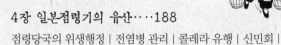

프롤로그

1950년 4월, 베이징시北京市 인민정부人民政府 공안국公安局은 위더순于德順과 쑨싱구이孫興貴 등 똥장수[糞夫] 20여 명을 긴급체포했다.[1] 전국의 운반업자 중에서 반동혐의가 있는 주요 인물들을 조사하기 위한 조치였다. 1951년 4월, 중국공산당 베이징 시당위원회 제1서기 펑쩐彭真(1902~1997)은 베이징시 인민정부의 시장에 임명되면서 나에게 인민정부의 특별조사부를 맡아 달라는 제안을 했다. '베이징시인민정부특별조사부' 는 시정운영과 관련하여 일본점령기(1937~1945)와 국공내전 시기(1945~1949) 일본이나 국민당 우파에 협력했던 반동세력을 엄단하기 위해 설치된 시정부 산하 특수조직이었다.

펑쩐 시장과 나는 이렇다 할 인연은 없었다. 펑쩐이 국공내전 기간 동안 둥베이항일민주연군東北抗日民主聯軍 정치위원으로 활동할 당시, 나는 베이징 인근 펑쩐의 직속부대 감찰관으로 감찰보고를 담당하고 있었다. 나는 감찰보고를 서면으로만 했기 때문에, 펑쩐이 나를 알고 있으리라고는 생각지도 못했다. 펑쩐의 주력부대가 베이징에 입성하는 동안 나는 황해에 인접한 친황다오秦皇島 인근으로 배속되어 수도방위 임무를 수행했다. 나는 본래 시안사건西安事件[2]으로 유명해진 장쉐량張學良(1898~2001)의 국민혁명군國民革命軍 일파인 쑹저위안宋哲元(1885~1940) 사령부 출신이었는데, 특별조사부 배속은 중앙으로 진출할 수 있는 절호의 기회였다.[3] 펑쩐 시장은 국내파로서는 드물게 과감한 정치개혁과 시장제도의 도입을 주장해 좌파 혁명가들의 정치적 견제를 받았다. 그러나 그 이상으로 많은 지지자를 끌어 모았다.[4] 나는 지금껏 정치적으로 중립적인 입장에 서려고 노력했는데, 이번 일로 더 이상은 중립적인 인물로 여겨지진 않을 것이다. 어쨌거나 나 같은 시골 출신 장교에게 이런 기회는 흔치 않은 일이 분명했다.

내가 맡은 임무는 똥장수 사회의 리더격인 위더순과 쑨싱구이 등에 대한 특별조사였다. 위더순과 쑨싱구이는 베이징 똥장수 사회의 상징적인 인물로 이들에 대한 조사와 처벌은 베이징시 시정개혁의 방향과도 직접적인 연관이 있는 것이었다. 나는 베이징역에 내리자마자, 인민정부를 찾아가 펑쩐 시장과 한 시간 가량 면담했다. 펑쩐은 이번 사안의 중요성을 설명하며 엄정하고 독립적인 조사를 주문했다. 면담을 마치고 나니 이 사건은 나 자신뿐만 아니라 펑쩐 자신의 정치적 미래와도 직결되어 있음을 직감할 수 있었다.

베이징시인민정부특별조사부는 톈안문天安門 광장이 훤히 내다보이는 베이징호텔[北京飯店] 안에 마련되었다. 톈안문 광장을 응시하는 동안 나는 이곳에서 민주와 개혁을 외치며 수없이 쓰러져 간 젊은 혁

펑쩐彭眞(1902~1997)

1902년 산시성山西省 취웨현曲沃縣 출신으로 산서성 중국공산당원으로 활동하다가 투옥되기도 했다. 1941년 당중앙 조직부장으로 진출한 이후, 당중앙에서 주로 활동했다. 국공내전 직후 예젠잉葉劍英(1897~1986)이 베이핑시인민정부의 초대시장에 임명되었을 때, 베이핑시 서기였다. 건국 이후 녜롱전聶榮臻(1949. 12~1951. 2) 베이징시인민정부 시장에 이어 베이징 시장이 되었다.

명가들과 신중국 성립에 열광했던 수많은 군중들의 모습을 떠올렸다. 나는 이번 특별조사가 가져 올 파장을 어렴풋이 예상하고 있었지만, 정치적으로 예단하고 싶지는 않았다. 내가 할 수 있는 일도 정치적 판단이 아니라 충실하고 엄정한 조사였다. 이번 조사를 진행하는 동안 나는 베이징의 역사와 도시 사회에 대한 전면적인 이해가 불가피하다는 사실을 알게 되었다. 나는 혹시 모를 정치적 곡해에 대비하고 스스로 참고자료로 삼을 수 있도록 별도의 기록을 남기기로 결심했다. 왕조시대의 사관들도 실록을 기록하기에 앞서 일종의 사초史草에 해당하는 기거주起居注를 만들고, 이를 토대로 정리된 실록을 완성했다. 이 기록은 똥장수를 위한 일종의 기거주인 셈이다.

01

똥장수의
일상생활

자술서

위더순 자술서의 진술은 다음과 같다.

- 나이: 68세
- 본적: 허베이 성河北省 자오허交河
- 현주소: 베이징시 푸청먼와이阜城門外 난허옌南河沿 16호
- 현직: 베이징시 분변처리사무소 주임

본인 위더순은 광서 연간 베이징 인근의 완핑현宛平縣에서 태어나 한 차례 일본 여행을 다녀온 것 이 외에 한 번도 베이징시를 떠난 적이 없다. 어린 시절에 지방의 철도학교를 잠시 다닌 적이 있지만, 가업을 잇기 위해 중도 퇴학하고 분뇨처리업계에 종사했다. 선친은 분뇨보관창고업자로 평생 일했으며, 본인 또한 그러했다. 본인은 한때 부동산업으로 전업할 것도 고려했지만, 베이징의 도시환경을 개선한다는 막중한 책무감으로 분뇨처리업

의 발전에 기여해 왔다고 자부한다. 특히 똥장수들의 시민 갈취와 태업 등을 막기 위해 최선을 다해 왔고, 시정부의 위생개혁에도 적극적으로 참여해 왔다. 다만 유감스럽게도 일본귀신의 권력과 탐욕에 놀아난 괴뢰정부의 강압을 이기지 못해 잠시 그들이 원하는 대표직을 수행한 바 있지만, 이것은 전적으로 본인이 원해서 한 일이 아니며, 시대가 핍박한 일이다. 이 점에 대해서만은 진심으로 반성한다.

그러나 일부 사람들이 모함하는 것처럼, 똥장수들의 월급을 체납했다거나 윗사람의 권력을 남용해 남의 여자를 강탈했다거나 베이징대학과 칭화대학 학생들에게 폭력을 사주했다는 것은 나를 아는 사람이라면 도저히 생각할 수 없는 일이다. 나는 도시 환경위생의 개선과 똥장수들의 복지를 위해 적지 않은 재산을 투자해 왔으며, 정부와도 우호적인 관계를 위해 노력해 왔다. 이 점은 나를 아는 사람들이라면 전부 증명해 줄 것이다.

본인은 갑작스런 당국의 체포가 매우 당혹스러우며, 인민정부는 지금껏 베이징 시민들에게 봉사해 온 나의 이력을 생각해서라도 하루 빨리 석방해 줄 것을 기대한다.

신중국 2년 5월 10일 위더순 기록

베이징시인민정부특별조사부의 조사자료에는 다음과 같은 기록이 첨부되어 있다.

위더순은 1928년 베이핑시정부 성립 이래로 시정부의 위생개혁에 적극 동참하여 시정부가 설립한 분변처리사무소의 주임을 담당해 왔다. 1937년 일본점령기에도 괴뢰정부에 협조하여 분변처리사무소 주임과 똥장수직업분회장 등을 역임했다. 인민정부 조사에 의하면, 위더순의 매월 수입은 옥수수 3만 근에 달하고, 베이징 시내에 40여 개의 가옥을 가지고 있고, 토지도 2,000무 가량(40만 4천 평)을 보유하고 있다.[1]

똥장수들의 월급 체납, 강간, 폭행 사주 등의 혐의를 받고 있으나 증거를 확보하지는 못했다. 그러나 분뇨처리업계의 친일수괴이자 친일반민족 행위자 및 반혁명 봉건지주로 최고 형벌이 예상된다.

쑨싱구이 자술서의 진술은 다음과 같다.

- 나이: 60세
- 본적: 산둥성山東省 더핑현德平縣
- 현주소: 베이징 쉬안우먼와이宣武門外 먼후루관悶葫蘆罐 5호
- 현직: 베이징시 분변처리사무소 부주임

본인 쑨싱구이는 산둥성 더핑현 출생으로 황허의 범람을 피해 가족과 함께 베이징에 입성했다. 모친은 청일전쟁이 일어나던 해(1894)에 나를 낳다가 세상을 떠났고, 조모는 똥장수들의 폭동이 일어났던 해(1936)에 나를 대신하여 똥장수들에게 맞아 그 후유증으로 세상을 떠났다. 부친은 생계를 위해 똥장수로 일했지만, 나에게는 분뇨처리업에서 벗어나도록 하기 위해 3년 동안 사숙私塾 교육을 받게 했다. 나는 가족들의 생계를 위해 10세 때부터 부친의 일을 도왔다. 가업이 번창할 때는 10여 개의 분창을 운영하기

도 했으나 대체로 소규모 분창을 몇 개 운영하는 데 그쳤다. 소규모 분창을 운영해 본 경험 덕에 나는 대규모 분창주의 회계업무를 맡을 수 있었다. 회계업무는 똥지게를 질 필요도 없고 벌이가 좋았으나 항상 있는 일이 아니고, 매년 음력 2월과 10월경에 일감이 집중되었다.

똥장수들은 자신들의 목소리를 낼 수 없다. 문맹인 데다가 분창주糞廠主나 분도주糞道主의 눈치를 보기 때문이다. 나는 30년 이상 똥지게를 지고 똥장수들과 똑같이 일해 왔으며, 똥장수와 나 자신의 이익을 위해 분뇨처리업의 개혁을 지지해 왔다. 난징국민정부 시기 시정부에 협조한 것도 분뇨처리업의 개혁을 위한 일이었다. 일본점령 이후 일본군 특무에 끌려가 반일 혐의로 고문을 받았고, 무혐의로 풀려났다. 이 일로 오히려 일본군 특무와 연락한다는 혐의를 받게 되었다. 괴뢰정부에 협력했다는 혐의는 고문을 받아 어쩔 수 없는 상황에서 만들어진 것이지 내가 적극적으로 일본괴뢰에 협력해 본 일은 없다.

나는 신해혁명 이래로 정치적으로 늘 혁명파의 입장에 서 왔다. 베이징은 지금껏 군벌, 국민당, 일본괴뢰들의 차지였다. 이런 상황에서 혼자서 혁명을 외치는 게 얼마나 외로운 일인가? 나는 내가 할 수 있는 영역에서 분뇨처리업의 개혁과 똥장수들의 이익을 위해 최선을 다해 왔다. 중국공산당이 인민해방을 위해 투쟁해 왔듯이, 나 역시도 똥장수들의 해방을 위해 투쟁해 왔다. 나에게 부여된 각종 혐의는 자신의 이익을 지키려는 악덕 분창주들의 모함과 오해로 인한 것이다. 나는 지금껏 시민들과 똥장수들을 위해 일해 왔다고 생각한다. 나의 이런 노력이 평가받지 못한다면, 나 역시다른 분창주들과 다를 바가 없을 것이고, 나에게 덧씌워진 혐의도 벗어날 수 없을 거라 생각한다.

신중국 2년 5월 11일 쑨싱구이 기록

베이징시인민정부특별조사부의 조사 자료에는 다음과 같은 기록이 첨부되어 있다.

쑨싱구이는 똥장수로도 일한 경력이 있지만, 분뇨처리업계에서는 위더순의 실무를 처리해 주는 오른팔로 통한다. 몇 개의 분창을 소유하고 있는데, 주요 소득은 분창주들의 회계관리 업무에서 나온다. 위더순과 더불어 처리분변사무소의 부주임과 똥장수직업분회의 부회장 등을 역임했다. 그는 분변처리 사무를 실질적으로 처리해 왔다. 위더순처럼 많은 재산을 가지고 있지는 않다. 국민당정부에 협력했다는 혐의와 일본괴뢰정부의 특무와 내통했다는 혐의가 있다.

이들 이 외에 최근 입수한 첩보 중에서 가장 흥미로운 사안은 베이징 똥장수노동조합의 주임인 딩전취안丁鎭銓의 반동혐의에 관한 내용이었다. 그는 현재 분뇨처리업계에서 노동운동을 이끌고 있지만, 그에 관한 이력은 정확히 알려져 있지 않다. 그는 당중앙의 지지를 받고 있기 때문에, 그를 조사하는 것은 정치적으로 위험한 일이었지만 나로서는 피할 수 없는 일이기도 했다. 나는 딩전취안을 긴급체포하고, 체포 영장을 인민정부에 제출했다.
딩전취안 자술서의 진술은 다음과 같다.

- 나이: 42세
- 본적: 베이징
- 현주소: 베이징 주스커우珠市口 쇄쯔스刷子市 후통胡同 19호
- 현직: 베이징시 똥장수노동조합 주임

본인 딩전취안은 1908년 베이징 출생이다. 부친은 산동성 핑인平陰현 출신으로 재해와 전란을 피해 가족과 함께 베이징에 들어왔다. 먼저 입경한 큰아버지가 내성에 분도糞道를 소유하고 있어서 아버지는 똥장수가 되었으며, 나 역시 열두 살 때부터 똥지게를 졌다. 나는 베이징에서 소학교와 중학교를 졸업했다. 중학 졸업 이후 위생국 통계조사원, 분변처리사무소 위생국 전문요원 등으로 활동했다. 특별조사부에서는 내가 국민당정부와 일본점령정부에서 부역했다는 혐의를 두고 있는 듯한데, 나는 중국공산당 비밀요원으로 계획적으로 침투한 것이다. 이에 관한 사항은 당의 기밀사항이기 때문에, 나 역시 함부로 발설할 수 없다. 해방 이후 나는 공개적으로 노조활동을 조직했으며, 현재는 당중앙의 지시를 따르고 있다. 특별조사부가 나를 조사하는 것은 자유이지만, 이로 인한 정치적 책임은 특별조사부와 인민정부가 져야 한다는 점도 명심하기 바란다.

신중국 2년 5월 15일 딩전취안 기록

최근 조사에 따르면 딩전취안은 베이징에서 똥장수로 일하던 중 산둥회관의 장학금을 받아 1926년 베이징 제4중학第四中學을 마쳤다. 졸업 후 그는 핑한철로국平漢鐵路局에서 잠시 일하기도 했다. 베이징시

정부에서 통계조사원을 공모하자 이에 응시하여 위생국 직원이 되었다. 일본점령기에도 그는 베이징시정부에서 통계조사원으로 일했다. 1944년부터는 베이징시정부 위생국에서 청결업무와 분뇨처리 전담요원으로 활약했다. 해방 이후 노동자단체인 똥장수노동조합과 사용자단체인 분업동업공회糞業同業公會의 조직업무를 담당했다. 현재는 똥장수노동조합 주임으로 인민정부의 똥장수 개조사업을 주도하는 위치에 있다. 그가 베이징대학 상학부를 졸업한 지식분자이며, 중국 공산당 비밀요원으로 시정부에 잠입했다는 첩보는 공공연히 알려져 있다. 이 때문에 그가 한때 국민당정부와 일본괴뢰에 협력했다는 사실은 불문에 부쳐지고 있다.[2] 그가 베이징대학 상학부를 졸업했다는 사실은 각종 공문서에 등장하고 있으나 언제 대학을 다녔는지는 확인하기 어렵다. 공산당의 비밀요원이라는 사실 역시 확인할 수 없었다.

내가 보기에 위더순과 쑨싱구이 등의 자술서와 간단한 메모만으로 이들을 단죄하기는 어려울 것으로 판단했다. 흥미로운 것은 산전수전 다 겪어 온 위더순은 자신감이 넘쳐 보였고, 곧 풀려날 것이라는 강한 기대감이 엿보였다. 반면 쑨싱구이는 모든 것을 체념한 듯했다. 딩전취안에 대한 조사는 오래 끌지 못했다. 그의 과거 경력에는 반동혐의가 있었지만, 그가 분뇨처리업에 관련된 노동자단체와 사용자단체 양대 조직의 개편을 주도하고 있기 때문인지, 그의 조사를 만류하는 윗선의 압력이 적지 않았다. 결국 체포 영장도 기각되었다.

처음엔 펑쩐 시장이 나를 특별조사부에 끌어들인 것은 엄정하고 공평한 조사를 위한 것이라고 믿었다. 군대 내 감찰업무를 담당하면서 비교적 공정하고 엄격한 조사를 진행해 왔다고 자부해 왔던 나다. 그러나 조사가 진행될수록 나는 특별조사부에 가해지는 정치적 압박을 느끼지 않을 수 없었다. 그럴수록 나는 이번 특별조사를 끝까지 밀어붙여 보고 싶은 마력을 느끼기도 했다. 한 가지 덧붙여야 할 것은 이들 똥장수들은 대부분 산둥성 출신인데, 내 고향 역시 산둥성이란 점이다. 고향을 이해하는 것은 똥장수들의 성장배경과 일상생활을 이해하는 첫 번째 실마리가 될지도 모른다.

고향

　나의 고향은 산둥성 러링현樂陵縣이다. 러링현은 산둥성에서도 가장 북쪽에 있기 때문에, 산둥성에서 베이징까지 가장 가까운 거리에 위치한 현이다. 고향 사람들은 흔히 '라오링老陵'이라고 부른다. 러링은 전국시대 연나라 장수인 러이樂毅 장군이 제나라 토벌을 위해 연燕나라와 제齊나라의 경계에 성곽을 구축한 것에서 유래한다는 설과 한漢나라 황제 환제桓帝의 조부 무덤인 러청릉樂成陵에서 기원했다는 설이 있다. 한 고조高祖 시기 이래로 러링현이 설치되었다. 청 건륭乾隆 시기의 문헌자료인《산둥통지山東通志》에 의하면, 러樂는 백성이 즐겁다는 뜻이고, 링陵은 큰 언덕이라는 뜻이니, 러링은 백성이 살기에 즐겁고 편안한 곳이라는 의미다.

　러링현의 사람들은 대부분 농민으로 잡곡과 면화 등을 주로 생산하며, 산양 가죽이 이 지역 특산품이다. 러링현은 교통의 요지이고 군사적 요충지였으나, 토지가 척박하여 고위 신사층이나 대지주가 많지 않은 곳이다. 황허黃河의 범람이 직접적으로 영향을 미치는 지역은 아니지만, 가뭄이나 냉해 등 자연재해가 발생하면 기근을 이기지 못해 다른 지역으로 이주하는 농민이 많았다. "농업은 천하의 근본이라지. 고향을 떠나면 거지꼴을 못 면하지. 농사가 싫다면, 차라리 무예를 연마하게나. 천운을 만나면 황제의 기병이 되어, 만세를 부르며 금의환향하리니"라는 민요가 유행할 정도로, 이 지역민들은 군인이 되는 것을 출세의 유일한 길로 여겼다.

실제로 러링현이 낳은 최고의 입지전적 인물은 쑹저위안宋哲元(1885~1940) 장군이었다. 쑹저위안은 1885년 러링현 작은 촌락의 빈곤한 가정에서 태어나 약관의 나이에 군에 입대했다. 입대 이후에 베이양육군수영무비학당北洋陸軍隨營武備學堂을 졸업하고, 펑위샹馮玉祥(1882~1948)의 휘하에서 소대장, 중대장, 연대장, 여단장 등으로 승승장구했다. 1924년 펑위샹의 북벌군에 참여하여 사단장이 되었다. 1930년 쑹저위안은 중원대전中原大戰에서 패배한 이후 장쉐량의 국민혁명군으로 재편되었다. 1933년 일본관동군 10만 명이 베이징으로 향해 오자, 그는 베이징 동북쪽 시펑커우喜峰口에서 방어선을 구축하여 일본군 6천여 명을 몰살시키는 전과를 올렸다. 시펑커우는 청더承德와 친황다오 사이에 있는 군사요새로 베이징 진공과 방어를 위한 전략적 요충지였다. 쑹저위안은 1935년 중장[二級上將]으로 진급했으며, 펑진위술 사령平津威戌司令, 진차수이징 주임晉察綏靖主任, 지차정무위원회 위원장冀察政務委員會委員長 겸 허베이성정부 주석河北省政府主席 등을 역임했다. 1940년 간암으로 사망했다. 사망 이후 쑹저위안은 중국국민

쑹저위안宋哲元(1885~1940)

1885년 산둥성山東省 러링현樂陵縣 출신으로 베이양육군수영무비학당을 졸업했다. 펑위샹 휘하에서 성장하여 사단장의 지위에 올랐다. 장쉐량의 국민혁명군에 재편된 이후 항일전 선에서 전과를 올렸다. 1935년 핑진위술 사령 등 베이징과 화북 지역에서 중요한 정치적 지 위를 차지하였다.

당과 중국공산당 양당 모두로부터 항일명장으로 추모를 받았다.[3]나 역시 동향 출신인 쑹저위안 장군을 롤 모델 삼아 군에 입대했으며, 그의 감찰참모부에서 활동했다.

쑹저위안의 성공신화 이면에는 수많은 실패담이 존재했다. 군인이 되기 위해 가산을 탕진한 것은 기본이고, 처자식을 팔아 입대를 희망했지만 사기를 당한 이야기, 베이징에 갔다가 거지꼴을 면치 못하고 아사한 이야기, 운하를 타고 가다 익사한 이야기, 토비土匪에게 끌려가 죽도록 맞아 병신이 되었다는 이야기 등 러링현 주민들의 잔혹사를 담은 떠도는 풍문이 적지 않았다.

러링의 동부는 황허의 젖줄이 황해로 연결되는 곳으로 삼각주가 발달하여 토지는 비옥하지만, 범람이 잦아 이재민이 빈발했다. 러링의 서부는 산둥의 대표적인 평원지대이다. 황허의 진흙과 모래가 쌓이면서 드넓은 평원이 형성되었다. 산둥평원은 평원이라고는 하지만 토지가 척박하여 농사가 잘 안되었고, 모래바람과 자연재해 등으로 소출이 많지 않은 곳이었다. 산둥은 춘추전국 시대에 제나라(산둥 동부)의 재상 관중管仲을 배출한 곳이기도 하고, 노나라(산둥 서부)의 공자孔子와 맹자孟子를 배출한 곳이기도 하다. 경제적 관점에서 보면, 관중은 제나라의 풍부한 물적 자원을 이용하여 부국강병을 꾀할 수 있었고, 공자와 맹자는 척박한 풍토를 극복하기 위해 예의와 도덕을 강조했다고 볼 수 있다.

똥장수의 고향은 대부분 러링을 포함하여 핑인平陰, 더핑德平, 지허濟河, 런핑荏平 등 산둥 서북 지역이라는 공통점을 가진다. 이 지역은

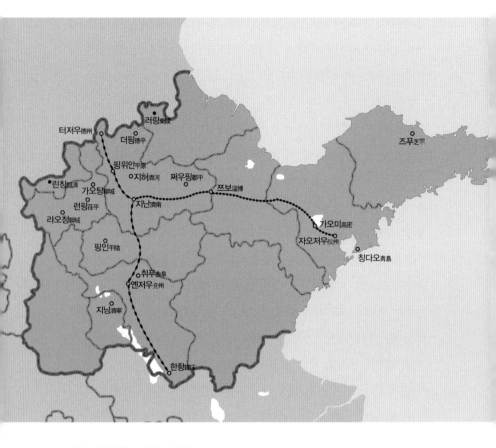

산둥성 진푸철로 및 자오지철로

산둥 서부는 남북 운하가 통과하여 한때 번영을 누렸으나 가뭄과 홍수 등 자연재해가 빈번한 곳이었다. 반면에 산둥 동부는 토양이 비옥하고 물산이 풍부했으며 인구밀도가 낮았으며 인문수준도 높았다. 20세기 이후 진푸철로津浦鐵路와 자오지철로膠濟鐵路가 개통되어 산둥성의 동서와 남북을 연결하는 역할을 담당했다.

황허가 서남쪽에서 동북쪽으로 흐르면서 산둥의 서북면을 가른다.[4] 러링을 제외하고 핑인, 더핑, 지허, 린핑 등은 황허의 연변에 위치하고 있다. 이른바 산둥평원에 위치한 곳들로 토지가 척박하고 자연재해가 많은 곳이다. 린칭臨靑, 랴오청聊城, 지닝濟寧 등 산둥 서부는 남북 운하의 요지여서 한때는 경제적으로 번영한 곳이었다.

산둥 운하는 수隋의 양제煬帝(재위 604~618)가 고구려와의 전쟁을 위한 보급로로 개발하기 시작했다. 원대에 이르러 강남의 물자를 이동시키기 위해, 항저우에서 베이징까지 1,794킬로미터를 연결하는 징항 대운하京杭大運河가 완성되었다. 산둥 운하는 주로 명청대의 주요 세수인 각지의 조운漕運을 움직이는 경로가 되었다. 그러나 산둥 운하는 계절에 따른 유량의 변동이 심하여 인위적인 유량의 조절이 필요했다. 유량을 조절하기 위해서는 엄청난 인력과 비용이 소요되었다. 이 때문에 강을 활용한 조운보다 바다를 이용한 해운海運이 비용과 안정성 면에서 훨씬 유리하게 되었다. 1848년 장쑤江蘇의 조운이 해운으로 변경되었고, 1852년 저장浙江의 조운 역시 해운으로 변경되었다.[5]

1851년 광시성廣西省에서 발기한 태평천국군太平天國軍은 1853년 난징南京, 양저우揚州, 전장鎭江을 점령하여 운하의 통행을 막았다. 태평천국군은 톈진天津 이남까지 공격하여 운하를 불통시켰고, 1854년에는 린칭과 가오탕高唐 등을 점령하여 산둥 운하를 단절시켰다. 태평천국군의 운하 점령은 교통과 통상이 하운에서 해운으로 전환되는 결정적 계기였으며, 린칭, 랴오청 등 산둥의 서부경제는 극심한 타격을 받았다.

게다가 원래 허난성에서 장쑤성江蘇省으로 흐르던 황허가 함풍 5년 (1855) 황허대개도黃河大改道 이후 물길이 바뀌면서 산둥 서북 지역은 상습적인 침수 지역으로 변모했다. 황허는 원래 칭하이성靑海省 쿤룬 崑崙에서 발원하여 정저우鄭州와 카이펑開封을 거쳐 산둥성 이남인 장 쑤성 북쪽을 거쳐 황해로 빠져 나갔다. 그러나 1851년 8월 장쑤성 펑 현豊縣의 제방이 범람하면서 산둥 서부가 침수되고 물길이 산둥 북부 지역으로 바뀌기 시작했다. 이것이 이른바 황허대개도였다. 1855년 6 월에 시작된 황허의 범람은 산둥 서부와 북부를 완전히 침식시켜 쌀 한 톨 건져 낼 수 없었다. 황허대개도 이후 기근과 전염병이 크게 발 생하여 사람을 잡아먹는 식인의 풍습이 유행하고, 전란이 빈번했다. 이후 굶주림과 질병으로 고통받던 산둥 서북민들은 인접한 즈리성直 隸省, 허난성河南省, 장쑤성江蘇省 등으로 이주했다.[13]

산둥 서부는 상대적으로 인구가 밀집된 지역이었지만 가뭄과 홍수 등 빈번한 자연재해와 전쟁 등을 피해 안정된 주거지를 찾아 고향을 떠나는 사람들이 많아졌다. 반면 산둥 동부는 토양이 비옥하고 물산 이 풍부했으며, 인구밀도도 낮았다.

인문적 환경에서도 산둥 동부와 서부는 크게 차이가 난다. 청대 (1644~1904) 산둥 출신 진사 수는 2,260명으로 장쑤, 저장, 허베이 등 에 이어 4위를 차지할 정도로 인문적 수준이 높았다. 그러나 신사층 의 지역 편중현상은 심각한 수준이어서 명청 이래로 동부 지역은 진 사進士와 거인擧人 등 과거합격자를 다수 배출했던 데 비해, 서부 지역 은 과거합격자 수도 적었을 뿐만 아니라 백련교白蓮敎나 각종 사교邪敎

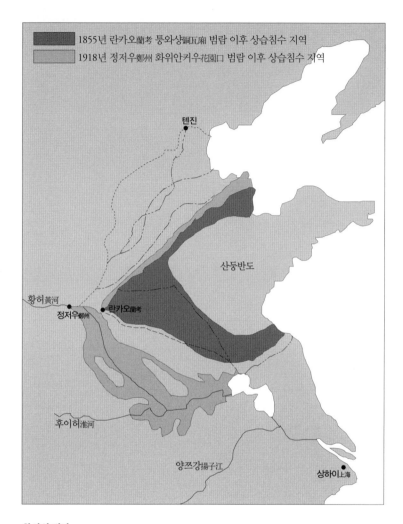

황허의 범람

1855년 황허대개도 이후 산둥 서북 지역은 상습적인 침수 지역으로 변모했다. 산둥 서부는 인구 밀집 지역이었으나 자연재해와 전란 등을 피해 고향을 떠날 수밖에 없었다. 산둥인들의 주요 이주지는 만저우였으며, 산둥 서북민들은 주로 가까운 베이징을 이주지로 택했다.

가 유행했다. 군사적으로는 성정부가 두 지역을 모두 중시했는데, 서부 지역은 운하가 관통하고, 수도인 베이징으로 연결되는 지역이어서 반군에게도 중요한 군사적 요충지였다. 따라서 서부 지역은 관군의 관심에도 불구하고, 토비와 무장집단이 자주 출몰하여 병란이 잦을 수밖에 없었으며, 인적·물적 자원의 부재로 신사층을 중심으로 한 병력무장도 용이하지 않았다. 산둥 서부가 의화단운동義和團運動의 발원지가 된 것은 결코 우연이 아니었다.[7]

이주

청대 이래 해외 이주를 제외한 중국 내의 이주민은 산둥인이 최대였다. 산둥인의 이주지는 대부분 만저우滿洲였다. 만저우 지역은 청조의 발상지로 신성시되어 오랫동안 외부인의 유입을 금지시킨 곳이었다. 산둥인의 만저우 이주가 본격화되자, 청조는 1863년 만저우 일부 지역을 개방하기 시작했다.[8] 만저우는 주로 농업 생산과 이민 등 경제적 이유에서 이주가 본격화되었고, 청말민초 시기 정치적·경제적으로 고통받는 농민들에게 기회의 땅으로 각광받았다.[9]

산둥인이 만저우로 가기 위해서는 우선 산둥 동부에 위치한 칭다오靑島나 즈푸芝罘로 간 다음, 해로를 이용하여 만저우로 들어가거나 지난濟南으로 간 후에 철도를 이용하여 톈진을 거쳐 만저우로 가는 방법이 있었다. 대략 3명 중 2명이 상대적으로 저렴한 해로를 이용했고, 나머지 1명이 육로교통을 이용했다. 만저우나 베이징으로의 이주는 대부분 경제적인 이유에서 시작된 일시적인 이주였다. 그래서 남성

혼자서 이주하는 경우도 많았다.

이주자들은 대부분 가난한 농민으로 황허의 범람과 자연재해로 인해 농촌이 피폐해지거나 토비나 군벌 등으로 인해 목숨의 위협을 느껴 이주를 결심한 사람들이었다. 그밖에는 병역을 기피하거나 호기심, 가정불화, 도박, 인신매매 등이 원인이 되기도 했다. 이들은 만저우에서 공장노동자나 철도·도로·건설노동자로 생활하거나 황무지 등을 개간하는 농업노동자로 살아갔다. 그러나 이들 대부분의 삶은 산둥에서의 삶보다 크게 나아지지 않았다. 저임금, 가혹한 노동환경, 불결한 주거, 배고픔과 가난 등이 지속되었다. 결국 만저우로 이주했던 산둥 이주민들의 50퍼센트 이상이 다시 고향으로 돌아갔다. 항일전 승리 이후에는 이주자보다 귀향자가 더 많았다.[10]

반면 산둥성 서북 지역 사람들은 이주지로 만저우보다 베이징을 택했다. 황허 이남의 산둥인들처럼 어렵게 황허나 산악지형을 거칠 필요 없이, 그들은 운하나 육로교통을 이용할 수 있었다. 최후의 경우에는 도보로 이동할 수도 있었다. 운하의 길이는 최고 1,000킬로미터에 달했고 운하를 이용해 대략 한 달 가량이면 목적지에 도착할 수 있었다. 수레를 끌고 간다면 두세 달은 족히 걸리는 거리였다.[11] 그들은 대개 자연재해와 전란을 피해 목숨을 걸고 이주하는 것이어서 이동시간은 중요한 문제가 아니었다.

1911년 11월 16일, 산둥 이주사에서 혁신적인 사건이 발생했다. 바로 톈진天津과 장쑤성江蘇省 푸커우浦口를 잇는 1009.48킬로미터의 진푸철로津浦鐵路가 정식 개통된 것이다. 진푸철로는 산둥성을 남북

자오지철로膠濟鐵路 지난역濟南驛

산둥을 점령한 독일은 산둥 개발을 위해 산둥의 동서를 가로질러 지난濟南에서 동쪽 자오
저우만膠州灣을 연결하는 철로를 1904년 개통하였다.

진푸철로 개통 후의 서톈진역(1913)과 현재의 모습(2012. 8)
톈진에서 장쑤성 푸커우에 이르는 진푸철로가 1911년 개통되었다. 이로써 산둥의 남북을
연결하는 진푸철로와 동서를 연결하는 자오지철로가 연결되어 이주와 유통이 보다 더 활
기를 띠게 되었다.

으로 가로질러 개설됐다. 산둥 남부의 웨이산현微山縣 한좡韓庄에서 산둥 북부의 더저우德州 북단의 우차오현吳橋縣 상위안진桑園鎭에 이르기까지 산둥성 내에서만 31개의 철도 역사驛舍가 들어섰다. 진푸철로의 개통으로 한좡에서 톈진까지의 이동거리는 626킬로미터로 줄어들었고, 철도를 이용하면 톈진을 거쳐 베이징에 입성하는 데 하루 이틀이면 충분했다. 철도교통의 확장은 통상과 교류를 확대시켰을 뿐만 아니라 근대 도시의 공간거리를 축소시켜 이주를 일상화시킨 중요한 변화였다.

베이징에 들어가서 무얼 먹고 살 수 있을지는 아무도 모른다. 하지만 베이징은 황제와 황제의 가족들이 사는 곳이고, 적어도 황제가 사는 곳의 주민들이 굶어죽는 일은 없을 것이다. 운이 좋으면 황제의 호위군 중의 한 명으로 뽑히거나 한족 기인旗人의 집사가 될지도 모른다. 그것도 아니라면 노점상이나 베이징청 부근에서 농사를 지을 수 있을 것이었다.

베이징에 대한 산둥인들의 이 같은 기대와 달리, 베이징에서 그들이 안착할 수 있는 곳은 그리 많지 않았다. 특히 베이징 시민들은 산둥인들이라고 하면, 가난하고 더럽고 무식하고 기회주의적이고 미덥지 못한 사람들로 간주했다. 그러다보니 점원, 접대부, 잡역부와 같이 도시하층민이 손쉽게 접근할 수 있는 직종조차 산둥인들에게는 그림의 떡이나 다름없었다. 더욱이 대부분의 도시하층민은 동향조직 혹은 동업조직을 통해 배타적인 직업군을 형성하고 있었기 때문에, 빈자리가 생긴다고 해서 젊고 건강한 청년이 그 자리를 차지할 수 있는 것은 아니었다.

도시하층민

베이징 최대의 직업군은 상업에 종사하는 상인들이다. 1929년도 정부 조사에서는 상인 다음으로 공장노동자와 농민이 많았다. 베이징은 정치와 문화의 중심지로 상하이와 같은 대규모 공장 등이 많지 않은 탓에 공장노동자보다 상인들이 더 많았다.[12] 1936년 시정부의 조사에서는 상인 다음으로 의사, 변호사, 기자 등 흔히 '자유직업자自由職業者'라고 일컬어지는 전문직 종사자들이 많았다. 자유직업자 다음으로는 공장노동자, 농민 등의 순이었다.[13]

자유직업자를 비롯하여 정부관리, 대학교수 등이 도시직업군의 상층부를 차지한다. 소학교 교사, 서기, 기록원[錄事], 경관, 은행원 등 사무직이 중간층을 형성한다. 이 밖에도 자동차운전수, 기계노동자, 전기노동자 등 고소득 노동자 역시 중간층에 포함되지만, 이들은 학력 수준이 높지 않아 중간층을 대표한다고 보기는 어렵다.[14]

장제스蔣介石(1887~1975)가 1928년 난징南京에 수도를 정하고 난징국민정부를 수립함에 따라 베이징은 베이핑北平으로 개칭되었다. 이때부터 농촌이나 마찬가지인 교구郊區는 베이핑시에 포함되었고, 이에 따라 교구의 농촌 가구는 도시하층민의 중요부분을 차지하게 되었다. 이들 농민을 제외하면 베이핑의 도시하층민은 공장노동자, 인력거꾼, 똥장수, 물장수, 접대부 등이 주요한 비중을 차지하게 된다. 이들 도시하층민은 대체로 육체노동에 종사한다는 공통점을 가졌다. 이들은 월급을 받거나 일정한 수입을 벌어들인다는 점에서 직업 없이 구휼과 걸식에 의존하는 도시극빈층과는 구분된다.

1929년도 조사와 1936년도 조사가 서로 다른 방식으로 조사되었기 때문에, 분류된 항목만을 가지고 단순 비교하기는 어렵다. 똥장수는 기본적으로 각 가정의 분뇨를 분뇨창고로 옮기기 때문에 운수업으로 분류된다. 그러나 똥장수는 시민과 농민을 상대로 분뇨를 거래하기 때문에 상업에 속한다고도 말할 수 있고, 시민을 상대로 분뇨를 처리하기 때문에 서비스업에 포함된다고 할 수도 있다. 똥장수는 일종의 특수 직종이라고 할 수 있지만, 그 사회적 지위와 일상생활 수준은 당시 최대의 직업군이었던 인력거꾼과 유사하기 때문에, 이들을 통해서 똥장수와 베이징 도시하층민 사회의 구조를 유추해 볼 수 있다.

1920~30년대 도시하층민 중 가장 수적으로 많은 비중을 차지했던 것은 인력거꾼이었다. 이들은 당시 대표적인 운수노동자였다. 1930년대 실업부 조사에 따르면, 베이핑의 인력거는 4만 대를 넘었고, 인력거꾼은 8만 명 이상이었다.[15] 당시 베이핑의 가구당 평균인구가 4.6명이었으므로,[16] 인력거꾼의 식솔은 36만 8천 명에 이르고, 이는 당시

베이핑 인구의 20퍼센트 이상을 차지하는 수준이었다.

1930년 타오멍허陶孟和는 베이핑시의 25만 4,382가구를 빈부 차이를 기준으로 상등호[上戶], 중등호[中戶], 하등호[下戶], 차빈호次貧戶, 극빈호極貧戶 등 5단계로 구분했다. 이 중 상등호는 전체 가구 수의 4.1 퍼센트에 불과하고, 중등호는 22.4퍼센트, 하등호는 47.4퍼센트, 차빈호는 9.3퍼센트, 극빈호는 16.9퍼센트를 차지했다. 이 조사는 내성구와 외성구만을 대상으로 한 것이기 때문에, 베이핑의 가장 넓은 면적을 차지하고 있는 교구가 포함될 경우, 하등호, 차빈호, 극빈호의 비중은 더욱 높아질 것이다.[17]

타오멍허가 조사한 베이핑시 48가구는 하등호(16가구)와 차빈호(32 가구)에 걸쳐 있는데, 조사 가구주의 66.7퍼센트(32가구)가 인력거꾼이었다.[18] 이들 인력거꾼 가구는 베이핑의 대표적인 도시하층민 중 하나였다. 인력거꾼은 내부에도 층차가 있는데, 그들을 대체로 3가지로 분류할 수 있다. 최상층은 자가용 인력거꾼으로 한 가정에 소속되어 있기 때문에, 업무가 과중하지 않고, 고용이 안정되어 있었다. 두 번째는 자가 인력거꾼으로 자신이 소유한 인력거로 생활을 꾸려가는 인력거꾼이다. 세 번째는 임대 인력거꾼으로 대부분의 인력거꾼이 인력거를 임대하여 임대료를 내고 인력거를 운행했다. 임대 인력거꾼들의 삶의 목표는 첫 번째나 두 번째 그룹에 속하여 보다 안정적인 삶을 살아가는 것이었다.

베이핑 인력거꾼의 구체적인 생활상은 라오서老舍(1899~1966)의 소설 《낙타 샹즈駱駝祥子》(1936)에서 세밀하게 묘사되어 있다.[19] 베이핑에서 임대용 인력거를 끄는 샹즈는 자가용 인력거를 끌겠다는 소박한 목표를 실현하기 위해 하루하루를 열심히 살아간다. 그러나 그가 고생고생하며 새로 산 인력거를 군인들에게 빼앗기고, 목숨 걸고 가져온 낙타는 헐값에 넘겨졌으며, 세상 사람들의 유혹과 핍박 속에서 꿈은 멀어져 갔다. 샹즈는 우여곡절 끝에 결혼을 하게 되지만, 인력거꾼의 수입만으로 결혼생활, 출산 및 육아, 의료서비스 등을 받는다는 것은 상상하기 어려운 일이었다. 샹즈의 일상생활을 볼 때, 하루도 쉬지 않고 악착같이 살아간다고 해도 인력거꾼 혼자만의 경제력으로 그 가정경제를 유지시키기는 힘들다는 것을 알 수 있다. 결국 샹즈는 자신의 꿈을 포기하고 파멸의 길로 치닫는다.

소설 속의 주인공처럼 실제 인력거꾼 가정에서도 인력거꾼 혼자만으로 가정경제가 꾸려지진 않았다. 대개의 경우는 여성과 아동이 가정경제를 도왔다. 타오멍허의 분석에 따르면, 48가구의 매월 전체 수입액은 17.21위안인데, 이 중에서 남성의 수입이 9.78위안이고, 여성 1.51위안, 자녀 3.70위안, 기타소득 2.22위안 등이었다. 남성가장의 소득이 가장 중요한 소득원인 것은 틀림없는 사실이지만, 여성과 자녀의 소득이 차지하는 비중도 결코 적지 않았음을 알 수 있다. 월평균 수입 17.21위안 중에서 16.91위안을 지출했는데, 그중에서 식품비가 12.04위안(71.2퍼센트), 연료비 1.91위안(11.3퍼센트), 방세 1.27위안 (7.5퍼센트), 잡비 0.53위안(3.1퍼센트) 등을 차지했다.[20]

인력거꾼의 한 달 수입은 15.75위안 정도였다. 그러나 이 중에서 임대료를 제외하면 실소득은 매월 11.62위안이었다. 이 금액은 인력거꾼이 한 달에 단 하루를 쉬면서 매일 벌어들이는 수입이었다. 사실상 인력거꾼 가장이 매일 같이 일해야만 4~5인 가정의 식품비 정도를 겨우 조달할 수 있었다.

인력거꾼은 특별한 자본 없이 오로지 자신의 노동력에만 의존하여 생계를 꾸려갈 수 있었다. 그러다보니 도시민이 실업자가 될 경우, 거지나 도적이 되는 경우가 아니면 최후의 생계수단으로 선택하는 직업이 바로 인력거꾼이었다.[21] 실제로 상하이를 비롯한 대다수 도시 사회에서 전체 인력거꾼의 60~70퍼센트가 농촌이주민들로 구성되는 것과 달리 베이징 인력거꾼은 도시 출신이 많았다. 신중국 성립 직전 농촌 출신 베이징 인력거꾼은 전체 인력거꾼의 10퍼센트에 불과하기도 했다.[22] 베이징 인력거꾼의 대다수는 도시 자체에서 공급되어, 지방 출신들이 인력거꾼 시장에서 일할 수 있는 여지는 적었다.

베이징에 도시 출신 인력거꾼이 많았던 이유 중의 하나는 청말민국기 기인旗人의 몰락과도 상관이 있다. 기인들은 청조의 정치·군사조직인 팔기제도八旗制度에 소속된 사람들로 정권창출의 기초였으며 청대에 권력과 풍요의 상징적 존재였다. 청조의 몰락으로 조정으로부터 봉록 등을 받던 만주족 기인의 특권이 사라지자, 기인 가족들의 궁핍화와 빈곤화가 가속되었다. 리징한李景漢의 조사에 의하면, 1920년대 베이징 인력거꾼 중에서 기인은 1,310명으로 전체의 20퍼센트를 점했다.[23] 원래 황족 출신인 기인이 인력거꾼으로 전락한 것을 수치스럽게 여겨 자신이 기인 출신임을 밝히지 않는다는 점까지 고려하면, 실제 인력거꾼 중에서 기인 출신들은 훨씬 많았을 것으로 추정할 수

있다. 심지어 생계를 위해 기인 여성이 남장을 하고 인력거를 끄는 경우도 있었다.[24]

1930년대 중반 베이핑시의 인구는 150만 명을 초과했다. 베이핑시의 사망률이 출생률을 압도하고 있었지만, 인구는 감소하지 않았다. 외부에서 유입되는 인구가 많았기 때문이다. 베이핑시 인구는 남성인구가 여성인구보다 압도적으로 많았다. 주로 경제적인 차원에서 이주가 이루어지다보니 가정경제를 책임졌던 남성들의 인구가 많을 수밖에 없었다. 1929년도 베이핑시 총인구는 136만 4,208명인데, 베이핑 본적은 69만 888명으로 전체의 50.6퍼센트를 차지했다. 이주민 중에서는 허베이성 출신이 34.1퍼센트를 차지하고, 그 다음으로 산둥성 출신이 8만 5,395명으로 6.3퍼센트를 차지했다.[25] 1936년의 조사에서는 외성인들이 전체 57.54퍼센트를 차지했는데, 허베이성 출신이 40.2퍼센트로 가장 많았고, 그 다음으로 산둥성 출신이 5.6퍼센트를 차지했다.[26] 1940년 조사에서는 베이핑시 출신이 47.24퍼센트, 허베이성 출신이 36.21퍼센트, 산둥성 출신이 6.44퍼센트로 변화했다.[27]

베이핑시와 허난성 출신의 남녀 비율이 6 대 4 정도인데 비해, 산둥성과 산시성 출신들은 남녀 비율이 7 대 3을 상회했다.[28] 이는 산둥성과 산시성 출신들이 대체적으로 경제적 이유로 이주했음을 나타낸다. 이들은 실제로 베이징에서 똥장수 혹은 물장수로서 도시환경을 담당하는 직종의 말단을 차지하게 되었다. 똥장수와 물장수가 활동하는 업종을 분뇨처리업[糞業]과 수매업[井業]이라고 부르기도 하는데, 민국시기 똥장수는 4,000~5,000명 내외였고, 물장수는 2,000명 정도로 추산된다. 인력거꾼 시장은 상대적으로 규모가 커서 건장한 신체를 가진 자라면 누구든지 인력거꾼이 될 수 있었다. 반면, 똥장수와 물장수는 그 수가 제한되어 있었고, 원한다고 누구나 똥장수나 물장수가 될 수 있는 것은 아니었다.

기원

물장수의 기원은 명대로 거슬러 올라간다. 명대 베이징의 물장수는 대부분 산시인山西人이었는데, 1644년 청의 입관入關 이래로 팔기군영八旗軍營의 화부火夫로서 팔기군을 따라 베이징 내외성에 진주했던 산둥인山東人이 그 자리를 대신하게 되었다. 이들은 각 업종에서 특권을 누리면서 새로운 영업방식을 도입했는데, 자신들의 영업공간에 사용권, 임대권, 양도권 같은 각종 이권을 구축했다. 이로 인해 안정적인 식수공급을 원했던 주민들과 마찰이 끊이지 않았고, 청조는 1730년(옹정雍正 8)에 물장수들뿐만 아니라 각 업종의 업주들이 공공영역을 영업공간으로 구획하는 행태를 전면 금지시키기도 했다.[29] 그러나 1773년(건륭乾隆 38) 이래로 수매업水賣業에서 임대, 양도, 매매 등의 영업행위는 사실상 중단되지 않았다.[30]

물장수가 사실상 우물 사용권과 취수권取水權을 독점한 것은 정부도 부인하지 않는 사실이었으나, 우물의 절반 이상을 정부가 소유하고 있었으므로 물장수가 제멋대로 소유권을 행사하지는 못했다. 물장수가 임대권을 행사할 경우 관공서에 일정한 보고절차를 거쳐야 했고, 가뭄이 든 해에는 물장수 마음대로 우물물을 사용할 수 없었다. 이처럼 수매업자들의 횡포는 사회적 문제가 될 정도로 일상화되어 있었지만, 그들 수매업자들이 시정부의 감독과 영향력에서 완전히 벗어나 있었던 것은 아니었다.

똥장수 역시 청대 이래로 산둥인들이 장악해 나갔다. 그들은 수매업과 마찬가지로 분뇨채취 지역에서 자신들의 영업권을 설정했다. 이른바 분도糞道라는 이름으로 분뇨채취 구역을 나누었는데, 분도는 청 건륭제乾隆帝(재위 1735~1795) 이래로 분뇨처리업자들에 의해 임의로 획정되어 자신들끼리 임대, 양도, 매매 관행을 확립해 나갔다. 위더순의 선조는 바로 이러한 관행을 통해 엄청난 부를 축적한 대표적인 똥장수였다.

지배자들

똥장수 사회는 자본가인 분창주糞廠主(분뇨창고 소유주), 분도주糞道主(분뇨채취 구역 소유주), 똥장수 노동자 등으로 나눌 수 있다. 분창주는 똥장수 사회에서 최대의 자본가이자 상인으로 똥장수 사회의 상층부에 자리하고 있다. 흔히 분상糞商으로 분류되기도 한다. 분도주는 분도를 소유하고 있다는 점에서 독립적인 자영업자로 비춰지지만, 실상은 분창주와의 계약조건에 따라 삶의 수준이 달라질 수 있기 때문에 분도주 역시 분창주의 눈치를 살펴야만 했다. 일부 분도주가 분창주인 경우도 있지만, 대부분의 분도주는 자신의 분도에서 가족들과 함께 육체노동에 종사했다. 똥장수 노동자는 분도주에게 임대료를 지불해야 했을 뿐만 아니라 숙식과 분구糞具 등을 제공해 주는 분창주에게 예속된 가장 열악한 삶을 살았다. 그들의 단기적 목표는 자기 분도를 소유한 독립적인 똥장수가 되는 일이었다.

분창糞廠은 분뇨를 보관하는 곳으로 단순히 보관만 하는 곳이 아니라 분뇨를 말려서 농촌에 다시 팔 수 있도록 상품화하는 곳이다. 분뇨를 말릴 때, 분뇨를 담아 두는 분갱糞坑을 햇볕에 직접적으로 노출해서는 안 된다. 분뇨가 증발해 버리면 오히려 손실을 입을 수 있기 때문에 보통 분갱은 그늘진 지역에 설치되었다. 분뇨 건조의 최적 시기는 날씨가 건조한 봄철인데, 주로 봄과 가을에 분뇨를 건조한다. 잘 건조된 분건糞乾은 분퇴糞堆 상태로 노천에 보관하는데, 비를 맞으면 분퇴에서 구더기나 벌레가 발생하면서 분퇴 가치는 크게 하락하게 된다. 따라서 분창주의 최고 경영목표 중의 하나는 분퇴를 잘 보관하는 것이었다. 분퇴는 농민들에게 판매되는데, 현금으로 판매되는 게 아니고 봄철에 구매량을 약정하고 가을철 추수가 끝나면 분퇴 대금을 곡식이나 다른 농작물로 지급받았다. 은행은 봄철에 농민에게 분퇴 구입비용을 대출해 주고 추수가 끝나면 원금을 갚도록 했다.

분창에는 대개 똥차를 보관하고 똥장수가 기거하는 숙소가 딸려 있다. 똥장수는 분창에서 지급하는 똥차를 이용하고, 분뇨수거 후 식사와 잠자리를 제공받는다. 말하자면 식솔이 없는 똥장수에게 분창은 의식주를 모두 해결할 수 있는 직장이자 가정과도 같은 곳이다. 만약 똥장수가 분창주의 눈 밖에 난다면, 그들은 더 이상 똥장수로 살아갈 수 없을 것이다. 특히 악덕 분창주를 만나면 임금체불은 다반사고, 각종 협박과 폭력에 시달려야 했다. 심지어 분창주의 말을 듣지 않는다는 이유로 똥장수가 생매장 당하기도 했다. 이런 저런 이유로 똥장수가 분창주를 거스르는 일을 하기는 어려웠다. 분창주는 수 개에서 수십 개의 분창을 소유하고 있다. 1934년 6월까지 베이핑시 전역에 407개의 분창이 있었는데, 그중 198개가 교구에 있었고, 209개가 외성구에 있었다.[31] 1940년 베이징시 전역에 594개의 분창이 있었는데, 그중 324개가 교구에 있었고, 270개가 외성구에 있었다.[32] 베이징 최대의 분창주는 바로 위더순 일가이다. 위더순은 베이징 내성구 최대의 분도주이자 서교 지역 최대의 분창주로 베이징 서부 지역에서는 위더순의 분창을 통하지 않고서는 분뇨 거래가 불가능하다고 말할 정도였다.

똥장수 1인이 감당할 수 있는 업무량은 하루에 50~70가구 정도였는데, 자신이 소속된 분창에 분뇨를 보관해야 했기 때문에, 아무리 능력 있는 똥장수라도 하루에 채취할 수 있는 분뇨채취량에는 한계가 있었다. 또 음력 2월과 10월 재계약 시점에서 업무능력이 부족하다고 판단되면, 언제든지 분창주와 계약이 파기될 수 있었다. 보통 분뇨의 수량은 똥차 대수로 계산하고, 분뇨 가격은 시가로 산정했다. 만약 분질이 열악하거나 분량이 부족하면 거래가 중단될 수도 있었다. 그러나 분뇨 가격의 변화에 따른 차액을 쌍방 모두 요구할 수 없었고, 음력 2월과 10월에서야 비로소 새로운 가격산정을 요구할 수 있었다. 분창주와 분도주 사이의 계약은 구두계약으로 이루어지지만, 일종의 관습법처럼 엄격하게 유지되었다.

분창주가 분창에 대한 법적인 소유권을 갖고 있는 데 반해, 분도주는 오랫동안 분도에 대한 법적 소유권을 보호받지 못했다. 분뇨채취 구역, 즉 분도라는 개념은 똥장수들이 자신들의 영업구역을 나누기 위해 편의적으로 구획한 것인데, 점차 이에 대한 매매, 임대, 양도 등이 관행화되면서 분도에 대한 소유권 개념이 등장했다. 언제부터인가 바이즈白字라는 무등기 매매계약서가 등장했고, 이를 근거로 매매가 성행했다. 똥장수가 임대료를 잘 지불하는 한, 똥장수의 분도 임대권은 대체로 안정적이었다. 그러나 똥장수가 돈을 모으면 가장 먼저 하는 일은 바로 분도를 구입하여 분도주가 되는 것이었다. 분도의 임대료는 정기적으로 지불되어야 하기 때문에, 고정비용을 낮추기 위해서 똥장수는 분도 구입을 최우선의 과제로 삼았다. 분도를 마련하면 대개는 똥장수 가족이나 친척들이 함께 일을 하는 경우가 많았다. 똥장수는 분도를 근저당 삼아 돈을 빌릴 수도 있었다. 이것을 창즈長支라고 하는데, 분도는 똥장수에게는 재산권을 행사할 수 있는 중요한 자산이었다. 간혹 남편으로부터 분도를 상속받아 이를 똥장수에게 임대해 주고 임대료로 생계를 유지하는 과부도 있었다. 그러나 분도주가 되었다고 해서 자본가가 되었다는 것을 의미하지는 않는다. 처리분변 사무소 등이 제출한 《똥장수 명부》(1946)를 분석해 보면, 분창주가 스스로 똥지게를 지는 일은 없고, 분도주의 63.8퍼센트는 자신의 분도에서 스스로 똥지게를 지고 일했다.[33]

자신의 분도를 소유하지 못한 일반똥장수는 일종의 임대노동자였다. 그들은 분창주(혹은 분도주)에게서 분도와 똥차를 임대하고, 분창주가 제공하는 숙소와 먹거리를 제공받았다. 그러다보니, 분창주와 분도주는 똥장수들의 삶의 지배자이자 조력자들이었으며, 똥장수가 결코 이들에게 반항할 수는 없었다.

어떤 의미에서, 똥장수 최대의 숙적은 시정부였다. 위생국 청결반과 공안국은 공공위생 관리를 명목으로 사사건건 똥장수들의 발목을 잡았다. 베이징에 시정부가 들어서면서 똥장수가 다니는 길의 시간과 공간을 통제했고, 기구와 의복까지도 규제했다. 경찰은 규정에 어긋난다는 이유로 수시로 몽둥이질을 해댔다. 경찰을 만나면 무조건 피하는 게 상책이었다. 위생국의 말단 청결반원도 만만히 볼 수 없었다. 똥장수가 규정에 어긋나는 행동을 하다 적발되면 최악의 경우 그들은 똥장수의 분도를 접수하고, 시정부로 귀속시켰다. 이런 경우 똥장수는 하루아침에 알거지로 전락할 수도 있었다. 똥장수가 시정부의 일방적인 조치에 대응하기 위해서는 조직적인 대응도 필요하게 되었다.

똥장수의 진정한 지배자이자 파트너는 바로 시민이었다. 시민들의 각 가정에서 배출되는 분뇨는 똥장수에게는 생존의 원천을 제공했다. 시민들은 때론 똥장수에게 주요한 갈취의 대상이기도 했지만, 수시로 시정부에 전화를 걸어 똥장수의 불법행위를 고발하기도 했다. 시민들의 불만이 결국 똥장수와 분뇨처리업계의 생존에 직접적인 영향을 미칠 수 있었기 때문에, 시민들이 거부감을 갖지 않도록 적당히 뜯어 내고 빠져 나올 수 있는 능력이야말로 똥장수의 일상에서 가장 중요한 덕목이었다.

생활수준

똥장수를 비롯하여 물장수, 인력거꾼, 공장노동자 등 도시하층민의 급여수준과 생활수준은 대체로 비슷했다. 1930년대 초 베이핑시 인력거꾼의 경우 인력거 임대료를 제외하고 월평균 순수입이 12위안 정도였다.[34] 1932년 시정부 사회국 조사에 의하면, 분뇨창고에 소속된 똥장수는 식사제공 시 10위안, 미제공 시 15위안 가량을 지급받았다.[35] 《베이핑천바오北平晨報》의 보도에 의하면, 1935년 똥장수의 월수입은 13~15위안 정도였다.[36]

똥장수들의 생활수준은 어떠했을까? 위생국 조사에 의하면, 1930년대 중반 똥장수의 월급은 평균 6.3위안이었다. 여기에 분창주가 제공하는 기본 숙식비 3위안, 각 가정으로부터 받는 수고비, 똥통 세척비, 떡값 등을 더하면 평균 10위안 정도가 될 것이다. 똥장수의 급여수준은 당시 위생국 소속 청결반원의 월급이 7위안, 통계조사원이 10위안, 공안국 3등 경찰이 10위안 가량 받았던 점을 고려할 때, 똥장수의 월급은 최하층 노동자치고는 적은 것은 아니었다.

그렇다고 해서 똥장수의 생활이 넉넉했다고 단정하기는 이르다. 각 가정으로부터 받는 수고비는 가변적이었고, 만일 매월 수고비가 10위안을 넘으면 월급은 2~3위안 정도로 삭감되었다.[37] 더욱이 똥장수들은 월급을 정해진 날짜에 꼬박꼬박 받는 것이 아니었다. 대개 똥차 가득 분뇨를 싣고 분창에 돌아오면, 똥차 1대 분량을 죽패 1개와 맞바꾸게 되는데, 월말에 가서 이 죽패들을 시가로 계산해 주었다. 그러다보니 시세를 빌미로 분창주는 얼마든지 똥장수들의 급여수준을 쥐락펴락 할 수 있었고, 실제로 임금체불은 빈번했다. 심지어 수십 년 동안 월급 한 푼 받지 못하는 경우도 있었다. 대신 똥장수는 그 부족분을 시민들에게서 갈취했다. 말하자면 분창주로부터 제때에 정해진 액수의 월급을 받지 못한 똥장수가 그를 대신하여 시민들을 상대로 수고비를 뜯어 내는 악순환이 계속되었다.

정식 똥장수는 새벽 5시에 일어나 일을 나가는데, 오전 9시나 10시면 분창으로 돌아와 분뇨를 옮겨 놓고 식사를 했다. 오후에는 12시에 일을 나가고 5~6시경에 귀가했다. 그러나 1931년부터는 똥차 통행시간을 오전 5시에서 8시, 오후 5시에서 8시로 한정하여 매일 업무시간은 6시간으로 제한되었다.[38] 만약 통행시간을 어기면 경찰에게 구타를 당하는 일도 빈번했다.[39] 똥장수에게 업무시간이 제한된다는 것은 정해진 분뇨량을 채울 수 없다는 것이었고, 이는 곧 생존의 위협이기도 했다.

똥장수의 저항이 계속됨에 따라 통행시간이 재조정되었는데, 1933

년 11월, 위생처 성립 직후 똥차 통행시간은 오전 10시 이전과 오후 3시 이후로 조정되었다. 1934년 6월에는 위생국과 공안국이 협의하여 보다 구체적으로 각 지역별로 통행시간을 제한했는데, 성내외구 모두 오전 9시 이전에 똥장수 작업과 똥차 통행이 가능한 지역과 오전 9시 이전과 오후 6시 이후에 똥장수 작업과 똥차 통행이 가능한 지역, 그리고 똥장수 작업은 수시로 가능하나 똥차 통행은 오전에만 가능한 지역 등으로 구분했다.[40]

식사는 매일 분창에서 제공해 주었는데, 면류나 잡곡류로 만든 조악한 두 끼 식사가 전부였다. 숙박은 대개 분창주가 제공했는데, '궈훠 鍋伙'라고 불리는 집단숙소에서 해결했다. 궈훠는 한솥밥을 먹는 동료라는 뜻이다. 월급은 간단한 의복수선이나 목욕비를 제외하면, 대부분 저축하여 고향에 보내거나 분도 임대금으로 사용했다. 그렇지 않는 경우에는 술과 도박으로 탕진하기도 했다.

1930년대 시정부 위생국은 똥장수를 시정부 청결반 직원으로 고용할 계획을 구상한 바 있다. 이때 청결반 똥장수들의 월급은 리더격인 십장[夫頭]이 12위안, 자가 똥차 소유자가 11위안, 일반똥장수가 10위안을 받도록 규정한 바 있다. 똥장수가 혼란을 겪지 않도록 평균수준의 급여를 제공할 계획이었다. 이 중 십장이 50명, 자가 똥차소유자는 1,450명이며 위생국이 똥차와 분구 등을 제공하는 일반똥장수가 800명 등 총 2,300명이었다. 각기 청결반 복장 1벌을 지급받게 되며, 숙박과 의료혜택을 받을 수 있었다.[41]

그러나 이러한 개혁구상은 똥장수 등기를 마친 정식 똥장수에게만 해당된 것이지 일정한 작업 지역이 없는 '떠돌이 똥장수[跑海冀夫]'에게는 적용되지 않았다. 그들은 처음에는 길가나 주택가 주변의 분뇨를 치우며 생계를 이어 나갔지만, 점차 정식 똥장수들의 작업구역에 몰래 들어와 분뇨를 훔치기 시작했고, 종종 정식 똥장수들과 목숨을 건 분쟁에 휘말렸다. 똥차를 가진 떠돌이 똥장수들도 있었지만, 대부분의 떠돌이 똥장수는 구식 똥지게를 사용해 하루 벌어서 하루 살기에도 벅찬 생활을 했다. 떠돌이 똥장수의 대부분은 겨울철 농한기에 생계를 잇기 위해 아무런 대책 없이 뛰어든 농부들이었다. 시정부가 이들까지 구제할 여력은 없었다.

의료생활

1929년 타오멍허의 사회조사에 근거하여 똥장수의 의료생활을 추론해 볼 수 있다. 조사 대상 48가구 중 대다수는 인력거꾼(32가구, 67퍼센트)이고, 그밖에 인쇄노동자, 이발사, 경찰, 분창 똥장수 등이 포함된다.[42] 이 조사가 똥장수를 주 대상으로 한 것은 아니지만, 이들은 베이징의 최하층 서민을 대표하고 있으므로, 가정이 있는 똥장수의 생활수준도 여기에서 크게 벗어나지 않을 것이다.

이들 가구의 평균 가족 수는 4.58명이고, 이들이 6개월 동안 벌어들이는 평균수입은 103.26위안(월평균 17.21위안)이며, 평균 지출은 101.45위안(월평균 16.91위안)이다. 이 중 식품비가 72.25위안(월평균 12.04위안, 71.2퍼센트), 연료비 11.48위안(월평균 1.91위안, 11.3퍼센트), 임대료 7.63위안(월평균 1.27위안, 7.5퍼센트), 의복비 6.94위안(월평균 1.16위안, 6.8퍼센트), 잡비 3.16위안(월평균 0.53위안, 3.1퍼센트)이다. 의약 및 위생비는 0.15위안(월평균 0.025위안, 0.2퍼센트)에 불과하다.[43]

소득에 따라 의약 및 위생에 지출하는 비용에 약간의 차이가 있긴 하지만, 이 정도 지출규모로는 웬만해선 병원에서 진료를 받기란 어려웠을 것이다.

베이핑 시내 25만 4,382가구를 5단계로 구분할 때, 상등호上戶(1만 350호)와 중등호中戶(5만 6,992호)는 내성구가 외성구에 비해 1.9배 많았으며, 하등호下戶(12만 437호)는 내성구가 3.3배 많았다. 반면 차빈호次貧戶(2만 3,620호)는 오히려 외성구가 1.4배 많았으며, 극빈호極貧戶(4만 2,982호)는 내성구가 1.3배 많았다.[44] 대다수의 서의西醫와 중의中醫는 내성구에 밀집해 있었다. 중의가 외성구와 교구에 없었던 것은 아닌데, 1929년 조사 당시 외성구와 교구의 중의가 아직 미등록자여서 통계에는 잡히지 않은 것으로 보인다.

1929년 베이핑시정부의 조사에 의하면, 위생국에 등록한 면허소지자는 서의가 278명이며, 중의는 548명으로 중의가 서의보다 2배 가량 많았다. 10년 전에 비해 중의의 수는 줄었지만, 서의의 비율은 2배 증가했음을 알 수 있다. 1934년에는 서의가 354명, 중의가 767명, 1935년에는 서의가 405명, 중의가 914명으로 여전히 중의가 서의보다 2배 이상 많다.[45] 서의와 중의 모두 내성구, 외성구, 교구 등 지역적 분포에서 분명한 차이를 드러냈다. 서의는 내성구에 83.6퍼센트(296명), 외성구에 15.5퍼센트(55명), 교구에 1.0퍼센트(3명)가 거주했고, 중의는 내성구에 58.5퍼센트(449명), 외성구에 35.1퍼센트(269명), 교구에 6.4퍼센트(49명)가 거주했다. 특히 대부분의 의사들이 내성구와 외성구에 집중적으로 거주하고 있었음을 알 수 있다. 다만 중의가 서의보다는 상대적으로 외성구에 많이 분포해 있으며, 교구에서도 일부 활동하고 있었음을 알 수 있다.

사망자 치료상황을 통해 서의와 중의의 진료 실적을 가늠해 볼 수 있다. 1934년 사망자 2만 2,357명 중에서 서의 치료 10.4퍼센트(2,333명), 중의 치료 29.2퍼센트(6,517명), 미치료 49.2퍼센트(1만 1,008명), 미상 11.2퍼센트(2,499명) 등이었다. 1934년 베이핑시의 중의는 767명으로 서의 354명에 비해 2배 정도 많았는데, 중의의 치료 실적은 서의보다 3배 정도 많았다. 또, 사망자 중 절반 정도는 아무런 치료도 받지 못하고 사망에 이르렀음을 알 수 있다. 내성구 주민들은 다른 지역 주민들보다 상대적으로 서의와 중의 치료의 혜택을 더 많이 받을 가능성이 높았다. 외성구 주민들은 서의 치료는 거의 받을 수 없었지만, 주민들의 30퍼센트는 중의 치료를 받을 수 있었다. 교구 주민들은 의료혜택을 받지 못하는 경우가 많았지만, 상대적으로 중의 치료를 받을 수 있었다.[46]

베이징 서교西郊 지역에 위치한 과쟈둔촌挂甲屯村의 1926년도 사회 조사자료를 통해 서교의 의료현실에 접근해 볼 수 있다. 과쟈둔촌은 현 베이징대학 인근 하이뎬구海淀區에 위치하고 있는데, 조사 인구 100가구 406명의 전체 가구의 평균 수입은 월급과 기타 수입을 합하여 연봉 180.82위안이었다.[47] 가구당 연간 지출액은 163.99위안인데, 식품비가 64.3퍼센트(105.40위안)를 차지하며, 그 다음으로 연료비 8.0퍼센트(13.05위안)와 의복비 7.7퍼센트(12.62위안) 등이 중요한 비중을 차지했다. 위생비는 가구당 연간 0.75위안을 지출하는 데 불과했다.

이 비용으로는 가족 중에 누가 아프더라도 의사를 부르는 것이 사실상 불가능했다.[48]

베이징 서교 지역에 위치한 또 다른 촌락인 헤이산이춘黑山邑村은 위안밍위안圓明園의 서북쪽에 위치해 있다. 64가구 남성 197명, 여성 190명 합계 387명으로 구성되어 있으며, 64가구의 연평균 수입은 217위안이고, 연평균 지출액은 235.21위안이었다. 그중 식품비가 154.71위안(65.8퍼센트)으로 가장 큰 비중을 차지했고, 연료비 30.24위안(12.9퍼센트)과 의복비 10.54위안(4.5퍼센트) 등이 그 뒤를 이었다. 위생비는 1.77위안으로 0.8퍼센트를 차지했다. 실제로 위생비를 지출하고 있는 58가구의 가구당 평균 위생비 지출액은 1.9위안이었다. 위생비의 80퍼센트 이상은 약품을 구매하는 데 사용되었으며, 16가구만이 의약비를 지출했다. 16가구의 평균 의약비는 5.7위안이었으며, 30위안 이상을 지출한 1가구를 제외하면, 15가구는 의약비로 7위안이하를 지출했다. 위생비의 나머지 20퍼센트는 가루치약과 비누를 구매하는 데 사용되었다.[49] 결국 이 비용으로는 가족 중에 누가 아프더라도 병원에 가거나 의사를 부르는 것이 거의 불가능했을 것이다.

즉, 대부분 외성구나 교구에 거주하고 있는 똥장수들이 베이징의 도시구조상 내성구와 외성구에 밀집한 서의나 중의의 진료를 받기 어려웠다. 더군다나 똥장수라는 사회적 신분상 병원 인근에서 얼쩡거리는 일조차 불가능했다. 또, 똥장수는 소득 중 대부분을 식품비와 연료비에 지출하고 있어서 진료비와 약값 등에 지출할 여지가 거의 없었다.

질병과 사망원인

　베이징 시민의 사망원인에 대해서는 민정부民政府 임시방역국臨時防疫局이 1908년 2월 19일과 22일 이틀 동안 베이징 내외성 각 구의 사망인 수에 관한 보고서를 작성한 바 있는데, 이 보고서를 기초로 중국인의 주요 질병과 사망원인을 추적할 수 있다. 이틀 동안의 사망인 수는 남자 48명, 여자 40명 등 총 88명으로 이 중 결핵으로 사망한 자가 21명(23.86퍼센트)으로 사망원인 1위를 차지했다. 그 다음으로 뇌막염과 기관지염이 각각 12명(13.64퍼센트)과 10명(11.36퍼센트)을 차지했다. 이 보고서는 사망자 표본이 적은 단점이 있지만, 사망원인의 50퍼센트 이상이 결핵을 비롯한 각종 전염병에 의한 것으로 전염병에 의한 사망이 가장 치명적이었다는 것을 보여 주고 있다.[50]

　베이징 시민의 사망원인에 대한 최초의 분석은 존 그랜트John B. Grant(중국명 蘭安生, 1890~1962)에 의해 시도되었다. 그는 황쯔팡黃子方(1899~1940)[51] 등과 함께 1925년 9월 1일부터 1926년 8월 15일까지

내좌이구內左二區에서 경찰서를 통해 보고받은 1,214명(이 중 98명은 미분류)의 105가지 사망원인에 대해 분석했다. 경찰서 사망보고서는 경련(236명), 결핵(227명), 노쇠(180명), 출생사망(59명) 등을 주요한 사망원인으로 분류했다. 그런데 경찰서 사망보고서 중에서 중의가 사인을 확인한 것이 539명(44.4퍼센트), 서의가 사인을 확인한 것이 189명(15.6퍼센트)이었고, 의사의 확인을 거치지 않은 경우가 486명(40.0퍼센트)나 되었다. 이 보고서에서 중의에 의한 사인 분류가 중요한 비중을 차지하고 있는데, 중의는 결핵을 로병癆病 이외에, 잡로雜癆, 혈로血癆, 동자로童子癆, 폐병肺病, 구로久癆, 토혈吐血, 간로肝癆, 주로酒癆, 간열肝熱, 혈증血症, 혈허血虛, 노상勞傷 등 다양한 이름으로 분류하고 있다. 위장병은 간기肝氣, 간질肝疾, 변혈便血, 복충병腹蟲病, 식적食積, 복통腹痛, 복사腹瀉, 사사邪瀉 등으로 호흡기병은 감기[感冒], 풍사風邪, 해소咳嗽, 폐열肺熱 등 다양한 이름으로 분류했다.[52]

그랜트는 이들 자료에 기초하여 사망원인을 25가지로 재분류했다. 결핵, 기타 결핵, 위장병, 호흡기병, 심장 및 신장병, 두창, 디프테리아, 성홍열, 발진성질환, 기타 열병, 노쇠 및 중풍, 출생허약, 경련, 출산사망, 장티푸스, 산후병, 매독, 상처에 의한 패혈증, 간질환, 콜레라, 페스트, 외상, 복독, 기타 원인, 원인불명 등이 그것이다.[53] 그랜트의 1927년 보고서는 대체로 결핵, 위장병, 호흡기병과 급성전염병을 주요한 사망원인으로 분류했는데, 이것은 결핵 이외에 경련과 노쇠 등을 주요한 사망원인으로 분석했던 경찰보고와는 차이가 있다. 그랜트의 1929년 사망원인 조사에서는 결핵 및 급성전염병이 주요한

민화 속의 베이징 똥장수

사망원인으로 등장했다.[54] 1920~30년대 베이징 시민의 최대 사망원인은 전체 사망률의 30퍼센트 이상을 상회하는 결핵으로 추정된다.[55] 이것은 1930년대 만주의 농업이민자들에게서 이질, 폐렴, 류머티즘, 신경통, 기생충병 등이 많았던 반면, 결핵이나 성병 등은 적었던 것과 대조를 이룬다.[56] 말하자면 결핵이나 성병 등은 전형적으로 도시화된 질병이었고, 도시 노동자들에게 쉽게 노출될 수 있는 질병이었다.

1933년부터 1937년까지 5년 동안 베이핑에서 사망자 수의 치사율이 높은 질병은 두창, 유행성뇌척수막염, 성홍열, 티푸스, 이질 등의 순이었고, 가장 사망자가 많은 질병은 인구 10만 명당 사망자 수로 계산할 때, 결핵(279.69), 호흡기병(242.58), 경련(201.65), 설사 및 장염(75.17), 기타 원인(68.34), 기타 전염병 및 기생충병(59.61), 심장 및 신장병(57.96), 산욕열(55.82) 등이고, 급성전염병 중에서는 이질(27.16), 성홍열(25.88), 양독傷毒(18.45), 홍역(14.01), 두창(13.81) 등이었다.[57] 1936년 베이핑시의 조사에서도 주요 사망원인은 호흡기질환(15.5퍼센트), 결핵(14.1퍼센트), 노쇠 및 중풍(12.7퍼센트), 위장병(8.9퍼센트), 경련(7.3퍼센트) 순이었다.[58]

민국 초기에서 난징국민정부 시기까지 베이징 시민의 주요한 사망원인은 결핵과 급성전염병 등에 기인한 것이었다. 똥장수 역시도 급성전염병들과 결핵이나 성병 같이 도시 사회에 유행하는 만성전염병을 피할 수 없었다. 그밖에 똥장수에게서 흔하게 발견되는 질병은 기생충병, 결막염, 하지정맥류 같은 질병들이 있었다.

베이징 똥장수는 산둥성 황허 이북의 서북 지역 출신이 대다수를
이룬다. 황허의 범람, 각종 자연재해, 전쟁과 토비 등의 잔악행위 등
을 피해 베이징으로 이주했다. 산둥인들은 베이징 사회에서 가난하고
무식하고 신뢰성이 없다는 이유로 배척당했다. 산둥인은 상대적으로
동향조직도 강고하지 않아 사회적 출로 역시 상대적으로 좁을 수밖에
없었다. 그런 중에도 산둥인들이 배타적인 동업집단을 구성한 곳이
똥장수 사회였다. 똥장수 사회는 자본가인 분창주, 분도를 소유한 분
도주, 임대 분도에서 일하는 똥장수 노동자 등으로 구분되었다. 분도
주는 관행적으로 분도에 대한 소유권을 가지고 있었지만, 적지 않은
분도주들의 생활수준은 사실상 똥장수 노동자들과 크게 다를 바 없었
다. 분도주 대부분이 스스로 똥지게를 졌고, 분창주와 종속관계였다.
분창주는 똥장수에게 숙식과 월급을 제공하는 보호관계였으나, 똥장
수는 분창주의 일상적인 착취와 폭력에 시달려야 했다.

똥장수는 베이징 사회의 대표적인 도시하층민으로 그들은 대부분
의 소득을 식품비와 연료비 지출에 사용했다. 소득에서 병원비나 약
값에 사용할 수 있는 비용은 거의 존재하지 않았다. 똥장수는 영양결

핍과 과로에 의해, 결핵, 호흡기병, 위장병으로 사망할 가능성이 높았고, 기생충병이나 하지정맥류 등으로 고통 받았다.

위더순, 쑨싱구이, 딩전취안 등은 똥장수로 진입하여 베이징 사회에서 성공적으로 안착한 대표적인 사례이다. 그러나 이들은 어떤 의미에서는 전형적인 똥장수는 아니었다. 이들은 똥장수 사회의 중상층에 진입하여 자본가 혹은 관리자로서의 지위를 누렸기 때문이었다. 그런데 흥미롭게도 이들은 똥장수 사회에서는 기득권자였음에도 불구하고 위생개혁에 대해서는 대다수 분창주와 입장을 달리했다. 위더순, 쑨싱구이, 딩전취안 등은 시정부의 개혁적 입장을 지지했는데, 그로 인해 개혁을 반대하는 똥장수와 대립하는 상황이 연출되었다.

베이징은 드넓은 평원에 자리한 도시지만, 황제와 귀족이 거주했던 베이징청北京城과 전통 가옥인 사합원四合院은 모두 외부로부터 폐쇄적인 공간구조를 가지고 있다. 폐쇄적인 공간을 넘나들기 위해서는 공간의 지배자들과 관계를 맺어야 하고, 그러한 관계맺기는 사회적 관행으로 일상화되었다. 과거 500년 동안 일반인들은 베이징청의 황성은 물론이고 내성에도 진입할 수 없었다. 청조 몰락 이후 황제는 거리로 쫓겨났고, 청조의 귀족인 기인旗人들은 더 이상 내성의 주인이 아니었다. 내성은 새로운 공화정부의 군인, 관료, 의사, 변호사, 언론인 등 전문직 종사자들의 주거지로 변모했다. 그러나 20세기 이후에도 똥장수에게 베이징청은 여전히 난공불락의 요새였다. 똥장수는 주거는 말할 것도 없고 맘대로 내성을 활보하는 것조차 금기시되었다. 똥장수 중에서는 드물게 엄청난 부를 축적한 위더순조차도 내성으로는 진입하지 못했다. 유독 부동산에 관심이 많았던 위더순은 내외성에 40여 채의 집을 가지고 있었지만, 자신이 살기 위해 구입한 것은 없었다. 단지 투자용이었을 뿐이다.

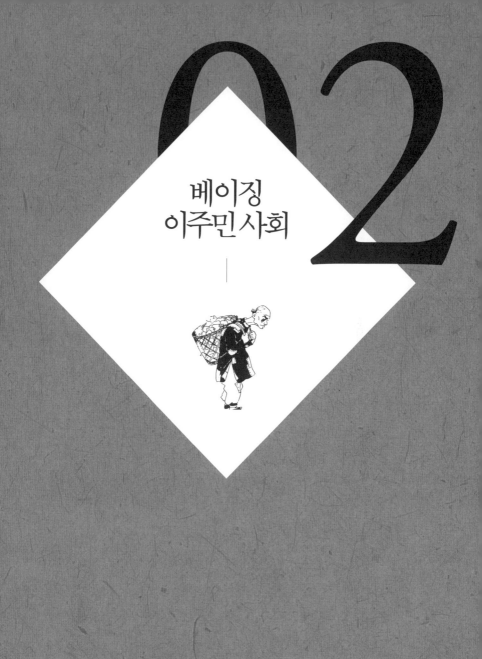

02

베이징
이주민 사회

공간구조

베이징청의 지리적 기원은 기원전 11세기로 거슬러 올라간다. 무왕武王은 상商나라를 멸망시키고 주周나라를 세우면서 제요帝堯의 후손들에게 지薊와 옌燕을 분봉했는데, 후에 합해져 옌국燕國으로 칭해졌고, 도읍은 지청薊城이라고 했다.[1] 지청은 북방의 전략적 요충지로서 각국의 중시를 받았다. 지청이 전국적 정치 중심지로 주목받기 시작한 것은 금金나라 때부터였다. 1125년에 금나라는 요나라를 멸하고 이곳을 중두中都라고 칭했다. 이 때부터 지청은 북방의 전략적 요충지에서 전국의 정치중심지로 변모하기 시작했다.

금원대金元代 동안 중두가 파괴되자, 원나라의 칭기즈 칸은 수원水源이 확보되지 않은 기존의 성터를 버리고 오늘날 중난하이中南海를 중심으로 1627년부터 27년 동안 다두청大都城을 축조했다. 다두청은 배수시설을 먼저 고려했고, 중국의 전통적인 도성 축조방식에 기초하여 궁성, 황성, 외성으로 이루어진 3중구조로 구축되었다.

원대의 다두청이 정치적 중심지로 수도의 위상을 갖추는 데 결정적 기여를 했으나, 오늘날의 베이징청을 중심으로 도시를 구획하기 시작한 것은 명대明代부터다. 1368년에 명을 세운 주위안장朱元璋(1328~1398)은 장난江南을 배경으로 개국에 성공했고, 난징에 수도를 정했다. 주위안장은 개국공신인 쉬다徐達(1332~1385)로 하여금 다두청을 함락케 하고 다두청을 베이핑北平으로 개칭했다. 함락 과정에서 궁성이 파괴되고 인구가 감소함에 따라, 도성 규모도 크게 축소되었다. 주위안장은 몽고의 남하를 막기 위해 넷째 아들인 주디朱棣(1360~1424)에게 베이핑을 분봉하고 옌왕燕王이라 칭했다. 홍무洪武 13년(1398)에 주위안장이 사망함에 따라 손자인 주윈원朱允炆이 황위를 계승했는데, 그가 명 혜제惠帝 건문제建文帝(재위 1398~1402)이다. 건문제는 각지의 실력 있는 군왕들을 견제하는 과정에서 군왕의 지위를 박탈하는 삭번정책削藩政策을 실시했다. 이에 황제의 삼촌이기도 한 주디는 위협을 느껴 1399년에 간신을 처벌한다는 명목으로 이른바 정난지역靖難之役을 일으켜 난징의 건에 대해 선제공격을 감행하고 제위를 찬탈했는데, 그가 명 성조成祖 영락제永樂帝(재위 1402~1424)이다. 영락제는 몽고의 남하를 막고 중앙집권을 강화하기 위해 베이징청의 재건에 진력했다. 영락제는 베이징청의 중심축과 남북 성벽을 기존 원대의 다두청보다 남쪽으로 이동했으며, 영락 18년(1420)에 황궁인 쯔진청紫禁城을 완성했다.

쯔진청의 쯔紫는 하늘의 별자리 중 한 중심인 쯔웨이싱위안紫微星垣에서 따온 말로, 황제가 머무는 장소임을 상징하는 용어이고, 진禁은

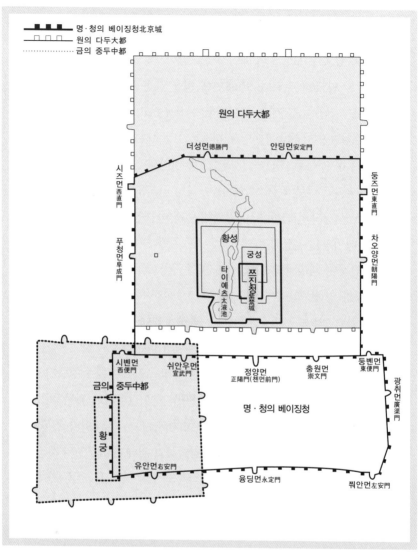

금·원·명·청 시기의 베이징청

베이징청이 정치적 중심지로 변모한 것은 금대 이후이나, 현재와 같은 모습은 명대 이후에 형성된 것이다. 황제가 거주하는 쯔진청과 황성, 귀족의 거주지인 내성, 일반 서민들의 거주지인 외성 등으로 구분된다.

일반인들은 출입할 수 없는 특별한 장소임을 나타내는 말이다. 쯔진청은 영어로 The Forbidden City로 번역되고 있는데, 황제의 허락 없이는 들어갈 수 없는 금지된 지역임을 나타낸 것이다. 쯔진청의 북쪽에는 전 왕조의 기운을 억누르기 위해 인공산인 완수이산萬歲山(현재의 징산景山)을 축조했다.

베이징청은 황제의 거주지인 쯔진청을 포함하여 주요 행정기관과 고위 관료들이 머무르는 황성, 왕족과 귀족의 거주지인 내성, 일반 서민들의 거주지인 외성으로 구분된다. 쯔진청은 동서로 760미터, 남북으로 960미터, 넓이 72만 제곱미터로 조선시대 경복궁의 2배 이상에 달하는 규모다.[3] 명대에는 황성인 쯔진청의 남천으로 성벽 주위에 하천의 개착이 가능해졌으며, 이로 인해 성의 방어 기능이 강화되었다. 이 하천은 여름에는 배수 기능을 하고, 화재 시에는 용수 기능을 담당했다.

쯔진청에 들어서기 위해서는 남쪽의 정양먼正陽門, 다밍먼大明門, 청톈먼承天門, 돤먼端門, 우먼午門, 황지먼皇極門 등 성문 6곳을 거쳐야 한다. 청톈먼과 황지먼은 청대에 톈안먼天安門과 타이허먼太和門으로 각각 개칭되었다. 우먼부터 실질적인 쯔진청의 시작이라 할 수 있는데, 타이허먼에 들어서면 일직선으로 전삼전前三殿과 후삼전後三殿이 자리 잡고 있다. 전삼전은 타이허뎬太和殿, 중허뎬中和殿, 바오허뎬保和殿을 가리키는데, 특히 타이허뎬은 즉위식이나 출정식 등 국가적인 의식이나 행사를 치렀던 곳이다. 후삼전은 첸칭궁乾淸宮, 자오타이뎬交泰殿, 쿤닝궁坤寧宮 등을 가리키는데, 황제는 이곳에서 정무를 보거나 황후나 궁녀들과 일상생활을 했다. 후삼전의 뒤쪽은 정원인 위화위안御花

園으로 통하고, 더 북쪽에는 쯔진청의 북문인 쉬안우먼玄武門이 있으며, 그 북쪽에 완수이산이 있다.

청대 쯔진청 주위는 청군의 정예군인 팔기군八旗軍의 영지였다. 팔기군이 군사적으로 황제를 보호하면서 만주 귀족과 한인漢人 관료들이 모여 사는 형태로 내성을 형성했다. 베이징 인구의 대다수를 점하는 한인들은 내성 남측과 외성과 성벽 주위[關廂]에 거주했다. 내성과 외성의 경계이자 쯔진청으로 향하는 최남단 성문인 첸먼前門을 중심으로 상업 지역이 형성되었다.

청대에는 명대의 베이징청을 그대로 이어받았는데, 청대의 전성기인 강희제康熙帝(1654~1722), 옹정제雍正帝(1678~1735), 건륭제乾隆帝(1711~1799) 시기에 베이징청 서북쪽에 위안밍위안圓明園, 창춘위안暢春園, 이허위안頤和園 등 대규모 정원을 조성했으며, 황제들은 많은 시간을 이곳 정원에서 보냈다. 황족과 귀족들도 조정에 등청하기 위해 자신들의 저택을 베이징청의 서북부에 건축했다. 베이징청의 서북 지역은 수원이 맑고 연료가 풍부하여 황족과 귀족들이 여름과 겨울을 보내기에 유리했다. 반면 베이징청의 동북 지역에는 운하가 발달해, 각 지역에서 오는 산물의 집산지로서 기능했다. 이 지역을 중심으로 창고업과 상업 등이 발달했다. 이 때문에 "서부 지역에는 귀족들이 많이 살고, 동부 지역에는 부자들이 많이 살며, 북쪽에는 빈민이 많이 살고, 남쪽에는 천민이 많이 산다"는 말이 유행할 정도였다. 그런데 청대까지 베이징청 내의 쯔진청, 내성, 황가원림皇家園林, 왕푸王府(베이징 최대 번화가인 왕푸징王府井은 왕푸의 우물을 뜻하는 보통명사가 지명이 된 경우다) 등은 각기 고립된 공간이었으며, 베이징의 주민들 역시 이 지역에 함부로 접근할 수 없었다. 1911년 신해혁명 이후 이들 지역이 시민에게 개방되었는데, 20세기 이후에도 내성에는 고위 관료가, 외성에는 일반 서민들이, 교구에는 빈민과 농민들이 거주하는 상황은 근본적으로 변화하지 않았다.

1928년 난징국민정부 성립 이후, 수도가 난징으로 정해지면서 베이징은 베이핑으로 강등되었다. 일본의 베이핑 점령 이후, 1937년 10월 12일 베이핑시지방유지위원회北平市地方維持委員會는 베이핑을 베이징으로 개칭했다. 친일매국인사들이 주도하는 중화민국임시정부中華民國臨時政府는 베이징에 수도를 두고 1938년 1월 1일부로 베이징시를 베이징특별시北京特別市로 개칭했다. 1945년 8월 21일 중일전쟁 승리 이후, 제11전구戰區 사령관 쑨롄중孫連仲(1893~1990) 부대가 베이징을 수복한 이후 베이핑으로 개칭했다. 베이징의 명칭은 1949년 10월 신중국 성립 이후 되찾을 수 있었다.

베이징은 일찍부터 북방민족의 침입을 막기 위한 군사적 요충지로서 주목받아 왔고, 금원을 거치면서 정치적 중심지로 부상했다. 명대이래로 베이징의 전략적 중요성을 무시하고, 난징에 수도를 세웠던 정치세력은 모두 단명했다. 명의 두 번째 황제인 건문제(재위 1398~1402), 태평천국운동(1851~1864)을 주도했던 홍쉬취안洪秀全(1814~1864), 난징국민정부(1928~1937)를 수립한 장제스 등이 그들이다. 이들이 베이징에 진출하지 않고 난징에 안주했기 때문에 천하를 얻는데 실패했다고 말할 수 있는데, 이는 베이징이 정치적으로 얼마나 중요한 도시인지를 웅변해 주고 있다.

베이징청이 황제와 귀족의 일상공간을 상징한다면, 사합원四合院과 후통胡同은 전통적인 베이징 시민들의 주거공간과 일상공간을 대표한다. 사합원은 건물을 사각형의 평면구조로 연결하여 외부에는 폐쇄적이고 내부적으로는 개방적인 독특한 가옥 형태다. 후통이란 이러한 주택가를 격자 모양으로 구획하는 가로망의 골목길을 말한다. 사합원과 후통은 현재는 일반 서민들의 주거공간을 상징하지만, 과거에는 베이징 중상류층의 대표적인 주거 형태였다.

사합원은 4동의 건물을 연결하여 외부로부터 먼지나 비바람을 막기에 유리한 환경을 조성하고, 내부로는 개방성이 강하여 가족 구성원의 거처를 안배하는 데 편리한 구조로 되어 있다. 중형 규모의 사합원의 경우, 들어가는 대문은 대부분 남동쪽 모서리에 위치하는데, 대문에 들어서도 담 벽이 가로막아 내부의 생활공간을 들여다 볼 수 없다. 대문에 연결된 남쪽 건물은 도좌방倒座房이라고 하는데, 객방, 하인방, 작업실, 화장실 등으로 사용된다. 담 벽을 따라 서쪽으로 돌아가면 전원前院이 나오는데, 전원의 수화문垂花門(혹은 이문二門)은 외부와 내부를 구분하는 문이다. 수화문을 들어서면 바로 내원內院이 있는데, 내원은 정방형이거나 남북이 약간 더 긴 장방형이다. 내원은 열십자의 통로로 연결되는데, 정면에 안채인 정방正房이 있고, 좌우 양측에 상방廂房이 있고, 정방, 상방, 수화문은 회랑으로 연결된다. 정방은 대개 세 칸 규모로 사합원의 중심 공간이다. 중앙에는 조상의 위패를 모시고, 좌우에 한 가정의 최연장자가 거주하는 침실이 있다. 그 양 옆으로 주

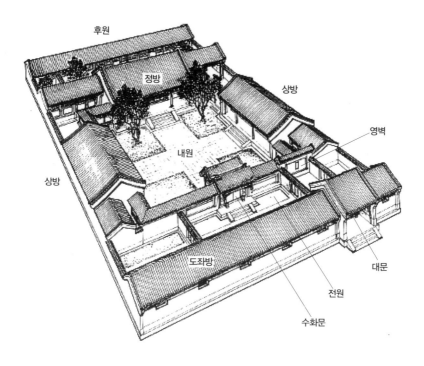

후원

정방

상방

영벽

내원

상방

도좌방

대문

전원

수화문

중형 사합원의 구성과 명칭[4]

사합원은 베이징의 일반 중상류층 주민들이 머무는 거주공간이었다. 내원을 중심으로 폐쇄적인 구조로 설계되어 외부로부터 방어와 내부의 열기를 보존하는 데 유리한 구조였다.

방, 잡실, 화장실 등이 설치되어 있다. 내원의 양측 상방에는 자녀들이 거주하며, 창문은 오직 내원을 향하도록 하고 있다. 정방의 뒷면에는 후원이 있는데, 후원에는 미혼의 딸과 하녀들이 기거한다.[5]

이러한 구조는 외부로부터 폐쇄적인 환경을 조성하여, 비바람과 눈보라 등을 막아 주는 효과가 있다. 뿐만 아니라 가부장의 통치 지위, 남존여비, 주종관계를 확고히 하고 위계질서를 공고히 할 수 있는 장점이 있다. 베이징에서는 이러한 형태를 기본으로 다양한 유형으로 사합원이 개조되었는데, 중하류층으로 갈수록 건물구조가 단순화되는 특징을 보인다.

사합원은 정방형의 폐쇄적인 구조로 되어 있기 때문에, 외부로부터 방어와 내부의 열기를 보존하는 데 유리하지만, 반면 환기에 취약한 구조로 되어 있다. 사합원 내의 어느 곳에 화장실을 설치한다 해도 냄새가 집안에서 빠져나가기 어렵도록 되어 있다. 이 때문에 거주민들은 일종의 간이 분뇨처리기구인 마통馬桶에 배설한 후 도좌방 등에 보관해 두다가, 똥장수가 오면 마통에 담긴 분뇨를 치우고 깨끗이 세척하여 햇볕에 말리는 일상을 반복해야 한다. 혹시라도 비가 오거나 눈이 오면 분뇨처리가 지연되기 십상이고, 치우지 않은 분뇨 냄새는 곧 집안을 가득 채우기 일쑤였다.

베이징청은 쯔진청, 황성, 내성의 3중구조로 짜여 있고, 각 성 안에도 여러 개의 문이 장벽을 이루는 폐쇄적인 구조로 되어 있다. 똥장수들은 쯔진청과 황성에 진입하는 것 자체가 불가능했고, 내성에는 분뇨처리를 위해 제한적으로 출입이 가능했다. 내성에는 중대형의 사합원들이 끊임없이 이어져 있다. 똥장수 사회 내부에서는 내성의 분도를 소유하고 있다는 사실 자체만으로도 권위를 가졌다. 내성의 분도는 기름진 음식을 먹고 배출한 양질의 분뇨가 생산되는 곳이고, 그곳의 분도 소유권을 가지고 있으면 양질의 분뇨를 비싼 값에 되팔 수 있기 때문이다.

브로커

똥장수들은 대개가 문맹인 데다가 문서상의 계약에 익숙하지 않은 탓에 늘 피해자의 위치에 있었다. 그러나 똥장수 삶의 유일한 희망은 자신의 분도를 가지는 것이고, 분도를 가졌다 해도 분창주와 이런 저런 계약을 맺어야 했기 때문에 그들의 계약을 도와 줄 사람을 필요로 했다. 마찬가지로 분창주의 입장에서는 분창의 회계관리와 각종 계약을 담당해 줄 대리인을 필요로 했다. 이들 대리인이 이른바 똥장수 브로커[中시]로 분창주와 똥장수의 계약을 중재하는 사람들이다.[6] 이들은 똥장수 사회에서 성장한 이들로 회계와 문서처리를 할 수 있을 정도의 약간의 교육을 받았으며, 육체노동의 굴레에서 벗어난 사람들이다. 이들에게 일감을 몰아 주는 사람들은 분창주들로 브로커는 계약수수료를 챙기기 위해서 분창주들의 비위를 맞출 수 있어야 했다. 아첨이야말로 브로커의 최고 덕목이었다. 분창에서 계약은 대개 음력 2월과 10월에 집중되었기 때문에, 이 때를 제외하면 브로커가 할 일은

분도 매매계약서

리더순李德順이 브로커 지투쯔紀秃子를 통해 가오뎬중高殿中으로부터 차오양먼와이朝陽門外 지역의 분도를 매매한다는 계약서(1932. 10. 25). 베이핑시정부의 위생개혁은 분도 자체를 부인하고, 기존 분도를 몰수하기 위해 시작된 것이었지만, 결국에는 분도 매매관행을 시정부가 합법화해 주는 정반대의 결과를 낳았다.

그다지 많지 않았다. 숫자에 일가견이 있다면 분창의 회계관리인으로 고용될 수도 있었다. 그러다보니 이들 브로커들은 경제적으로 독립적이지 못했는데, 일부 브로커들은 악착같이 재산을 모아 소규모 분창주로 성장하기도 했다.

쑨싱구이는 대표적인 똥장수 브로커로서 외성구에 자신의 분도와 소규모 분창을 소유하였다. 그러나 그의 경제력은 대부분 위더순이 몰아 준 계약업무와 회계업무에서 나온 것이다. 쑨싱구이는 자신이 혁명파라고 주장하고 있지만, 그의 역할은 위더순을 따라 시정부의 하청업무를 처리하는 것이었다. 위더순이 자신의 패악질을 감추기 위해 시정에 협력했던 것과는 달리, 쑨싱구이가 사회적 물의를 일으킬 만한 일을 하지 않은 것은 분명하다. 그러나 그가 개혁 혹은 혁명을 주장했다는 것은 과장된 것이고, 위더순을 따라 시정업무에 협조했을 뿐이다.

도시환경

베이징은 전형적인 온난대 반습윤 대륙성 계절풍 기후의 지역으로 사계절이 분명한 가운데 봄·가을이 짧고 여름·겨울이 길다. 베이징의 지형은 산지와 평원이 각각 62퍼센트와 38퍼센트를 점하고 있다. 평원지구는 삼면이 산으로 둘러싸여 있으며, 산등성이가 해발 1,000미터 가량의 활모양의 천연 병풍을 형성하여 산의 앞뒤 지역 기후의 천연 분계선을 이루고 있다. 이러한 지형상의 영향으로 베이징의 기후는 지역 차이가 매우 뚜렷하며, 산 아래쪽의 강수량은 연평균 650~750밀리미터인데 비해, 산 위쪽과 평원 남부 지역은 연강수량이 400~500밀리미터에 불과하다. 특히 한 해 강수량의 74퍼센트가 여름철에 집중된다. 이런 이유로 1년 내내 물 부족이 심각한 반면, 서북부 일대에 석탄이 풍부하게 매장되어 있어서 원대 이래로 취사 및 난방용 생활 연료와 공업용 연료의 공급은 원활했다. 그러나 가정용, 공업용 알탄은 순수 석탄에 황토를 섞어 만든 것으로 연소 시에는 재와

찌꺼기가 많이 남기 때문에, 과다한 쓰레기의 배출과 처리는 심각한 도시 중의 하나가 되었다.[7]

명청대 베이징의 인구는 최소 70만에서 최대 100만 명 이내로 추산된다. 1912년에 내외성을 합하여 72만 명 정도였으며, 1920년대까지도 100만 명을 넘지 않았다. 1928년에 베이핑시 정부 성립 이후 내외성 이외에 교구가 베이핑시 범위에 포함되면서 베이핑의 인구는 130만 명이 넘었다. 1930년대 초에 베이핑의 인구는 150만 명이 넘었고, 1940년대 전반기에 170만 명 내외였으며, 1949년 중화인민공화국 성립 직전 베이징의 인구는 200만 명을 넘어섰다. 이처럼 베이징의 인구는 명 중·후기 이래로 민국 초기까지 대체로 완만한 증가 추세였다. 인구 증가에 의한 베이징의 도시 문제는 20세기 이후에 새롭게 등장했다기보다 명대 중·후기 이래로 만성적인 문제였다.

인구 100만 명 내외의 대도시에서 상수 공급과 하수 및 분변처리는 도시환경과 도시위생을 위한 핵심적인 도시 인프라였다. 베이징 시민들은 일상생활 가운데 시민들을 괴롭히는 특정 집단을 삼벌三閥 혹은 삼패三覇라고 불렀는데, 분벌糞閥, 수벌水閥, 상벌喪閥 등이 그것이다. 이것은 똥장수, 물장수, 장례업자 등을 경멸하는 표현이었다. 이들은 모두 도시환경과 밀접한 관련을 가지고 있었다. 베이징청은 상하수도와 같은 도시 인프라가 구축되지 않았기 때문에, 전통적으로 베이징 시민들은 물장수로부터 식수를 공급받았고, 분뇨처리는 똥장수에게 의존했으며, 사망자가 생기면 음양생陰陽生과 같은 장례업자의 사망 확인 절차를 거쳐야 장례와 매장이 가능했다.[8] 베이징 시민들로서는 장례업자는 일생에서 몇 차례 만나게 되지만, 물장수와 똥장수는 매일 매일의 일상생활에서 부딪쳐야 하는 존재들이었다. 이들은 각자의 영업구역을 가지고 있었고, 영업구역을 사유화하여 매매, 양도, 임대하는 관행이 있었다. 대부분의 물장수와 똥장수는 임대료를 지불하고 영업구역을 임대받았다. 물장수와 똥장수는 수입은 거의 최저수준을 밑도는 것이어서 그 부족분은 시민들을 상대로 웃돈을 뜯어 내 채우기 일쑤였다.[9]

이와 같은 상습적인 갈취를 막기 위해서는 상하수도 설비와 같은 도시 인프라를 구축하고, 위생개혁을 통해 사유화된 영역을 공공영역으로 회수하는 조치가 필요했다. 그러나 도시 인프라의 구축에는 많은 시간과 경비가 필요했고, 위생개혁 역시 환경위생 종사자들의 폭동과 저항에 가로막혔다. 실제로 1908년에 베이징시상수도공사가 설립된 이래, 1930년까지 베이징 시민의 5퍼센트만이 수돗물을 공급받았으며, 1940년대까지 베이징 시민의 10퍼센트 내외만이 수돗물을 사용할 수 있었다. 분뇨처리업의 개혁을 위해서 사유화된 영업구역을 시정부가 회수하고, 똥장수를 시정부 공무원으로 고용하는 방안 등이 모색되었다. 수차례에 걸친 분뇨처리 개혁은 번번이 좌절되었다. 그렇지만 역대 시정부들은 끊임없이 개혁을 시도했고, 일부 성과를 얻기도 했다. 도시환경의 개선을 위한 도시 인프라의 구축과 위생개혁은 획기적인 성공을 거두지는 못했으나 20세기 전반에 걸쳐 시정개혁의 주요 과제로 꾸준히 추진되었다.

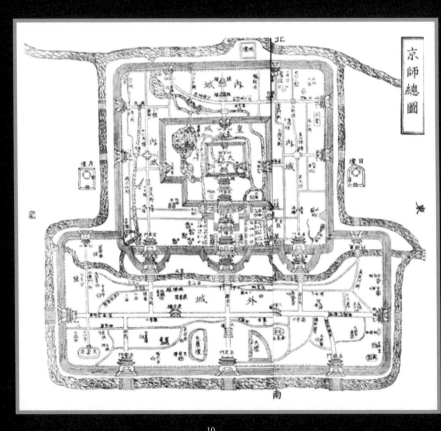

19세기 초 《당토명승도회唐土名勝圖繪》의 베이징[10]

베이징청은 황성, 내성, 외성으로 구축되고, 커다란 인공호수가 조성되어 있어 요새처럼 보이지

환경 인프라

베이징은 전통적으로 수원이 부족하고 수질이 극히 나빠 상수원 확보와 공급은 도시환경의 개선과 환경 인프라 구축을 위한 도시의 최대 과제 중의 하나였다. 전통적으로 베이징 시민들은 물장수가 우물에서 퍼온 물을 음용수로 공급받았다.

시정부의 입장에서 수질을 획기적으로 개선하고 물장수들의 횡포를 막으며 안정적으로 급수체계를 확보하는 가장 확실한 방안은 상수도를 확장해 수돗물 공급을 늘리는 일이었다. 그러나 상수도 설비사업은 막대한 자본을 필요로 하는 만큼 시정부의 재정 확보에 어려움이 많았고, 물장수들의 공공연한 방해 책동으로 사업 진전이 가로막히기도 했다. 시정부와 베이징시상수도공사의 적극적인 지원으로 상수도 보급률이 신장했으나 신중국 성립 전까지 상수도 보급률은 10퍼센트 이내에 그쳤다. 민국 시기 베이징에서는 근대적 급수체계와 전통적 인력급수체계가 공존했으며, 대다수 도시에서처럼 전통적 인력급수체계에 대한 의존도는 매우 높았다.

　시정부로서는 예산상의 이유로 상수도 설비에 전력을 기울일 수 없었기 때문에, 현실적으로 위생상황을 개선하기 위해서는 신규 우물의 개착 심사 및 제한, 수질검사의 강화 등 다른 수단을 강구해야 했다.[11] 특히 시정부로서는 물장수들의 관리가 무엇보다 중요한 요소였다. 왜냐하면 물장수와 장비의 청결상태는 우물물의 수질과 직결되는 문제였고, 우물물 가격의 급등과 물장수의 횡포 등은 심각한 사회 문제를 초래했기 때문이다. 이 때문에 시정부는 물장수들에 대한 등기제도를 실시하여 물장수들을 통제하고자 했다.[12]

　물상인이 사실상의 사용권과 취수권取水權을 독점한 것은 정부도 부인하지 않는 사실이었으나, 우물의 절반 이상을 정부가 소유하고 있었으므로 물상인이 제멋대로 소유권을 행사하지는 못했다. 물상인이 물장수에게 임대할 경우 관서에 일정한 보고절차를 거쳐야 했고, 가뭄이 든 해에는 물상인이 마음대로 우물물을 사용할 수 없었다. 이처럼 수매업자들의 횡포는 사회적 문제가 될 정도로 일상화되었지만, 그들 수매업자들이 정부의 역할과 영향력을 완전히 배제할 수는 없었다.

　베이징의 하수시설은 베이징을 수도로 건설하면서부터 시작되었다고 말할 수 있다. 원래는 내성과 외성 주위에 구거溝渠 시설을 설비하여 우천 시 배수 시설로서 활용하고자 한 것이다. 근대화가 진전되면서 베이징 시민들은 분뇨와 생활하수를 하천과 구거에 내다버리기 시작했고, 시민들 스스로 집안의 하수도관을 구거에 연결하기 시작했다. 시정부 공무국工務局은 희망자에 한해서 하수도관을 설치해 주기

둥즈먼東直門 베이징 상수도 수창(1911)
베이징의 안정적인 상수원 공급을 위해 수창의 개설은 시급한 문제였고, 1908년 상수도공
사가 설립되어 근대적 급수체계가 건립되기 시작했다.

도 했는데, 시정부가 시 전체에 하수 시설을 완비할 여력이 없었으므로 시민들의 임의적인 설치를 막을 수는 없었다. 이처럼 우천 시 빗물의 배수로였던 구거를 빗물 및 생활하수의 배수 시설로 함께 사용했다. 그런데 구거에 하수도관을 연결할 수 있었던 가구는 그나마도 구거에 가까운 위치에 있었기 때문에 가능했다. 1940년대 초 실제로 이같은 방식으로 하수도를 설치하여 생활하수를 처리하는 인구는 시 전체 호수의 10.47퍼센트였다.

구거로부터 멀리 동떨어져 있는 주택 및 상가들은 오물 및 생활하수를 버리기 위해 다른 방법을 강구해야 했다. 가장 일반적으로 사용된 방법은 지정된 하수창[穢水池]에 생활하수를 버리는 것으로 시 전체 호수의 67.49퍼센트가 이 방법을 선호했다. 그러나 실제로는 하수창이 주거지로부터 거리가 멀어서 시민들은 가까운 하천이나 후미진 거리에 버리는 경우가 많았다. 또 다른 방법은 위생국이 직접 수거[官取]하는 것으로 시 전체 호수의 16.3퍼센트가 이에 해당되었다. 이 경우에는 시정부에 호당 최저 1자오角 5편分의 하수도세[穢水捐]를 내야 했다. 나머지는 다수의 주택이나 상가들이 자비로 인부를 고용하여 생활하수를 버리는 것으로 이 방법이 시 전체 호수에서 차지하는 비중은 5.73퍼센트에 불과했다. 이 방법은 상가와 서민들이 밀집하여 베이핑시 최고의 인구밀도를 자랑했던 외일구外一區와 외이구外二區에서 사용되었다.[13]

시정부는 하수도세를 지불하는 경우에만 직접 수거했으므로, 일반 시민들이 하수창 외에도 하천에 배설물을 버리거나 오물을 버리는 행위가 만연했다.[14] 게다가 생활하수의 수거는 자치구방自治區坊의 책임이었고, 288개 하수창의 시설관리는 시정부 공무국의 관할이었으므로 통일적인 하수관리에 어려움이 있었다. 1934년 7월 위생처가 위생국으로 개편되면서 하수창 관리권은 위생국으로 이관되었다. 위생국의 하수관리는 두 가지 방향으로 전개되었다. 하나는 기존 하수창을 정비하고 신규 하수창을 구축하는 것이었으며, 나머지 하나는 세금 납부를 독려하여 위생국의 관리범위를 확대하는 것이었다. 위생국은 기존의 목조 하수차를 대신하여 드럼통을 개조해서 만든 철제 하수차와 잡역부를 동원하여 구거 시설이 노후해 빈번하게 배수로가 막히는 하수창을 정비했다.[15] 신규 하수창 구축에는 재원 문제로 곧바로 실시하지 못하다가 1937년 6월, 65개소가 추가로 필요하다고 논의된 바 있다. 1938년 6월 53개소, 9월 20개소가 신규 준설되어 하수창 구축 논의는 결실을 보게 되었다.[16]

위생국은 자비로 생활하수를 처리하는 경우를 제외하고 시내의 하수를 처리하기 위해서는 500대의 하수차와 500명의 잡역부가 필요한 것으로 평가했다. 그런데 하수도세를 낸 자에 한해서 시정부가 직접 수거[給捐取水]하기 때문에 갑작스럽게 많은 인력과 설비가 필요한 것은 아니었다. 잡역부 1명이 하수차 1대로 60호 가량을 담당할 수 있기 때문에 한 해에 50여 명 분의 잡역부와 하수차를 증원하는 것으로 충분히 감당할 수 있었다.[17] 아울러 위생국은 공안국과 합동으로 생활하수 불법투기 행위에 대한 단속에 나서, 1934년 7월부터 1935년 6월까지 1년 동안 총 572건의 불법행위를 단속했다. 이로 인해 그 해에

자발적으로 하수도세를 내려는 호수가 564호(전시 호수의 3퍼센트 정도)가 증가했고,[18] 다음 해인 1935년에는 2,586호(전시 호수의 13퍼센트 정도)가 증가하여 잡역부 36명을 증원했다.[19] 1936년에는 1,083호가 증가하여 잡역부 20명을 증원했으며, 1937년에는 484호가 증가하여 잡역부 10명을 증원했다.[20] 민국 시기의 하수도는 사실상 구거를 의미한 것으로 구거 설치구간(246킬로미터)은 전체 도로(755킬로미터)에 대비해 3분의 1 수준이었다. 중화인민공화국 성립 이후에도 시내 하수도 설비수준은 3퍼센트 미만이었다.[21]

1934년 베이핑 시내 쓰레기 배출량은 하계 매일 600여 톤, 동계 매일 1,000여 톤에 달했다. 《베이핑시정부통계월간北平市政府統計月刊》 (1934. 1)에 따르면, 당시 베이핑시의 성 내외 인구는 106만 1,360명이므로,[22] 겨울철 베이핑 시민은 1인당 매일 942그램을 배출하는 셈이다. 이러한 다량의 쓰레기들은 수거역량이 부족하여 도로 한적한 곳이나 성벽 부근에 쌓이게 된다. 1930년 베이핑시정부 공무국 조사에 의하면, 성내의 큰 쓰레기 더미가 이미 63만 5,980.4제곱미터에 달하고, 작은 쓰레기 더미는 헤아릴 수조차 없었다고 했다.[23]

1930년대 베이핑 시민 1인당 쓰레기 배출량(913그램)은 2003년 현재 베이징 시민 1인 쓰레기 배출량(517그램)의 1.8배에 이른다.[24] 도시화·근대화가 진행될수록 소비와 지출이 증가하고 그에 따라 쓰레기 배출량도 많아진다는 점을 생각하면 다소 의외의 결과라고 할 수 있다. 그 원인은 어디에 있는 것일까? 그동안 생활환경 및 각종 생활습관 등이 변했다지만, 무엇보다도 겨울철 베이핑에 쓰레기가 많았던 것은 쓰레기의 성분과 깊은 관련이 있다. 베이핑에서 주 연료로 사용되는 알탄[煤球]은 순수 석탄에 황토를 섞어 만든 것이다. 따라서 연소 후에는 23퍼센트의 황토와 8퍼센트의 석탄재가 남는다. 이 같은 재와 찌꺼기[炭燼]는 쓰레기 총량의 60~70퍼센트 이상을 차지한다. 이들 쓰레기 중에서 가연물은 극히 소량이기 때문에, 연소를 통해 쓰레기 배출량을 줄일 수도 없었다.[25]

1930년 시정부는 각 구區에 자치방공소自治坊公所를 설립하여, 공익사업을 담당하도록 했다. 도로청소와 쓰레기수거 역시 공익사업에 속했으므로 자치방공소의 업무에 속했다. 그러나 자치방공소는 쓰레기 수거사업의 중요성을 인식하지 못했고, 쓰레기수거를 지연시키거나 수거 후 제멋대로 내버리는 등 폐해가 속출했다. 위생처가 위생감독을 강화했음에도 불구하고, 위반행위를 제재할 직접적인 법적 권한이 없어 실효성이 없었다. 1928년 5월과 6월 난징국민정부 내정부는 〈오물소제규칙汚物掃除規則〉(1928. 5. 30)과 〈오물소제조례시행세칙汚物掃除條例施行細則〉(1928. 6. 9)을 통해 찌꺼기류, 침전물, 구정물, 분뇨 등 오물의 범위와 시정부가 운반, 처리, 관리, 감독 등의 권한을 가진다는 점을 명시한 바 있다. 베이핑시정부는 1934년 3월 〈오물소제잠행판법汚物掃除暫行辦法〉(1934. 3. 6)을 제정하여 보다 구체적으로 쓰레기 처리방법을 규정했고, 1934년 3월 28일 수정·시행하기에 이르렀다. 법안의 주요 내용은 "첫째, 각 자치방이 쓰레기를 수집하여 시내 25개 임시 쓰레기하치장[穢土待運場]에 운반한다. 둘째, 위생처가 파견한 청소부 약간 명이 임시 쓰레기하치장에서 작업을 하고, 필요한 경우 가

연물을 소각한다. 셋째, 간선도로의 쓰레기 청소는 위생처 청소반이 담당하며, 이를 임시 쓰레기하치장에 운반한다. 넷째, 임시 쓰레기하치장에 버려진 쓰레기는 위생처 청소차가 성 밖으로 운반한 후 웅덩이를 메운다" 등이었다.[26]

이 법안 역시도 쓰레기의 수집까지는 각 자치방구에 의존하는 것이었는데, 쓰레기 처리가 성공적으로 진행되기 위해서는 위생처와 자치방공소의 긴밀한 협조가 필수적이었다. 대부분의 자치방공소가 시정부의 조치에 미온적이었던 전례에 비추어, 시정부로는 보다 진전된 조치가 필요했다. 쓰레기 방치를 개선하기 위해 25개 임시 쓰레기하치장을 선정하는 한편, 각 하치장에 청소부 1인을 상주시켜 쓰레기를 정리정돈하게 했고, 쓰레기 소각기 등의 설치 등 보완적인 조치를 취했다. 쓰레기 처리에 있어 무엇보다 중요한 것은 쓰레기를 도시 밖으로 운반하는 것이고, 이를 위해서는 쓰레기차가 가장 필요했다. 위생처 성립 직전 쓰레기차는 9대에 불과했다. 9대가 처리할 수 있는 쓰레기 분량은 30톤에 불과했다. 즉 여름철 베이핑시 쓰레기 분량의 20분의 1에 불과한 양이었다.

베이징에서 분뇨는 일상생활 가운데 지속적으로 배출되었지만, 분뇨처리 시설의 진전이 없어 불결한 공중화장실의 난립 속에서 전염병의 온상이 되었다. 뿐만 아니라 고약한 냄새와 함께 도시환경을 직접적으로 위협하고 있었다. 베이징의 분창주와 그 고용인인 똥장수는 도시의 분뇨를 수거하는 데 있어 독점적 지위를 누리고 있었고, 수거한 분뇨를 농업용 비료로 농촌에 되팔아 이중의 차익을 남기고 있었다. 무엇보다 분뇨처리를 대가로 별도의 처리비용을 요구하거나 태업을 자행함으로써 시민들에게 고통을 주었는데, 시민들은 이 때문에 그들 분뇨처리업자들을 '분벌糞閥'이라고 불렀다.

분뇨처리 업무는 민국 성립 이래 경사경찰청과 시정공소의 관할업무였다. 이들 시정기구들은 분뇨처리업의 개선 및 분구개량糞具改良 등을 시도했으나 별다른 성과를 얻지 못했다. 1920년대에 들어와서는 당시 위생행정의 주무관청이었던 경사경찰청과 공안국 등이 분뇨처리업에 대해 몇 차례 단속한 사례가 있었으나 일회적이었을 뿐 실제 성과를 거두지는 못했다.

분뇨처리 문제가 시민들에게 불편을 준 것은 다음과 같은 것들이다. 첫째, 이른바 분도糞道라고 불린 분뇨채취 구역을 특정 똥장수가 독점하고 있어, 똥장수들이 시민들을 갈취할 수 있는 구조가 고착되어 있었다. 똥장수는 비가 오거나 눈이 오면 제멋대로 수고비나 떡값을 요구했고, 이에 응하지 않으면 태업을 행함으로써 시민들에게 고통을 안겨 주었다. 둘째, 출퇴근시간이나 점심시간에 아무런 제지 없이 통행하는 똥차와 낡은 똥지게에서 흘러내리는 분뇨로 인해서 도시민은 항상 분뇨 냄새에서 자유로울 수 없었다. 따라서 똥장수 갈취의 근본적 원인을 제거하기 위해서는 분도를 정부가 회수하고 이와 더불어 체계적인 똥장수 관리를 위해서 분창관영[糞廠官辦] 및 똥장수 등기[糞夫登記] 등의 제도적 보완이 필요했다. 또한 똥차 통행시간의 제한과 분구개량 등도 함께 요구되었다.

무엇보다 똥장수들의 횡포 때문에 시민들은 시정부가 분뇨처리업

신식 공중화장실(1935)
1935년 건립된 신식 공중화장실이다. 이러한 형태의 공중화장실은 1990년대 중반까지도 베이징에서는 흔히 볼 수 있었다.

개혁을 실행해 주길 바랐고, 베이핑시정부 등장 이후 시민들의 기대와 요구는 더욱 거세졌다. 시정부의 분뇨처리업 개혁에 관한 낙관론에도 불구하고, 베이핑시정부 성립 초기에는 이렇다 할 성과를 거두지 못했다. 위안량袁良(1882~1952) 시정부 등장 이후 시정부는 분뇨처리업 개혁을 본격적으로 준비하기 시작했고, 그것은 분뇨처리업의 관영[糞業官辦] 형태로 구체화되었다. 제1차 분뇨처리업 개혁, 즉 분뇨처리업 관영의 핵심은 사유화된 분도를 시정부가 회수한 후 위생국이 이를 관리하는 것이었다. 아울러 똥장수를 시정부 소속 잡역부로 고용하고, 신식 똥차와 기구를 사용하며, 분뇨처리장을 설치하고 똥차 통행시간을 제한하는 것 등이 포함되었다. 그러나 위안량의 사임과 더불어 분뇨처리업 관영은 사실상 좌절되었다. 제1차 분뇨처리업 개혁의 좌초 위기에 직면했을 때에도 시민들은 여전히 시정부의 개혁을 지지했다.[27] 시민들이 시정부의 개혁을 지지한 것은 시정부의 분뇨처리업 개혁이란 더 이상 똥장수들의 갈취에 시달리지 않아도 되고, 출퇴근길에 악취를 피하기 위해 코를 막고 도망치듯 뒷걸음질 칠 필요가 없다는 것을 의미했기 때문이다.

분뇨처리업 개혁의 추진세력이 대대적으로 교체되면서 분뇨처리업의 관영은 철회되었지만, 신임 친더춘秦德純(1893~1963) 시정부에서도 제2차 분뇨처리업 개혁에 관한 논의는 지속되었다. 분뇨처리업 개혁을 위한 새로운 논의로서 주목받은 것은 관독상판官督商辦이었다. 즉 제2차 분뇨처리업 개혁은 분뇨처리업자측이 주도하되, 시정부는 관리감독의 역할만을 수행함으로써 분뇨처리업자측의 분뇨처리업 개혁에 협조한다는 뜻이었다. 이를 위해 의결기구인 개진분변사무위원회改進糞便事務委員會와 집행기구인 처리분변사무소處理糞便事務所를 조직했다. 그러나 처리분변사무소를 관리감독할 수 있는 위치에 있는 개진분변사무위원회를 사실상 시정부가 장악함으로써 분뇨처리업 개혁을 시정부가 주도할 수 있었다. 물론 제1차 분뇨처리업 개혁에서 추진했던 분도의 회수 문제가 제2차 분뇨처리업 개혁에서는 폐기되었다는 점에서 개혁의 목표가 일부 후퇴한 것은 사실이다. 그러나 제2차 개혁은 등기비 및 개선비 등의 세금징수를 위해 분도 및 화장실의 가치를 평가하고, 등기신청 및 신식분구 교체 등의 사업을 주도하는 등 일정한 성과를 이끌어 내기도 했다.

베이징의 도시환경 문제는 근대 사회만의 문제는 아니고 명청대 이래로 도시가 안고 있는 만성적인 문제였음을 보여 준다. 베이징은 습도와 기온이 높은 남방에 비해 아열대성 질병의 발생빈도가 낮아 전염병 발생 가능성이 상대적으로 적었다. 하지만 명대 이래로 도시화와 인구 집중이 가속화되었고, 교통의 발달, 환경 인프라의 미비 등과 더불어 전염병의 확산과 환경위생이 악화될 수 있는 조건을 형성했다. 그밖의 자연환경으로는 베이징 주변에 석탄매장량이 풍부하여 관련업종이 발달했는데, 이로 인해 쓰레기 처리 문제가 심각했다. 또한 강수량은 적고 수원이 멀어 만성적인 물 부족에 시달려야 했다. 이 때문에 일찍부터 물상인, 물장수 등 수매업자들이 활동했다. 뿐만 아니라 상하수도 설비의 부재, 분뇨처리, 쓰레기 처리 문제 등 환경 인프라의 미비로 인해 도시환경은 열악할 수밖에 없었다.

20세기 이후 청말민국기 환경 인프라의 근대화 과정은 복잡한 도시 시스템의 재구축을 의미하는 것으로 근대화로 인해 인간환경이 획기적으로 개선되었다고 한마디로 잘라 말하기 어렵다. 상하수도 설비 등 재정 부담이 큰 사업의 경우 즉각적인 개선은 어려웠고, 하수 및 쓰레기 처리 역시 장비, 인력, 재정 등 많은 문제점을 안고 있었다. 게다가 환경 인프라의 구축에는 시정부의 각 부서가 모두 개입되어 있어, 위생국에 의한 통일적인 관리에도 어려움이 있었다. 오히려 장기적 관점에서 보면 근대화와 공업화가 진행될수록 인구가 집중되고, 도시환경은 더 악화된 면이 없지 않다. 그러나 단기적으로 베이핑시 정부와 같은 특정 시점과 공간에 한정할 때, 위생개혁이 일정한 성과를 낸 것은 분명한 사실이었다.

　베이핑시의 위생행정은 전쟁과 정국불안 등으로 안정적인 발전이 어려운 가운데에서도 도시민이 체감할 수 있는 도시환경의 진전을 보였다. 우선은 출생 및 사망관리 시스템과 각종 전염병에 대한 관리체계가 개선되었다.[28] 이 때문에 중요한 위생지표인 출생률과 사망률이 개선되었고, 특히 영아사망률은 절반 가까이 줄어들어 선진제국 수준으로 크게 호전되었다.[29] 도시환경도 크게 개선되어 도로가 깨끗해졌고, 분구개량, 공중화장실 개선 등과 함께 똥장수 등기를 실시하여 분뇨처리업 개혁에 일정한 성과가 있었고, 상수도 설비 및 급수체계의 개선, 구거정리 및 하수처리의 개선, 오물 및 쓰레기 처리 등도 개선되었다. 예전처럼 분뇨 냄새를 풍기면서 거리를 활보하는 똥장수를 찾아보기는 어려웠고, 더 이상 쓰레기나 오물도 함부로 버릴 수 없게 되었다. 시민들은 위생순찰경이나 경찰과 같은 시정부 소속 감시자의 시선에 긴장을 늦출 수 없었고, 학교나 직장 등에서는 위생검사, 예방접종 및 정기점진 등을 통해 위생이 일상화되고 있었다. 이처럼 베이핑시의 환경위생은 시민들에게 서비스와 편의를 제공함과 동시에 개인의 일상과 환경 인프라에 국가개입이 강화되는 방향이었다. 일본점령기와 내전기에도 시정부는 기본적으로 베이핑시정부의 환경위생 정책을 이어가려고 했다.

광장의 정치와 문화

신해혁명이 가져다 준 도시공간의 변화 중 가장 주목할 만한 것 중의 하나는 톈안먼天安門 광장이 근대 정치의 중심무대로 등장했다는 점이다. 원래 톈안먼 광장은 원대 이래 T자형으로 조성된 궁정 광장으로 청대까지 일반인이 출입할 수 없는 폐쇄된 공간이었다. 황성의 대문이자 쯔진청의 정문으로 명대에는 청톈먼承天門이라고 불리다가 청대 순치 8년(1651)에 "하늘의 명을 받아 나라와 백성을 평안히 다스린다[受命於天 安邦治民]"는 뜻에서 톈안먼이라고 칭해졌다. 청말에 이르러 정월 초 등절燈節 행사에 관청이 참여하면서, 관의 허용 아래 민간인들이 등을 들고 거리를 활보하는 등 제한적으로 일반에 개방되기 시작했다.[30]

톈안먼에서 집회 행사가 열린 것은 1913년 10월 10일 위안스카이袁世凱(1859~1916)가 중국 최초로 공화제정부의 대총통으로 취임하면서 이를 축하하기 위한 것이었다. 대총통은 타이허뎬太和殿에서 수임 절차를 마친 뒤 톈안먼에 올라 열병을 했다. 1914년과 1915년 국경절 기념식에는 학생들도 대거 참여했다. 1915년 12월 위안스카이 스스로 황제가 되려는 제제운동帝制運動이 일어나고 정치적으로 혼란스러워지면서 톈안먼 기념식은 중단되었다.

톈안먼에서 집회 행사가 다시 크게 열린 것은 1918년 11월 28일, 1차 세계대전의 전승을 기념하기 위한 행사를 개최하면서부터였다. 베이징정부가 나서서 제등회를 열고 대총통이 사열하는 열병식을 개최했다. 중요 행사와 열병식을 타이허뎬과 톈안먼에서 개최했고, 학생들은 톈안먼과 중산공원 등지에서 강연대회를 개최했다.

그러나 그토록 축하해마지 않았던 전승국의 전후처리는 중국인의 기대와는 달랐다. 베르사유 강화회담의 결과는 독일의 조차지였던 산둥山東의 이권을 일본에게 넘기는 것이었다. 지식인과 학생들이 이에 항의하기 위해 축하의 장소였던 톈안먼 앞에 다시 모였다. 집회 내용은 산둥 권리의 회수와 매국관료 세 명(차오루린曹汝林·장쭝샹章宗祥·루쭝위陸宗輿)의 처벌이 초점이었다. 시위대는 톈안먼을 출발하여 남쪽으로 중화먼中華門과 정양먼을 거쳐 주스커우珠市口까지 진출하고, 매국관료인 차오루린曹汝林의 집에 난입하여 방화하고, 또 다른 매국관료인 장쭝샹章宗祥을 찾아내 구타했다. 시위대는 체포되었지만 곧 보석으로 풀려났고, 이 사건은 전국적인 반향을 일으켰다. 1919년의 5·4운동은 이렇게 시작되었는데, 결국 매국관료들은 파면되고, 베르사유 조약 조인 거부라는 성과를 얻어 냈다.

이로써 각계 민중이 톈안먼 광장에 모여 집회와 시위를 통해 민족주의적 역량을 결집시키고 정부의 정책 결정에 참여하는 새로운 정치 참여방식이 등장했다. 말하자면 '광장의 정치'가 탄생한 것인데, 처음에는 대학생들이 이를 주도했지만 점차 국민대회라는 형식으로 각계 민중을 결합시키는 방향으로 나아갔다. 신해혁명 이후 톈안먼 광장 왼쪽 시창안제西長安街에는 총통부가 들어섰고, 총통부의 정문인 신화먼新華門이 광장의 바로 옆이어서 시위 군중이 정부에 청원하기 위한 자연스러운 장소가 되었다. 정부에 청원하기 위해 톈안먼 광장에 모여서 집회를 개최하는 이러한 패턴은 20세기 베이징의 정치무대에서 빈번하게 등장했다.

그러나 광장의 정치가 항시 정당성을 인정받아 활력을 가졌던 것은 아니었다. 베이징정부는 대외적인 사안의 경우 톈안먼 집회에 방관자적인 입장을 취하기도 했지만, 집회 참가자들이 정권의 정통성을 문제로 삼는 경우는 그냥 두고 볼 수만은 없었다. 또한 집회는 단순 청원에서 시위로 발전하고, 더 나아가 폭동으로 발전하기도 했다. 이에 따라 베이징정부도 점차 무력을 동원한 강경 진압으로 바꿔 나갔고, 결국 톈안먼 집회는 위축될 수밖에 없었다.

1928년 7월, 소강상태에 접어들었던 톈안먼 광장에는 6만 명 이상의 군중이 모인 대규모 집회가 열렸다. 장제스의 국민혁명군이 북벌에 성공하여 베이징에 입성하는 것을 환영하는 승전축하대회였다. 톈안먼 광장의 집회는 지금껏 베이징정부의 정당성을 비판하던 장에서 새로운 정치권력을 경축하는 축제 형식으로 나타났다.

장제스의 난징국민정부가 수도를 난징에 수립함에 따라 톈안먼 광

1918년 11월 1차 세계대전 전승기념식상의 톈안먼 열병식
1914~1918년 1차 세계대전에서 중국은 연합국에 참전하였고, 전승국으로서 기념식을 거행
하였다.

신중국 성립을 축하하는 톈안먼 광장의 인파(1949. 10. 1)
신해혁명 이후 톈안먼 광장은 근대 정치의 중심무대로 등장하였다. 공화제정부의 시작을
축하하고, 전승을 기념하는 장소로 활용되었다. 그러나 정권의 정통성에 시비를 거는 집회
는 허락되지 않았다.

장은 더 이상 중앙권력의 비판의 장이 될 수는 없었다. 그럼에도 불구하고 톈안먼 광장은 계속해서 정치적 쟁점을 이슈화하는 대중정치의 발화 지점이었다. 중국근현대사에서 중요한 사건인 1935년의 1·29운동을 비롯한 대일항전을 촉구하는 집회가 톈안먼 광장에서 개최되었고, 이것은 장제스정부에 대한 정치적 부담으로 작용했다.

광장은 축제와 승리를 위한 대중적 참여공간이었지만, 유독 똥장수들에게는 개방되지 않았다. 똥장수가 원한다면 개인 자격으로 광장에 진입할 수 있었지만, 직업집단으로서 광장의 정치에 참여할 수는 없었다. 스스로 집단정체성을 가지지 못한 똥장수들은 분창주가 자신들의 이익을 대변해 줄 것으로 기대하고 있었다.

톈안먼 광장이 근대 정치의 중심무대였다면, 톈차오天橋 광장은 서민들의 개방적이고 자유로운 민중문화를 대표한다. 톈차오는 북경 외오구外五區의 톈탄天壇 서북면에 위치하고 있다. 본래 톈차오는 하늘의 아들인 황제가 하늘에 제사 지내는 장소인 톈탄을 가기 위해서 반드시 거쳐야 하는 다리였다. 톈차오는 1920년대 이후 베이징에서 가장 번화한 상업지구가 되었는데, 시정부의 도시계획과는 무관하게 민중들의 필요에 의해 조성된 광장이었다.

1930년대 신문지상의 보고에 따르면 200여 개의 점포, 430여 개의 좌판, 115가지의 먹을거리 등이 즐비하였다고 한다. 톈차오에는 식품, 의류, 생활가구 등 각종 중고 생필품뿐만 아니라 찻집, 주점, 점집 등 주민들의 일상생활과 관련하여 없는 것이 없는 시장이 조성되었다. 떠돌이 악사와 약장수, 돌팔이 치과의사와 접골사 등 유사의료업

20세기 전반 톈차오의 잡기 공연

톈차오는 도시계획과 무관하게 베이징의 하층민들이 자유롭게 형성한 민중문화의 공간이었다. 톈차오는 베이징의 축소판으로 여겨질만큼 쇼핑, 오락, 민속활동 등이 다채롭게 이루어졌으며 시민들의 대표적인 휴식공간이었다.

자들이 활개를 쳤다. 심지어 범죄자들이 숨어살기에 가장 적당한 환경을 제공했는데, 범인 체포를 위해 경찰이 가장 먼저 찾는 곳도 바로 톈차오였다.

특히 톈차오는 단순한 시장으로서의 역할뿐만 아니라 잡기, 공연 등 상업과 오락의 중심지였다. 또한 톈차오 부근에 10여 개의 신묘神廟가 있어 각종 민간제사 및 민속활동이 활발하게 전개되었다. 이에 따라 민간의 화가나 음악가 등도 이 지역에서 주로 활동하였다. 톈차오에는 대체로 수공업 위주의 소규모 영세업자들이 모여들었지만, 다른 한편 7층의 톈차오 광장에 건립된 대규모 실내 공연장인 신세계극장[新世界游藝場]에서는 전통연극이나 문명희文明戱, 영화 상영 등이 빈번하게 이루어졌다. 이곳에서 일본의 곡예단이나 러시아 장사들의 공연이 펼쳐질 정도로 외래문화에도 개방적이었다.[31]

일상에 찌든 베이징 시민들에게 톈차오는 휴식과 기분전환을 제공하는 거의 유일무이한 장소였다. 라오서는 《낙타샹즈》(1936)에서 톈차오를 다음과 같이 묘사했다.

샹즈의 마음은 구겨진 채 그대로였다. 어디로 가야 할지 알 수가 없었다. 남쪽, 동쪽, 다시 남쪽, 그는 톈차오를 지났다. 새해가 오고 9시가 조금 넘자 가게 견습생들이 모두 아침을 먹고 이곳으로 모여들었다. 각양각색의 노점과 기예를 파는 이들이 모두 일찍부터 자리를 잡았다. 샹즈가 도착했을 땐 벌써 많은 사람들이 몇 겹으로 빙 둘러 있고, 안에는 북과 징이 울려퍼졌다. 그는 아무 것도 보고 싶지 않았다. 웃음을 잃어버린 지 이미 오래다.

평소 이곳은 만담가, 동물을 이용해 잡기를 하는 사람, 마술하는 사람, 타령하는 사람, 모심기 노래 부르는 사람, 다구슈大鼓書(노래이야기 공연)와 무술하는 사람 등등이 모여 그에게 호탕한 웃음을 선사했었다. 그가 베이핑을 사랑하는 이유 중 절반은 톈차오 때문이었다. 매번 톈차오의 차양막, 겹겹이 둘러싼 사람들을 바라볼 때마다 그는 재미있고 사랑스러운 일들이 생각났다. 하지만 지금은 앞으로 밀고 들어가는 것도 귀찮기만 하다. 톈차오의 웃음소리에 그의 몫은 사라진 지 오래다. 그는 사람들을 피해 조용한 곳으로 향했다. 하지만 뭔가 서운했다. 아니, 이처럼 요란하고 재미난 곳을 어떻게 떠난단 말인가! 톈차오를, 베이핑을 떠날 수 없어!³²

유명 작가들이 톈차오를 베이징의 축소판 혹은 시민들의 일상의 최전선으로 묘사했던 것도 무리는 아니었다. 베이징의 하층민들에게 톈차오 광장은 쇼핑과 기분전환을 통해 삶의 활력을 제공하는 거의 유일한 휴식처였다.

분창주

군벌 시기(1916~1927) 베이징정부가 처음 분업개혁안을 제안했을 때, 분창주와 똥장수는 정부개혁안에 극렬하게 반대했다. 분업개혁이란 분창주와 분도주들로부터 분도를 빼앗는 것이고, 분도 보상금이라고 해 봐야 시가市價에 훨씬 못 미치는 헐값에 불과할 테니 이를 반길 분창주와 분도주는 없었다. 분창주의 이익은 양질의 분뇨를 저렴한 가격에 공급받을 수 있느냐에 달려 있었다. 분창주는 똥장수에게 죽지 않을 만큼의 최저한의 생계만을 제공하고자 했다. 그들의 경영전략은 가능하면 똥장수에게 지급하는 인건비를 최대한 줄이는 것에서부터 시작했다. 그러다보니 이런 저런 이유를 대며, 똥장수의 임금체불이 다반사로 일어났다. 분창주는 동향 출신인 똥장수에게 동정을 베풀기보다는 오히려 동향관계를 인신을 구속하는 수단으로 활용했다. 똥장수는 계급적 이해관계에서는 분창주와 대립관계에 있었지만, 열심히 일해서 분도주가 될 수 있다는 마지막 희망을 버리지 않았다.

따라서 똥장수는 시정부가 분도를 관리한다는 명목으로 자신들의 마지막 희망을 빼앗아 간다고 생각할 여지가 컸다.

그런 점에서 베이징의 대분벌大糞閥 위더순이 기존 분업관행을 개선하려는 시정개혁에 적극적으로 참여한 것은 의외일 수밖에 없었다. 그는 베이징에서 '분벌수령糞閥首領'이라고 불릴 정도로 최대의 분도주이자 분창주이며, 베이징 시내에 40여 채의 가옥과 40만 평 규모의 토지를 가진 대지주이기도 했다. 그런 그가 분업개혁에 적극적일 리가 없었다. 위더순은 왜 분업개혁에 적극적으로 참여했을까?

사실 처음엔 위더순도 분업개혁에 큰 관심을 두지 않았다. 그의 분업개혁에 대한 관심은 전혀 다른 관심에서 비롯되었다. 위더순은 젊어서부터 지독한 섹스중독자였으며, 이 때문에 적지 않은 사회적 물의를 일으켰다. 그는 이미 5명의 첩을 두었는데, 그가 원하는 여성은 유부녀이건 기녀이건 가리지 않았다. 위더순은 어떤 식으로든 자신의 성적 욕망을 채워야 직성이 풀렸다. 심지어 그는 자신의 분창에 소속된 똥장수의 아내를 강간하다가 구속되는 지경에 이르기도 했다. 그럴 때마다 위더순이 사건 무마를 위해 필요하다고 여긴 것은 돈과 권력이었다. 대부분의 치정이나 강간 사건은 돈으로 해결이 가능했는데, 간혹 돈다발이 먹히지 않는 경우에는 권력의 힘에 의존해야 했다. 그는 자신의 만행을 덮는 효과적인 해결책은 권력층과 돈독한 관계를 유지하는 것이라고 여겼다. 또, 그는 분뇨처리업과 관련된 모든 조직의 수장을 맡음으로써 필요한 만큼 공문서를 조작하여 자신의 이익을 지켜 낼 수 있다고 믿었다. 위더순의 시정 협조는 시정개혁에 동참하여 똥장수 사회의 이익을 도모하기 위한 것이 아니라 자신의 이익을 철저히 관철하기 위한 가장 효과적인 방안이었던 셈이다. 그는 난징 국민정부, 일본점령 시기, 국공내전 시기를 거치는 동안 시정부에 협조적인 태도를 취했으며, 할 수 있는 모든 조직의 대표를 맡아 자신의 이익을 관철시키고자 했다.

동향 네트워크

중국의 근대 도시 사회의 특성 중의 하나는 이주민들이 도시 사회를 구성하는 핵심 축 중의 하나라는 사실이다. 대표적으로 상하이는 이민도시로서 이주민들이 도시 인구의 절반 이상을 차지했고,[33] 이들 이주민들이 회관會館과 공소公所와 같은 동향同鄕 네트워크를 조직하여 도시 사회의 안정성을 구축해 나갔다. 베이징 역시 대표적인 이민도시인 상하이와 마찬가지로 적지 않은 이주민이 도시 사회를 구성하고 있었다. 베이징 본적을 가진 자는 42.5퍼센트였고, 그밖의 객적인客籍人이 57.5퍼센트를 차지했다.[34]

원래 회관은 명초 이래로 동향의 과거응시자나 상공업자가 수도나 성도에 머물 때, 그들에게 각종 편의를 제공하는 사설 기구였다. 청중기 이후 신사 및 상공업자들이 도시로 이동하면서 친목, 상호부조와 직업적 이익을 도모하기 위해 동향, 동업조직을 결성했는데, 회관과 공소는 외국상인들의 중국 진출과 맞물려 중국상인의 우세를 유지할 수 있는 조직적 기반으로 성장하게 되었다. 일반적으로 회관은 동향조직, 공소는 동업조직을 지칭하는 것이었으나 청말 이래로 회관은 직업적 이익을 도모했고, 공소는 자선사업 조직으로 변모해 나갔다.[35]

베이징에서 회관의 기원은 명대明代 성조成祖 영락제永樂帝(1360~1424) 시기로 거슬러 올라간다. 영락 13년(1415) 조정은 3년에 한 차례 과거시험을 시행하기로 하고, 국도를 난징에서 베이징으로 이전했다. 지방의 향시鄕試와 성시省試를 거쳐 중앙의 회시會試와 전시殿試에 통과하면 진사進士로서 고위 관료로 진출할 수 있는 자격을 얻게 된다. 각 지방에서 입경하여 회시를 치를 수험생만 5~6,000명에 달했다. 조정은 국가의 장래를 책임질 수험생들에게 거마비를 제공했으나 수험생과 그 수행 인원들에게 숙박과 식사까지 제공할 수는 없었다. 이 때문에 수험생의 숙박을 비롯한 여비 등은 큰 사회적 문제가 되었다. 초기의 회관 중에 대표적인 것으로 우후회관蕪湖會館을 들 수 있다. 우후회관은 베이징 첸먼와이前門外 창항長巷 상산탸오후통上三條胡同에 위치한 것인데, 1403년 안후이성安徽省 우후현蕪湖縣 출신의 위모兪謨라는 자가 출연出捐하여 창건한 것이다. 위모는 공생貢生으로 베이징 공부주사北京工部主事를 역임했고, 구입한 부지에 건물을 지어 상경한 친척과 친구들의 거처로 삼았다. 위모는 귀향하면서 동향同鄕 경관京官인 진젠晉儉에게 그곳을 양도했고, 이후 그곳은 동향인들의 회합장소가 되었다. 아울러 우후 출신의 수험생이나 수행원들에게 숙식을 제공했다. 우후회관에 이어 장시江西 푸량회관浮梁會館, 광둥회관廣東會館, 푸저우회관福州會館 등이 출현했다.

특히 명 무종武宗 정덕 연간正德年間(1506~1521)에 설립된 푸젠 출신 회관은 대부분 과거수험생을 위한 회관이었다. 푸저우회관福州會館, 젠닝회관建寧會館, 딩저우회관汀州會館, 옌핑회관延平會館, 퉁안회관同安會館, 푸칭회관福淸會館, 푸양회관莆陽會館, 장푸회관漳浦會館, 샤오우회관邵武會館 등이 그것이다. 이들 푸젠 과거회관科擧會館들의 관리권은 푸젠 출신 대관료들이 장악하고 있었고, 회관의 재정은 이들의 기부금에 의존했으며, 회관의 중대 사무 역시 이들이 결정했다. 이들 회관들은 수험생을 위한 숙식을 제공한 것 이외에, 관신官紳들의 회합장소가 되었다. 점차 회관에서 관신들의 체류가 장기화되었고, 여성을 포함한 그의 가족들도 거주하기 시작했다.[36]

광서 32년(1906) 경사외성 순경총청京師外城巡警總廳의 조사에 의하면, 베이징에 설치된 회관의 수는 쳰먼다제前門大街 우측에서 쉬안우먼宣武門, 광안먼廣安門 일대에 318개의 회관이 존재했다. 그중 외성우청外城右廳 일구一區 106개, 외성우청 이구二區 64개, 외성우청 삼구三區 48개, 외성우청 사구四區 63개, 외성우청 오구五區 37개 등이었다. 1941년 조사에서는 베이징의 회관 수가 381개였다.

1949년 중화인민공화국 성립 이후 베이징시 인민정부의 조사에 의하면, 베이징의 회관 수는 391개였다. 그중 명대 33개, 청대 341개, 민국시기 17개가 건립되었는데, 청대에 가장 많은 회관이 건립되었음을 알 수 있다. 회관은 성省, 부府, 현縣 단위로 개설되었으며, 1개 현에서 다수의 회관을 건립하는 경우도 있었고, 여러 개의 현이나 성이 공동으로 한 개의 회관을 건립하는 경우도 있었다. 현급 회관이 188

개로 가장 많았고, 부급 135개, 성급 63개가 건립되었다. 회관이 많은 성은 장시성江西省으로 성급 1개, 부급 23개, 현급 32개 등 총 56개소에 이른다. 그 다음으로 산시성山西省이 38개소, 광둥성廣東省과 후난성湖北省이 각각 36개소, 안후이성安徽省 29개소, 장쑤성江蘇省 25개소 등이었다. 반면 회관이 3개 이하인 지역으로는 산둥성山東省, 윈난성雲南省, 펑톈성奉天省, 지린성吉林省, 수이위안성綏遠省, 신장성新疆省 등이 있었다. 회관의 책임자로는 퇴직한 공무원과 교직원, 현직 공무원과 교직원, 상인, 교수 등이 다수를 점했다.[37] 회관의 규모나 부속 재산의 규모가 각기 달라 회관 수와 재경 동향인의 정치적 지위와 경제적 능력이 그 수만큼 반드시 일치하는 것은 아니지만, 회관의 수가 많다는 것은 베이징 사회에서 해당 지역민의 정치적·경제적 지위가 상대적으로 높다는 것을 의미하는 것이었다.

베이징에서 이들 회관이 위치한 곳은 대부분 외성구外城區였다. 그중에서도 외이구外二區와 외사구外四區에 가장 많은 회관이 집중되었다. 회관이 집중된 곳으로 유명한 곳 중의 하나는 외오구外五區에 위치한 징충묘精忠廟였다. 징충묘는 웨페이岳飛(1103~1141)를 모시는 사당으로, 명明 희종熹宗 천계天啓 6년(1626)에 지어졌으며, 경내에는 희신전喜神殿, 조사전祖師殿을 비롯하여 각종 회관들이 들어서 있었다. 웨페이는 남송 시기 북방 유목민족인 금金에 대항하여 싸우다가 주화파인 친후이秦檜(1090~1155)의 모함으로 고종에게 독살을 당한 비운의 장수였다. 웨페이는 남송 효종에 의해 그 지위가 복권되고, 애국충신이자 민족의 영웅으로 부상했다. 특히 신해혁명 시기에는 웨페이가 반청혁명과 애국주의의 상징으로 등장했고, 그 지위는 관우를 능가하는 것이었다.[38] 회관들은 웨페이를 자신들의 활동의 중심에 둠으로써 조직의 정통성과 구심점을 확보하고자 했다.

대개 경제적으로 독립적인 회관·공소는 자신들의 정신적 지주인 조상신과 동향의 유명 인물을 제사지내기 위해 회관 내에 독자적인 조사전祖師殿과 향현사鄕賢祠 등을 건립하는데, 징충묘에는 특히 경제적·사회적 지위가 상대적으로 열악한 회관·공소가 위치하여 공동으로 조사전 등을 사용했다.[39] 예컨대, 배우들의 동업·동향조직인 리위안회관梨園會館의 경우 징충묘에 위치했다. 건륭乾隆 말기 민간극이 크게 유행하면서 다양한 지역의 배우들이 베이징에 유입되었다. 베이징의 연극계는 양저우揚州·쑤저우蘇州 등 장난江南 출신들이 다수를 점하고 있었는데, 가경嘉慶 연간 이후로 안후이성安徽省(安徽府) 출신들이 많아졌고, 안후이 출신이 주도하는 휘반徽班이 주류를 형성했다. 가경嘉慶·도광道光 연간에 이르는 시기 안휘 출신들이 베이징 리위안회관을 장악해 감에 따라 리위안회관은 사실상 안후이성 출신들이 주도하게 되었다.[40] 이처럼 베이징의 회관은 과거 중심의 과거회관에서 동업조직의 동향회관으로 변화되어 나갔다.

베이징의 산둥인은 1930년대 8만 6,000여 명으로 허베이인을 제외하면 베이징에서 최대 동향조직을 형성했는데, 산둥회관은 성급省級 2개와 부급府級 1개를 합하여 3개에 불과했다. 반면 산시인은 3만 6,000여 명에 불과한데도 성급 4개, 부급 13개, 현급縣級 21개 등 총 38개 회관을 보유했다.[41] 명대까지 산시인들은 똥장수와 물장수의 대부분을 차지하다가 청대에 이르러 산둥인들이 산시인들을 대체했다. 산시인과 산둥인의 회관 보유 현황으로 볼 때, 다수의 회관을 보유한 산시인들이 산둥인들에게 밀려났다기보다는 베이징 도시 사회의 중상층으로 계층이동을 해 나간 것으로 추측된다.

마오쩌둥毛澤東(1893~1976)은 〈중국 사회 각 계급의 분석〉(1926)에서 똥장수가 인력거꾼, 청소부 등과 함께 무산계급 중 '도시쿨리층[苦力, Coolie]'을 형성하고 있으며, 똥장수들의 경제적 지위는 산업노동자들과 유사하지만 그 조직력은 그들에 훨씬 못 미친다고 분석한 바 있다.[42] 똥장수들은 자신의 영업구역에서 독자적으로 행동하기 때문에, 개체성이 강한 반면 조직적으로 움직일 가능성이 거의 없다는 점에서 마오쩌둥의 분석은 일견 타당해 보인다.

개체성이 강하다는 것은 자신의 영업구역이 남에게 침해받지 않는 것을 목숨보다 중요하게 여겼으며, 서로의 영업구역을 침해하는 일은 결코 일어날 수 없는 일이었다는 것을 의미한다. 만약 자의든 타의든 똥장수의 영업구역이 존중받지 못하거나 침해받는다면, 똥장수들은 조직적인 대응을 통해서라도 영업구역을 지키려 할 것이다. 대표적인 사례가 떠돌이 똥장수들이 영업구역을 침해하는 경우와 시민들의 항의로 일자리를 잃게 되는 경우였다.

산둥 출신 똥장수들이 분뇨처리업을 장악하는 데는 성공했지만, 그들은 19세기 말까지도 독자적인 동업조직을 엮어 내지는 못했다. 그들이 동업조직을 발전시키지 못한 데에는 분뇨처리업 내부의 복잡한 사정도 한몫을 했다. 대개 똥장수들은 정해진 구역 내에서만 일하기 때문에, 인접한 지역에서 일하는 똥장수들과 같은 분뇨창고를 사용하는 몇몇 동료 똥장수를 제외하면 인적인 교류가 거의 없었다. 그러다 보니 일상생활 수준에서 통일적인 똥장수조직의 필요를 느끼지 못했다. 그들에게 절실한 것은 분도 재산권[糞道産權] 혹은 임대권이었다. 그들의 먹고사는 문제를 해결해 주는 것은 시정부도 아니고 똥장수조직도 아니었다. 그들에게 숙식과 월급을 제공하는 분창주가 사실상의 물주였다. 게다가 똥장수들은 실체를 알 수 없는 떠돌이 똥장수까지도 상대해야 했다. 떠돌이 똥장수들의 대부분은 겨울철 농한기에 농촌에서 이주한 농민들이 몇 푼이라도 건져 볼 생각으로 똥지게를 지고 몰래 들어와 닥치는 대로 분뇨를 수거해 갔다. 정식 똥장수들의 활동시간과 범위는 대체로 일정하게 고정되어 있기 때문에, 계획적으로 분뇨를 훔치려고 한다면 얼마든지 훔쳐 낼 수 있었다. 정식 똥장수들의 입장에서 떠돌이 똥장수들은 동료가 아니라 자신들의 밥줄을 무참히 훔쳐 가는 공공의 적이었다. 정식 똥장수와 떠돌이 똥장수의 갈등에 협상은 존재할 수 없었고, 대부분 폭력적이고 비극적인 결말로 끝났다.

이러한 문제들을 시정하기 위해 1906년(광서 32) 11월 똥장수들이 외오구外五區 다스징충묘大市精忠廟에 모여 비업공회肥業公會를 조직하고 회장, 간사 등을 선출했다. 비업공회는 똥장수 최초의 동업조합이었다. 그러나 그 포괄 범위는 협소하여 정양면正陽門, 충원면崇文門, 쉬안우면宣武門 일대의 남교南郊 똥장수만이 참여했다. 똥장수조직의 확대는 난징국민정부 성립 이후 시당부 등의 지도로 각 사회조직의 개편이 이루어지면서 비업공회가 베이핑특별시똥장수노동조합[北平特別市糞夫工會]으로 개조되면서부터였다. 베이핑특별시똥장수노동조합은 이사理事 및 감사監事 약간 명, 상무이사 3명을 두어 업무를 집행했는데, 그밖에 6개의 지부를 설립하여 각 지부에 9명의 간사와 6명의 보조원, 유지대維持隊 대장 1명을 두었다. 1932년 11월 시당부에 의해 베이핑시똥장수직업노동조합[北平市糞夫職業工會]으로 명칭은 개편되었으나 조직은 그대로였다.[43] 그러나 똥장수직업노동조합은 사실상 유명무실했고, 1936년 12월에는 2년 동안 개선활동이 없었다는 이유로 사회국에 의해서 활동이 정지되기도 했다.[44]

1932년 《중국노동연감中國勞動年鑑》에 의하면, 베이핑시 똥장수는 4,000여 명 정도였다.[45] 위생국은 3,000여 명의 똥장수를 고용할 계획이었는데, 공안국·사회국·재정국 등 시정부 내 삼국연석회의는 똥장수들의 대량실업을 경고한 바 있었다. 그러나 위생국은 삼국연석회의의 지적사항에 대해 이미 반론을 제시한 바 있었다. 위생국은 실사결과 1934년 베이핑시 전체 똥장수 4,000~5,000여 명 중에서 실제 똥장수의 총수는 2,300여 명이며,[46] 나머지는 동절기 농한기를 이용하여 임시적으로 분뇨처리업 활동을 하는 유동 농민들이라고 보았다. 위생국이 애초에 제시한 3,000여 명의 똥장수 고용계획은 충분한 숫자이며, 오히려 2,300여 명으로 감축해야 할 것이라고 주장했다.[47] 분뇨업무를 담당했던 실무과장에 의하면, 1936년 12월, 분도 등기가 완료되는 시점에서 베이핑시가 파악한 똥장수 총수는 정식 똥장수 2,000여 명과 떠돌이 똥장수 1,000여 명을 합하여 3,000여 명이었다.[48] 1930년대 시정부 내에서도 똥장수의 숫자는 논란거리였을 정도로 정확한 수치를 확인하기 어렵다. 정식, 비정식 똥장수를 포함하게 되면 최소 3,000명, 최대 4,000~5,000여 명으로 추산된다.

비업공회는 똥장수 최초의 동업조직이었지만, 참여한 인원이 그리 많지 않았다. 1930년대 이후 난징국민정부에 의해 똥장수노동조합이 만들어지고, 똥장수직업노동조합 등으로 개조되지만, 이것은 사실상 똥장수들의 동업조직이라기보다는 분창주들의 사용자단체였다. 똥장수직업노동조합이 난징국민정부 시기 각종 사회단체를 관리하기 위한 정부의 어용조직으로 만들어지다보니 명목은 똥장수를 위한 조직이지만, 실제로는 분창주들이 주도하는 단체가 되었다. 이와 같은 조직에 똥장수들이 적극적으로 참여할 이유도 없었고, 분창주들 역시 이 조직을 통해 자신들의 이익을 대변하고자 했을 뿐 똥장수 전체의 이해관계나 위생개혁을 위한 사회적 열망을 수렴해 내지 못하고 있었다.

1930년대 중반 베이핑시정부의 위생개혁이 본격화되고, 분뇨처리업의 관영화 움직임이 보이면서 분뇨처리업계는 최대 난관에 부딪쳤다. 1935년 10월 시정부가 제1차 분뇨처리 개혁안을 전격적으로 발표하자, 개혁안을 지지하는 위더순, 쑨싱구이 등과 개혁안을 반대하는 대부분의 똥장수가 대립하게 되었다. 일자리를 잃을지도 모른다는 불안감 속에서 똥장수는 분창주를 중심으로 신속하게 단결했다. 위안제于安傑, 류리위劉禮鈺, 창양산常襄山, 인위팅恩雨亭, 장바오천張寶臣, 장윈칭張雲卿, 류위산劉玉山, 양춘하이楊存海, 장청린姜成林, 정밍위에鄭明月, 한지윈韓紀雲, 샤오잉춘邵迎春 등 12명의 똥장수 대표들은 핑진위술

총사령부의 총책임자인 쑹저위안과의 면담을 요구했다.[49]

　새로운 시정부가 들어서면서 제2차 분뇨처리개혁안이 추진되었다. 제2차 개혁안의 핵심은 분뇨처리 업무를 똥장수 사회가 담당하고, 시정부가 감독하는 관독상판이었다. 그 과정에서 똥장수 대표자회의가 소집되고, 똥장수의 입장이 일부 반영되긴 했으나 더 이상 똥장수조직의 독자적인 목소리를 찾을 수는 없었다. 분뇨처리 업무는 시정부의 의결기구인 개진분변사무위원회가 장악했고, 실무는 집행기구인 처리분변사무소가 주도하게 되었다. 처리분변사무소는 분창주를 중심으로 개진분변사무위원회의 결정사항을 집행해 나갔는데, 두 기구에 참여할 수 있었던 것은 모두 분창주들이었다. 개진분변사무위원회에는 분뇨처리업계의 원로 분창주에 해당하는 위더순, 위안제, 리펑지李逢吉, 덩밍더鄧明德 등이 상무위원으로 쑨싱구이, 류원빈劉文彬, 장원덩姜文登, 창양산 등이 위원으로 참여했다.[50] 제1차 개혁안 당시 개혁안을 지지했던 똥장수는 위더순과 쑨싱구이 등에 불과했는데, 제2차 개혁안에서는 그 지지세가 확대되었다. 여전히 똥장수 사회는 분열되어 있었다.

통계조사원

   똥장수 딩전취안이 회관 장학금을 받아 중학교를 마치고 시정부 위생국의 통계조사원이 된 것은 똥장수 사회에서 결코 흔한 일이 아니었다. 베이징에 산둥회관이 세 군데 있었지만, 모두가 산둥성의 고위관료들이 운영하는 곳으로 회관이 가난한 농민이나 서민들을 위한 보호막이 되어 주지는 못했다. 딩전취안과 그의 부친은 핑인현에서 베이징으로 이주한 이후 하루도 쉬지 않고 일했지만, 생활여건은 크게 달라지지 않았다. 그러던 어느 날, 딩전취안의 부친은 고향 핑인현에서 소작을 칠 때 지주였던 주진사朱進士(본명은 주밍자오朱名炤)가 베이징에 있다는 소식을 접하고 그를 찾아갔다. 그는 진사 합격 이후 조정에서 서길사庶吉士, 산관散官, 주사主事 등으로 근무한 적이 있었고, 산둥회관을 움직이는 주요 인사 중의 한 사람이었다. 그는 딩씨의 아들 딩전취안이 고향에서 소학교육을 받았다는 것을 알고서 산둥회관에서 제공하는 장학금으로 중학교육을 받을 수 있도록 해 주었다.

1926년 딩전취안은 중학교를 졸업하고, 시정부에 취직하고자 했다. 그러나 딩전취안의 추천인이자 보증인이었던 주진사가 사망함에 따라 추천인과 보증인을 구하지 못한 채 징한철로국京漢鐵路局의 임시직원으로 취직하기도 했다. 1928년 베이핑시정부가 출범하면서 위생개혁이 시작되었고, 시정부는 위생국의 위생행정을 보조할 통계조사원이라는 정규직을 공개 모집했다. 여기에는 추천인과 보증인은 필요하지 않았고, 단지 중학 이상의 학력과 국문, 산술, 상식 등 간단한 자격시험을 보았다. 이미 중학교 학력을 가진 딩전취안은 필요한 자격조건을 갖추고 있었다. 통계조사원이 무슨 일을 할지는 잘 몰랐지만, 시정부의 정규 공무원인 것은 분명했다.

1934년 10월, 시정부는 베이핑시의 생명통계 작성업무를 수행하기 위해 제1기 통계조사원 훈련반을 모집했다. 모집인원은 10명이었고, 수업 1개월, 실습 1개월의 훈련기간을 거쳤다. 수업 내용은 전염병, 생명통계, 환경위생, 세균학, 병리학, 회화, 공공위생, 위생법규 등이었다. 통계조사원은 전통적으로 사망업무를 담당해 왔던 제례전문가인 음양생陰陽生을 대신하여 사망진단을 담당했을 뿐만 아니라 출생보고, 질병관리, 위생검사 등 생명통계의 작성과 위생관리를 담당했다. 음양생은 사망원인을 작성하는 사망진단에서부터 장례와 매장에 이르는 전 과정에서 절대적인 권한을 행사하였다. 음양생은 의학적 훈련 없이 경험에 의존하여 사망진단을 내렸을 뿐만 아니라 장례절차를 고의로 지연하는 것으로 시민들에게 적지 않은 고통을 안겨 주었다. 베이징 시민들은 음양생을 똥장수 및 물장수 등과 더불어 베이징

통계조사원

베이징 시민에 대한 근대적인 출생, 사망, 전염병 관리를 위해 1925년부터 통계조사원제도
가 운용되었다. 통계조사원은 베이징의 근대적 위생관리와 공간통제를 위한 핵심적인 요원
으로 활동했다.

앙방殃榜을 작성 중인 음양생

음양생의 핵심업무 중의 하나는 앙방을 작성하는 것인데, 음양생이 작성한 앙방에는 사망
자의 생년월일 및 사망연월일, 출관일시 등이 포함되어 있는데, 앙방이 있어야만 경찰서로
부터 매장허가를 받을 수 있었다.

의 삼벌 중의 하나로 간주해 왔다. 시정부로서도 정확한 사망원인 조사와 사망관리를 위해서 통계조사원으로 음양생을 대체하고자 하였다. 시정부의 적극적인 지원 속에서 통계조사원은 베이핑의 근대적 생명통계 작성뿐만 아니라 근대적 위생관리 분야에서 혁혁한 성과를 올렸다. 이들은 근대적 위생관리와 도시공간의 통제를 담당하는 새로운 직업군으로 등장하였다.[51]

딩전취안은 통계조사원이 되면서 일개 똥장수에서 국가공무원으로 신분이 상승했을 뿐만 아니라 전근대적이고 낙후한 직업군에서 근대 국가 건설을 주도하는 시정개혁의 견인차로 탈바꿈했다. 그는 위생국 직원으로서 위생행정에 관한 지식과 경험을 축적해 나갔다. 그는 분뇨처리 업무를 가장 잘 알고 있었고, 일본점령기에는 처리분변사무소의 위생국 파견 전문요원으로 발탁되기에 이르렀다.

직업혁명가

청말 이래로 반청혁명을 주도했던 지식층, 자유직업자층을 중심으로 직업혁명가가 등장했다. 이들은 대부분 교육계나 출판잡지계 등에서 생계를 유지하고, 사회혁명을 주도했다. 특히 1915년 보수적인 전제정치와 봉건사상을 비판하며 등장한 신문화운동과 1919년 5·4운동의 세례를 받은 학생층에서 직업혁명가가 대량 배출되었다. 그들 중 대다수는 중국공산당의 지도급 인물로 성장했다.[52]

직업혁명가들은 학생운동, 노동운동, 농민운동, 여성운동 등 사회의 각계각층에 침투하여 정치, 사회, 노동운동을 조직했다. 그러나 직업혁명가들이 범접하지 못했던 분야가 있었으니 그중 하나가 똥장수 노동조합이었다. 똥장수노동조합은 명의상 다수의 똥장수 노동자가 포함되어 있었지만, 20세기 전반기 동안 순전한 똥장수 노동자가 노동조합을 장악해 본 적은 한 번도 없었다. 노동조합과 똥장수 관련 단체를 대부분 위더순 혼자서 장악하고 있었다. 똥장수 사회의 구조상 똥장수 노동자가 혁명가로 성장하기는 불가능했고, 직업혁명가가 똥장수 사회에 접근하는 일도 쉽지 않았다.

통계조사원 제도를 실험적으로 운용하기 시작한 것은 1925년부터였고, 시정부가 통계조사원을 공채를 통해 모집해서 정식으로 운용했던 것은 1934년이었다. 이 시기는 딩전취안이 중학 졸업 이후 철로국에서 근무하던 시기로, 이 시기에 대학에 진학하고 중국공산당에 가입했을 가능성이 높다. 그러나 그가 일찍부터 중국공산당에 가입했다고 해서 중국공산당이 똥장수의 조직화에 관심을 가졌다고 보기는 어렵다. 중국공산당의 똥장수에 대한 인식이 높지 않았고, 위생국 말단 공무원 혼자서 똥장수 사회의 혁명을 추동한다는 것은 거의 불가능한 일이었기 때문이다. 중국공산당이 똥장수의 조직화에 관심을 가진 것은 중일전쟁 이후였다. 딩전취안이 직업혁명가로서 똥장수노동조합에 침투하기 시작한 것은 1945년 중일전쟁이 종료되고 국공내전으로 인해 사회적으로 혼란했던 시기였다. 그는 노동조합의 책임자로 활동하면서부터 본격적인 직업혁명가의 길을 걷기 시작했다.

베이징의 공간구조는 명청 이래로 황제의 공간이었기 때문에, 황성, 내성, 외성, 교구로 이루어진 독특한 구조였다. 전통적인 가옥인 사합원의 구조가 보여주듯이 베이징 건축물은 외부와는 폐쇄된 특성을 가지고 있다. 20세기 이래로 베이징은 황제의 정원에서 시민의 공원으로 변화되었지만, 여전히 폐쇄적인 공간구조를 구축하고 있다. 특히 똥장수와 같은 도시하층민은 내성 안으로는 진입조차 할 수 없었다. 이것은 재력이 있는 분창주에게도 마찬가지였다.

　도시 사회에서 안전망을 구축하기 위한 이주민 사회의 노력은 동향조직을 기초로 한 회관의 건립으로 나타났다. 산둥인은 허베이인 다음으로 다수를 차지하는 베이징 사회의 이주민이었지만, 산둥인의 회관 수는 매우 적었다. 이는 산둥 이주민을 보호할 수 있는 다양한 안전망이 상대적으로 미약했다는 것을 상징적으로 보여준다.

　똥장수 사회 역시 분산성과 유동성이 강한 편이고, 분창주의 영향력이 강했다. 똥장수는 회관과 같은 동향조직으로부터 사회적 보호를 받지 못했다. 그들이 의지할 수 있는 유일한 세력은 분창주가 운영하는 분창이었다. 분창은 그들에게 식사와 주거를 제공했으며, 경우에 따라서는 돈을 빌려 주거나 어려운 일을 해결해 주기도 했다. 바꾸어 말하면, 정치적 사회적 이슈에 대해서 분창주의 성향에 따라서 똥장수 사회가 분열될 가능성이 높았다. 위더순과 쑨싱구이 등이 주류 똥장수 사회와 다른 목소리를 낼 수 있었던 것도 이와 같은 똥장수 사회의 독특한 구조에서 비롯된 것이다.

똥장수 딩전취안의 성장은 동향조직과 똥장수 사회의 성격을 이해하는 데 도움을 준다. 딩전취안은 똥장수로서는 이례적으로 동향조직의 도움을 받아 중학교를 졸업했고, 새로 등장한 근대적 직업군인 통계조사원으로 활동했으며, 중일전쟁 이후로는 똥장수 사회의 조직화에 뛰어들었다. 바꿔 말하면, 똥장수들이 동향회관의 지원이나 도움을 받기는 매우 어려운 현실이었고, 똥장수가 아닌 다른 삶을 꿈꾸기는 거의 불가능했다. 똥장수 사회의 내부 장벽도 높아 일반인 혹은 직업혁명가가 똥장수 사회에 뛰어드는 일은 거의 불가능했다. 중국공산당조차도 똥장수 사회의 조직화에 관심을 가질 수 있었던 것은 딩전취안 같은 예외적인 존재가 있었기 때문에 가능한 일이었다.

베이핑 똥장수(판화)[1]

1916년 위안스카이의 사망 이후 베이징 정국은 혼란에 빠졌다. 군벌들이 파벌간의 이익에 따라 이합집산을 계속하고, 돤치루이段祺瑞(1865~1936)의 안휘이파安徽派와 펑궈장馮國章(1859~1919)의 즈리파直隸派 사이에 베이징정부의 실권을 잡기 위한 군벌전쟁이 지속되었기 때문이다. 쑨원孫文(1866~1925) 사후 장제스는 국민혁명군을 조직하여 북벌을 단행해 1928년 7월 북벌을 완수했다. 장제스는 표면적으로 전국 18개 성에 걸쳐 통일을 완수했으나, 실질적으로 각 지방에서는 주도권 장악을 위한 각 세력간의 혼전이 지속되었다. 베이징에서 정치·군사적 기반이 약했던 장제스는 난징에 국민정부를 수립하기에 이르렀고, 공산당 토벌을 위해 장제스는 옌시산閻錫山(1883~1960), 장쉐량 등과 연대하는 대신 화북과 베이핑에서 그들의 실권을 인정해 주었다. 베이핑시정부 초기 5년 동안 무려 6명의 시장이 교체되었다. 1933년 6월, 장제스 계열의 위안량이 시장에 임명되면서 베이핑 정국은 안정화되었으며, 베이핑은 20세기 이후 최고의 전성기를 맞게 되었다.

03

위생개혁과
환경폭동

—

도시관리

19세기까지만 해도 수도 베이징을 전문적으로 관리하는 시정 기구
는 존재하지 않았다. 다만 베이징은 순텐부順天府가 관리하는 완핑宛
平, 다싱大興 두 개의 현에 소속되어 형식상 두 개 현에서 세수와 시정
을 관리했다. 그밖에 청대淸代의 보군통령아문步軍統領衙門, 형부刑部,
공부工部 등이 인구관리, 치안유지, 도로건설, 구제사무, 각종 소송 등
각종 도시 사무에 협조했다.

베이징의 도시관리에서 새로운 변화가 시작된 것은 1900년에 발생
한 의화단義和團 사건 이후였다. 의화단은 산둥성 서부에서 발원하여
부청멸양扶淸滅洋을 구호로 서양인과 기독교인을 배척하는 배외운동
을 전개했다. 영국, 프랑스, 미국, 러시아, 독일, 이탈리아, 오스트리
아-헝가리, 일본 등 8개국 연합군은 자국민 및 자국 공사관 보호를
빌미로 베이징에 군대를 파견했다. 청조는 초기에는 서구열강에 선전
포고를 하며 의화단을 지원했으나, 결국 8개국 연합군에 의해 베이징

이 함락당하고, 이들을 피해 시안西安으로 도피하기에 이르렀다.

전쟁과 약탈, 청조의 피난 등으로 베이징은 치안 공백상태에 빠지게 되었다. 이에 서양 각국은 각 주둔 지역에서 군대를 이용하여 치안을 확보하고, 일본군은 1900년 8월에 베이징 지역의 신사 및 상인층과 협력하여 안민공소安民公所를 설립했다. 안민공소는 재산보호, 빈곤구제, 공공시설의 재건 등을 목표로 했는데, 청조의 비준 없이 1년이상 지속되었다.

1901년 9월에 베이징의정서北京議定書를 체결하면서 의화단 사건이 일단락되자, 청조는 안민공소를 해산하고 이를 대신하여 베이징선후협순총국北京善後協巡總局을 설립했다. 기존 안민공소에 참여했던 신사와 상인들은 계속해서 이곳에서 영향력을 행사했는데, 이 기구는 중국 최초로 수도의 도시관리를 책임진 정부 기구라는 평가를 받고 있다. 더불어 청조는 신정新政을 실시하여 서양 각국을 모델로 민정부民政部를 설치하고, 일본에 학생을 파견하여 근대적 치안행정을 공부하게 했다. 이들 중 일부가 귀국하여 1902년과 1905년에 각각 내성공순국內城工巡局과 외성공순국外城工巡局을 설립했는데, 곧 내외성순경총국內外城巡警總局으로 합병되었다. 내외성순경총국은 인구조사, 공공설비 공사, 소방, 빈곤구제, 공중위생, 사회치안 등 도시관리를 위한 거의 모든 기능을 담당했고, 이로부터 베이징의 경찰은 도시관리의 많은 부분을 책임졌다.

당시 내성은 중앙, 동서남북 5개 지역으로 분할되어 관리되었고, 중앙에는 6개구, 나머지는 각각 5개구로 세분되어 총 26개구였다. 외성

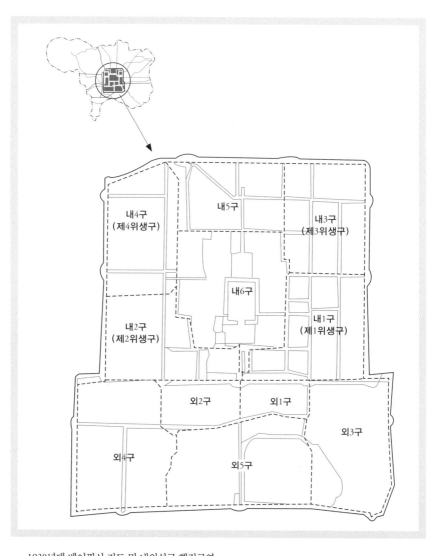

1930년대 베이핑시 지도 및 내외성구 행정구역

北平市政府公安局, 《北平市政府公安局業務報告》(北平: 北平市政府公安局, 1934), 十. 통계統計의 공안국 관할구역 간명도簡明圖를 활용하여 작성한 것이다.

은 동서남북 4개 지역으로 분할되었고, 동서 각각 6개구, 남북 각각 4개구로 세분되어 총 20개구였다.[2] 1925년에는 내성구는 10개구, 외성구는 10개구, 교구는 16개구로 구성되었으며, 1928년 베이핑시정부수립 이후 내성구 6개구, 외성구 5개구, 교구 4개구로 정리되었다.[3] 인구 분포로 보면, 1930~40년대 베이징의 내성구, 외성구, 교구의 비율은 4 대 3 대 3이었다.[4]

1911년 신해혁명 이후 민정부는 내무부로 대체되었는데, 그 직능은 거의 변화가 없었다. 1913년 2월 내외성순경총국을 계승한 경사경찰청京師警察廳은 내무부에 직속되었으나 중앙 기구라기보다는 수도 지역의 업무를 관할하는 지방관리 기구였다. 경사경찰청은 내외성 각각 10개구를 관할하면서 5처 14과를 두었고, 그밖에 20개의 경찰구서, 경찰보안대, 소방대 등을 설치해 두었다.

그런데 인구 증가와 상업화의 진전에 따라 경찰 역량만으로 베이징을 관리하는 데는 한계가 있었다. 1914년에 내무총장 주치링朱啓鈴(1872~1964)은 위안스카이에게 베이징의 도시관리를 위한 별도의 조직을 제안했는데, 곧바로 경도시정공소京都市政公所가 설립되었다. 경도시정공소의 관할구역은 처음에는 일부 지역에 한정되었으나 곧 내외성으로 확대되었고, 1925년에는 교구 지역으로 확대되었다. 아울러 경도시정공소 안에 징세를 담당하는 시정연국市政捐局을 설치하고, 경찰의 징세업무를 통합시켰다. 이처럼 1914년부터 1928년까지 베이징청은 경도시정공소와 경사경찰청 등 두 기구에 의해 관리되었다. 두 기구 모두 내무부 직할 기구로, 서로 독립적인 관계였다. 1928년에

경도시정공소(1914)
1914년 베이양정부는 수도 베이징의 도시관리를 위해 경도시정공소를 설립했다.

베이핑특별시 정부 성립 이후로는 시정부 산하에 재정국, 공안국, 위생국, 공무국, 사회국 등 5개 부서와 자치사무감리처 등 14개 직속 기관을 설치하여 베이징의 도시관리를 체계화했으며, 이후 시정부에 의한 도시관리가 본격화되었다.

시정개혁과 위생행정

1910년대 경사경찰청과 경도시정공소가 베이징의 시정개혁과 위생개혁을 주도했으나 일본을 비롯한 외국의 제도와 법률을 모방하는 데 급급했다. 더욱이 위생행정을 추진할 수 있는 전문인력, 재정지원, 물적 기초 등은 거의 존재하지 않았다.[5]

위생행정이 본 궤도에 오르기 시작한 것은 1928년 6월 28일 베이핑특별시정부가 성립되면서부터였다. 시정부 산하에 재정국, 공안국, 위생국, 공무국, 사회국 등 5개의 부서와 자치사무감리처 등 14개 직속기관이 부설되었다. 위생국 소속 직원 수는 460명으로 공안국 973명에 이어 두 번째로 많았으며, 위생국과 공안국에서 30세 이하가 차지하는 비중은 각각 61.6퍼센트와 25.7퍼센트였다. 위생국 직원은 상대적으로 30세 이하의 청년층이 많았다.[6]

시정부의 위생행정이 획기적으로 개선된 것은 베이핑시정부 성립 이후 1933년 6월 위안량 시장이 취임하면서부터였다. 위안량은 취임

이후, 같은 해 10월 공안국 내 위생계[衛生股]를 폐지하고, 11월 1일에
는 시정부 직속의 독립적인 위생처를 신설했다. 위안량은 재임기간
(1933. 6~1935. 11) 동안 남녀공학을 반대하고 남녀분교령男女分校令을
실시하는 등 보수적인 정책을 시행한 것으로 알려져 있으나, 위생개
혁을 비롯한 각종 개혁정책을 추진하여 베이핑시 시정 건설의 황금시
대를 주도한 인물로 평가받고 있다.[7]

위안량은 베이핑 시장 부임 이후 기존 사회국, 공안국, 공무국 이외
에 재정국과 위생국(1933년 11월 위생처 설립, 1934년 7월 위생국 개국)을
재건했는데, 재정과 위생은 그가 시정개혁을 추진하는 데 핵심적인
위상을 차지하게 된다. 구체적으로는 위안량은 베이핑의 관광자원을
정비하고 도시구획을 확대할 계획이었다. 이를 통해 시정개혁을 위한
재원을 확보하고 도시환경을 정비할 계획이었다.[8]

1933년 12월 위안량은 '시정건설 3년계획'을 발표했는데, 이에 따
르면 위생시행계획으로 ① 분뇨창고의 관영, 똥기구의 개량, 똥장수
전횡 단속, 똥차 통행시간의 제한, ② 사망보고 등 생명통계의 작성,
③ 개량 음용수의 공급, 우물 개착의 심사 등 이상의 계획을 1년 이내
처리, ④ 쓰레기 처리, ⑤ 전염병 예방설비, ⑥ 성병 및 폐결핵 예방
및 치료, ⑦ 학교 및 공장위생의 추진, ⑧ 공동묘지의 설치 등 이상의
계획을 비용 문제를 감안 3년 이내 처리, ⑨ 산모 및 영아 보호, 산파
훈련, 영아유기 단속, ⑩ 도축장 개설, ⑪ 폐기물 수거 시설의 설치 등
을 제시했다.[9] 이는 위생처가 출생 및 사망관리, 전염병 통제, 환경위
생, 위생교육 등 위생행정의 전 분야를 포괄하면서 정책의 완급을 조

위안량袁良(1882~1952) 베이핑 시장
위안량은 재임기간(1933. 6~1935. 11) 동안 시정개혁을 주도하여 '베이핑시 시정건설의
황금시대'를 이끌었다.

절하고 있음을 보여준다. 그중에서도 분뇨처리, 음수공급, 사망진단 및 통제 등 시민들의 민원을 최대한 수용하여 분벌糞閥, 수벌水閥, 상벌喪閥 등 '삼벌三閥'에 대한 대대적인 개혁작업을 최우선의 정책 과제로 삼았다. 위안량 시정부는 분뇨처리업 개혁의 기본방향으로 "분뇨창고 관영, 똥기구 개량, 똥장수 전횡 단속, 똥차 통행시간의 제한" 등을 설정했는데, 이것은 바로 시민들이 그토록 갈구하던 분뇨처리업의 관영, 이른바 분업관판糞業官辦이었다.

환경폭동의 시작

1935년 11월 1일, 새벽부터 똥통을 짊어진 똥장수들이 베이징과 화북 일대의 치안과 경비를 책임지고 있는 평진위술총사령부平津衛戍總司令部로 삼삼오오 모여들기 시작했다. 평진위술총사령부의 책임자는 쑹저위안宋哲元(1885~1940) 총사령이었다. 보도에 따르면 이들 시위 세력은 1만여 명에 이르렀다고 한다.[10] 실제 똥장수보다도 두세 배 이상 많은 사람이 모인 것은 그들의 가족들도 시위에 참여했기 때문이었다. 이들은 당일 실시하기로 되어 있는 베이핑시정부의 분도 및 화장실에 대한 가치평가와 분도에 대한 시정부의 접수계획에 반대의사를 직접 표출하기 위해 시위에 참여한 것이었다.

똥장수의 시위는 정부나 시민들에게는 가장 참기 힘든 시위였다. 왜냐하면 그들은 가족을 동반하여 시위에 참여했고, 무엇보다 똥차 및 똥통을 비롯한 각종 똥기구들을 동원한 탓에 시내교통의 마비는 물론이고 그로 인해 온 시내가 지독한 악취로 가득 찼기 때문이다. 똥장수들은 경찰 및 군병력과 대치하면서 총사령부 대표들과 회담을 갖고서, 일단 시정부가 분뇨의 접수를 늦추기로 합의했다. 아울러 그들은 총사령부가 시정부에 똥장수 대표들의 뜻을 전달하겠다는 약속을 받아 낸 후 시위를 풀었다.[11]

사실 똥장수들의 전례 없는 대규모 시위보다 베이핑 시민들을 놀라게 한 사건은 이틀 후인 11월 3일에 발생했다. 시정개혁을 주도하던 위안량 시장을 비롯하여 팡이지方頤積 위생국장 등 시정부의 주요 인사들이 전격 사퇴했기 때문이다.[12] 이 모두가 핑진위술총사령부 쑹저위안 총사령이 주도한 조치였다. 산둥성 러링현 출신인 쑹저위안은 산둥인들에게는 살아있는 성공신화의 주인공이었다. 똥장수들은 동향 출신인 쑹저위안 장군이 자신들을 지지해 줄 것으로 믿어 의심치 않았다. 똥장수들이 시위 장소로 톈안먼 광장이나 시정부 앞이 아닌 핑진위술총사령부를 택한 것도 바로 동향인 쑹저위안이 자신들을 결코 모른 척 하지 않을 것이라는 강한 기대감이 작용한 터였다.

결국 기대대로 쑹저위안은 분뇨처리업을 관영화하는 시정부의 기존 논의를 취소하는 조치를 취했고, 시장을 비롯한 개혁주체를 모두 교체했다. 똥장수들은 쑹저위안에게 감사편액을 증정하면서 새로운 조치를 환영했다.[13] 그러나 쑹저위안이 단순히 동향 출신들을 보호하기 위해 이러한 조치를 내렸던 것만은 아니었다. 이 사건은 쑹저위안이 화북 지역에서 자신의 세력범위를 확장하는 가운데, 베이핑 시정 관리의 책임을 자신의 직계 부하로 교체하는 과정에서 취한 조치로 파악하는 것이 자연스럽다.

어찌되었든 이익집단의 시위로 베이핑 시장이 사임한 전례가 없었기 때문에 이 사건의 결과는 가히 충격적인 것이었다. 특히 똥장수들은 이 사건을 통해 집단행동에 대해 자신감을 갖게 되었다. 나아가 이 사건은 시정부의 위생개혁에 저항하여 '환경폭동'을 지속할 수 있는 단초를 제공하게 되었다.[14]

사실 민국 시기 베이징에서 시정부의 위생개혁에 저항했던 것은 똥장수들만이 아니었다. 베이징 시민들은 시민을 괴롭히는 이들 중에서 가장 악명이 높은 집단으로 '삼벌三閥', 즉 분벌糞閥, 수벌水閥, 상벌喪閥 등을 꼽았다. 그중에서도 똥장수와 물장수는 자신들의 영업구역에 대한 독점적 영업권을 이용하여 시민들로부터 웃돈을 뜯어 낼 수 있었고, 일반 시민들에 대한 갈취는 노골적인 것이었다. 사정이 이렇다 보니 시민들의 일상생활 가운데 빈도나 정도 면에서 똥장수와 물장수의 횡포를 능가할 만한 상대는 없었다.

베이징 시민들은 누군가 이 문제를 해결해 주길 바라고 있었고, 난징국민정부 성립 이후 새로 등장한 개혁적인 시정부에 대한 시민들의 기대는 점차 높아졌다. 바꿔 말하면, 시정부는 시민들의 지지를 바탕으로 위생개혁을 통해 이들 환경위생 종사자들에 대한 통제를 강화하고자 했고, 그것은 시정부와 환경위생 종사자들 사이의 갈등으로 재현되었다. 말하자면 시민들의 일상화된 분노를 시정부가 대신해 싸우는 형태로 전개된 것이다. 그런데 시정부의 위생개혁에 대한 환경위생 종사자들의 대응은 상이했다. 시정부의 위생개혁이 본격화되면서 위생개혁을 반대했던 물장수나 똥장수 모두 폭력 사건과 빈번하게 연루되

베이징 똥장수
위생국이 촬영한 사진이다. 똥장수의 공식적인 모습은 이처럼 말쑥했다.

었지만, 물장수의 폭력행위가 일시적이었던 반면 똥장수의 시위는 보다 조직적이고 사회적 이슈가 된 대규모 환경폭동으로 발전했다.[15]

상수도의 확대

깨끗하지 않은 식수는 이질, 장티푸스, 콜레라 등 수인성전염병을 유발하고 도시의 상수원 및 상수도 설비는 이러한 질병의 확산 경로가 될 수 있다. 상수원과 상수도 설비는 또 일상생활에 필요한 음용수와 생활용수 등을 제공하기 때문에, 인체의 혈관에 비유될 정도로 가장 중요한 도시의 환경 인프라다. 도시 사회는 음용수 이외에도 생활용수, 소방용수, 도로청소 등에 사용하기 위해서 충분한 수량이 필요하다. 일반적으로 도시 인프라가 구축되기 전에는 도시민들은 주로 상수원으로 하천수와 우물물을 사용한다. 그러나 베이징에는 하천급수체계조차 형성되어 있지 않아 시민들은 하천수를 거의 이용할 수 없었다.

우물물은 개착방식에 따라 맨땅의 흙을 파서 물이 괴게 하는 전통적인 토정土井과 1900년 전후 서양에서 들여온 기술로 불투수층까지 관정을 파내려 가는 심정深井 기술을 기반으로 한 양정洋井으로 나뉜다. 수질과 상품 가치 때문에 양정이 점차 증가하는 추세였다. 한 조사에 의하면 1896년 이전까지 토정은 황성 91개, 내성 626개, 외성 547개로 총 1,264개가 존재했다.[16] 우물물은 관리주체에 따라 관용, 영업용, 가정용으로 나뉘는데, 1937년 당시 관용과 영업용은 각각 456개, 401개였다. 관용은 대부분 토정이었으며, 401개의 영업용은 모두 양정이었다. 그러나 1937년 401개의 영업용 중에서 위생국의 세균검사에 합격한 것은 164개에 불과했다.[17] 영업용 우물에는 1,913명의 물장수들이 소속되어 있었다.

베이징의 전통적인 대다수 토정은 수원이 얕고 수질이 좋지 않아 음용수로는 적절치 않았다. 양정 개발로 수질이 일부 개선된 것은 사실이었으나 음용수 및 각종 용수를 안정적으로 제공하는 데는 한계가 있었다. 베이핑시정부 시기에도 음용수에 대한 관리감독을 강화하여 수질이 일부 개선되었지만, 여전히 음용수의 기준에는 미치지 못했다. 수질을 획기적으로 개선하기 위해서 필요한 가장 중요한 조치는 상수도 설비를 진전시켜 수돗물 공급을 늘리는 것이었다. 상수도 설비의 진전은 수질개선뿐만 아니라 시민들에 대한 물장수들의 횡포를 근절시키겠다는 의지도 담고 있었다.

1908년 4월 베이징시상수도공사[京師自來水股份有限公司]가 성립한 이래, 1922년까지 약 17만 호 중 5,000호만이 상수도를 설치할 수 있었는데, 이는 당시 베이징 시민의 3퍼센트 정도가 상수도를 이용할 수 있었다는 것을 의미한다.[18] 1934년 "베이핑시 인수호적을 조사하면 대략 20만여 호인데, 상수도를 사용하는 자는 단지 9,600여 호이며,

이는 시 전체 인구의 4.8퍼센트를 차지한다"고 했다.[19] 당시 베이핑시 전체 인구 수(152만 3,040명) 대비 수돗물 사용자 수(5만여 명)를 계산하면, 실제로는 시 전체의 3.3퍼센트만이 수돗물을 사용한 셈이다. 1930년대까지는 전체 시민의 5퍼센트 내외만이 수돗물을 사용했을 것으로 추정된다.

그렇다면 1937년 중일전쟁 이후 일본점령기와 국공내전기에는 어떻게 되었을까? 1941년 1월, 베이핑시 인구는 31만 2,304호(172만 2,450명)이며, 이 중 상수도를 이용하는 호수는 1만 6,435호로 전체의 5.3퍼센트를 차지했다.[20] 1943년 2월, 베이핑시의 인구는 33만 4,305호(177만 3,162명)이며, 상수도를 이용하는 호수는 2만 129호로 전체의 6퍼센트였다.[21] 1946년 6월 베이핑시의 인구는 31만 8,313호(169만 5,204명)이며, 상수도를 이용하는 호수는 2만 8,170호로 전체의 8.8퍼센트였다.[22] 1948년 8월에는 상수도 이용 호수는 3만 2,035호로,[23] 대체로 전체의 10퍼센트 내외였을 것이다. 1949년 12월 상수도 이용 호수는 3만 3,435호로,[24] 즉 상수도 설비는 전반적으로 점증하는 추세였으며, 일본점령기와 국공내전기에도 상수도 설비로 대표되는 환경 인프라는 유지·발전되었다고 평가할 수 있을 것이다.

수치상으로는 저조했으나 이와 같은 상수도 보급이 상징적으로 보여주는 의미는 컸다. 시정부와 베이징시상수도공사가 긴밀하게 결합하여, 상수원의 보호 등 시정부가 적극적으로 지원했다. 아울러 식수 이외에 소방용, 도로청결용 등 공익용도로 사용되는 경우, 상수도공사는 급수비용의 20퍼센트를 할인해 주기도 했다. 그러나 상수도 보급률의 신장에도 불구하고, 신중국 성립 전까지 10퍼센트 이내에 머물러 있었다.[25] 민국 시기 베이징에서는 근대적 급수체계와 전통적 인력급수체계가 공존했으며, 대다수 도시에서처럼 전통적 인력급수체계에 대한 의존도는 매우 높았다. 이는 민국 시기 물장수와 시민들 혹은 시정부 사이의 급수 문제로 인한 갈등관계가 근본적으로 해결되지 않았다는 것을 의미한다.

이처럼 상수도 공급이 원활하게 확대되지 못했던 데에는 다음과 같은 이유가 있었다. 첫째, 가구당 설비비가 100위안(1930년대 초 기준)을 넘었는데, 시정부는 상수도 사용자가 그 비용을 부담하도록 했다. 이는 하급 공무원 월급의 10배 수준에 달하는 고액이었다. 둘째, 대부분의 시민들은 생활용수를 가까운 하천에서 해결하고자 했고, 음용수는 물장수에게 의존할 수 있었으므로 상수도 설비가 절실하게 필요하지 않았다. 셋째, 물장수들은 자신들의 생계와 직결되는 문제였으므로 필요한 모든 수단을 강구하여 상수도 설비의 확장을 방해했다.[26] 넷째, 수돗물의 상수원은 융딩허永定河에서 끌어 온 것인데, 상수도의 수질이 좋지 않았으며 공업용수로서도 부적절한 수준이었다.[27]

시정부는 예산상의 이유로 상수도 설비에 전력을 기울일 수 없었기 때문에, 현실적으로 위생상황을 개선하기 위해서는 신규 우물의 개착 심사 및 제한, 수질검사의 강화 등 다른 수단을 강구해야 했다.[28] 1930년 3월에 반포한 《베이핑시음수정 단속규칙北平市飲水井取締規則》은 우물을 신규 개착할 경우 반드시 위생기관의 검사를 받도록 했다. 아울러 우물의 개착 전에 반드시 위생처에 신청하여 심사를 거친 후 공무국公務局의 허가를 받아야 했다(제2조). 개착이 완료된 이후에도 수질 검사를 거쳐 음용수로서 적합한지를 검사해 결과를 사회국에 보고한 후에야 영업이 가능했다(제3조).[29]

그러나 수매업에 대한 위생개혁이 가속화될수록 기득권이 약화될 것을 우려한 물장수들의 반발도 거세졌다. 시정부로서는 사회적 안정을 해칠 수 있는 물장수들의 반발을 최소화하고 그들에 대한 관리를 강화하는 것이 무엇보다 중요한 과제였다. 특히 장비의 현대화와 물장수 등기제도를 확립하는 것이 관건이었다. 우물물의 위생상태를 향상시키기 위해서는 장비의 현대화가 필요했고, 물장수의 전횡을 막기 위해서는 물장수들의 인적사항과 소유 및 임대현황을 관리하는 등기제도가 불가피하게 요구되었다.

분뇨처리 개혁

베이징에서 분뇨는 일상생활 가운데 지속적으로 배출되었지만, 분뇨처리 시설 개선은 진전이 없었다. 이런 가운데 불결한 공중화장실까지 난립하고 있었다. 이는 전염병의 온상이 되었을 뿐 아니라 고약한 냄새와 함께 도시환경을 직접적으로 위협하고 있었다. 베이징의 분창주와 그 고용인인 똥장수는 도시의 분뇨를 수거하는 데 있어 독점적 지위를 누리고 있었고, 수거한 분뇨를 농업용 비료로 농촌에 되팔아 이중의 차익을 남기고 있었다. 무엇보다 분뇨처리를 대가로 별도의 처리비용을 요구하거나 태업을 자행함으로써 시민들에게 고통을 가져다 주었다.[30]

분벌糞閥은 베이핑北平의 일 무리를 말하는 것인데, 무릇 베이핑에서 살아본 사람은 누구라도 그들의 더러운 기운을 겪어 봤을 것이다. 분벌! 그들은 정말로 안하무인이다. 그들의 관례에 따르면 사흘 중 이틀은 쉬고, 비나 눈이 오면 일을 하지 않는다. 특히 한겨울과 한여름에는 각 가정에 인분이 넘쳐나건 냄새가 진동하건 상관하지 않고 열흘에 한 차례 올 뿐이다. 그들 머릿속에 위생상태와 같은 관념은 없다. 단지 매달 받는 월전月錢 이외에 특별가주전特別加酒錢(일종의 떡값)을 염두에 둘 뿐이다. 그들이 반드시 지키는 규칙이라면 그들 무리끼리 획정한 범위를 상호 침범하지 않는다는 것이다. 따라서 그들에게 조금이라도 밉보인 게 있다면, 그들이 태업을 일삼더라도 그에 대처할 방법이 없다. 최후의 승리자는 항상 그들이다. 분변 단속은 베이핑시의 일대 중대 문제이다. 만약 그들이 사흘 동안 파업이라도 한다면, 베이핑시 전체는 냄새가 지독한 도시로 변할 것이다. 그것의 영향은 말할 것도 없을 것이고, 위생 방면에서는 특히 심할 것이다. 따라서 똥장수들의 전횡을 막기 위해서는 시정부와 자치회에 기대를 걸 수밖에 없다. 우리는 시정부가 엄격한 조례를 통해 똥장수를 제한하고 징벌하리라고 생각한다. 혹은 자치회에서 이를 처리할 것이다. 그렇지 않으면 그들의 콧대는 하늘을 찌를 것이다.[31]

신문기자의 논평에서 볼 수 있는 것처럼, 시민들이 똥장수들의 횡포에서 벗어나기 위해서는 자치조직이나 시정부의 역할에 기대를 걸 수밖에 없었다. 그런데 분뇨처리와 관련된 조직이라고는 1928년 8월 조직된 베이핑시똥장수노동조합[北平市糞夫工會]이 유일한 것이었다. 실제이 조직은 장제스의 난징국민정부가 공산당과 연루된 기존 노동조직을 해산시키고 베이핑 지역 노동자들을 조직화하기 위한 작업의 일환으로 등장한 것이었다. 똥장수 노동자들은 기존 비업공회에 참여하지 않았던 것처럼, 새로운 똥장수노동조합에도 거의 가입하지 않았다. 이런 까닭에 똥장수들의 조직적 기반은 매우 취약하여 이들 조직은 없는 것과 마찬가지라는 평가를 받을 정도였다. 그나마도 이 보도가 나간 이후, 똥장수노동조합은 신문사에 전화를 걸어 신문기사가 분뇨처리업의 이미지에 부정적인 영향을 미친다며 항의했다.[32] 이는 똥장수들 스스로 분뇨처리업 개혁의 주체가 아니라 대상이라는 것을 자인한 꼴이었다. 이제 시민들이 의지할 곳은 시정부밖에 없었다. 시정개혁에 대한 시민들의 요구는 점점 더 높아져 갔다.[33] 시민들의 요구는 간단하고 명쾌했다. 시정부가 분뇨처리를 직접 관리하라는 것이었다.[34]

분뇨처리 업무는 사실 민국 성립 이래 1913년 2월 성립한 경사경찰청京師警察廳과 1914년 6월 성립한 경도시정공소京都市政公所의 관할 대상이었다. 이들 시정 기구들은 분뇨처리업의 개선 및 똥기구의 개량 등을 시도했으나 별다른 성과를 얻지 못했다. 1920년대에 들어와서는 1927년 당시 위생행정의 주무관청이었던 경사경찰청에서 분뇨처리 단속을 한 차례 시행한 사례가 있었다. 베이핑시정부 성립 이후인 1931년에는 공안국이 분창 월납금과 똥차 통행시간을 제한하여 똥장수들이 대규모 청원을 하기도 했다. 결국 두 사건 모두 시정부가 분뇨처리 개혁에 대해 일관된 입장을 견지하지 못했고, 분뇨처리업의 개혁은 일회성 시도에 그치고 말았다.

분뇨처리 문제가 시민들에게 불편을 준 것은 첫째, 이른바 분도를 특정 똥장수가 독점을 하고 있어, 똥장수들이 시민들을 갈취할 수 있는 구조가 고착되어 있었기 때문이다. 똥장수는 비가 오거나 눈이 오면 이를 빌미로 제멋대로 수고비나 떡값을 요구했고, 이에 응하지 않으면 태업을 행함으로써 시민들에게 고통을 안겨 주었다. 둘째, 출퇴근 시간이나 점심 시간에 아무런 제지 없이 통행하는 똥차와 낡은 똥기구에서 흘러내리는 분뇨로 인해서 도시민은 항상 분뇨 냄새에서 자유로울 수 없었다. 따라서 똥장수 갈취의 근본 원인을 제거하기 위해서는 분도를 정부가 회수하고 이와 더불어 체계적인 똥장수 관리를 위해서 분창의 관영 및 똥장수 등기 등의 제도적 보완을 필요로 했다. 또한 똥차 통행시간의 제한과 똥기구 개량 등이 요구되었다.

무엇보다 똥장수들의 횡포 때문에 시민들은 분뇨처리 문제가 개선되기를 기대했고, 새로 등장한 베이핑시정부가 개혁 의제를 실천해 감에 따라 시정부에 대한 시민들의 기대와 요구는 한층 높아져 갔다. 시정부 역시 분뇨처리 문제가 낙관적으로 개선될 것으로 예견하고 있었지만, 베이핑시정부 성립 초기에는 이렇다 할 성과를 얻어 내지 못했다.

위생처 설립 직후 실시된 시정부의 분뇨처리 개혁 시도 역시 별다른 성과를 얻지 못하고, "이상과 현실 사이의 거리만을 확인했다."[35] 즉 위생처는 기존 분도糞道(혹은 收糞地段)가 먼저 회수되지 않는 이상, 분업관판은 공약公約이 아닌 빈 공자 공약空約에 불과하다는 것을 인식하게 되었다. 1934년 7월 위생국 개국 이후, 위생국은 우선 똥장수 등기, 분도 및 공중화장실 등기에 전력을 기울였다. 분도에 대한 소유 및 점유상태를 파악하는 것이 분도의 회수를 위한 첫 단계라고 보았기 때문이다.[36]

시정부의 개혁안

1934년 10월 23일, 위안량은 분업관판이 '개인 권리'와 '똥장수 생활'에 영향을 주기 때문에, 위생국의 업무만은 아니라고 판단했다. 시장은 공안, 재정, 사회 등 각 분야에서 예상되는 분업관판의 문제점을 극비리에 점검하라는 밀령을 하달했다.[37] 공안국, 재정국, 사회국 등 삼국三局은 삼국연석회의를 개최하고 분도 문제 등 5가지 문제점을 지적하고, 분도의 회수가 분업관판의 관건이라는 데 뜻을 같이 했다.[38] 분도는 분상들에 의해 매매, 양도, 임대 등이 이루어지고 있었는데, 삼국연석회의는 분도 문제가 분업관판의 실시를 막는 근본적인 장애가 된다고 보았다.

삼국연석회의에서 재정국은 분도 가치를 산정하는 것 자체가 어려울 뿐만 아니라 시정부는 이에 대한 어떠한 준비도 되어 있지 않고, 매 도당(도道는 분뇨채취 구역을 산정하는 단위) 50원씩을 지불한다 해도 4,000여 개의 분도에 20만 원이 지출되어야 하는데 시정부에는 그만한 비용도 없다고 지적했다. 또, 공안국은 분업관판이 똥장수들의 생계를 보장해 주지 못하면 파업이나 폭동이 초래될 수 있다고 우려했다.[39]

이에 대해 1934년 11월 23일 작성된 위생국 밀령은 다음과 같이 답변하고 있다. "첫째, 분도는 공공 통행구역으로 재산권의 대상이 될 수 없고, 중앙정부나 시정부가 분도 재산권의 존재 사실을 인정한 바도 없으며, 시정부가 분도를 배상할 책임도 없다. 더욱이 1928년 5월 30일 내정부內政部가 공포한《오물소제조례汚物掃除條例》제4조에 의하면, 토지·방옥房屋 내의 오물은 시정기관이 직접 처리하도록 규정하고 있기 때문에, 법률상으로 보면 분도를 사유화한 똥장수들이 불법행위를 저지른 것이다.[40] 둘째, 그럼에도 불구하고 위생국은 인도주의적 관점에서 분도 가치의 최저가를 기준으로 보상금을 책정했다. 보상금은 시재정과 분뇨처리 과정에서 발생하는 수익금으로 충당이 가능하다. 셋째, 분도 가치의 평가 문제에 대해서는 1930년 똥장수노동조합이 시당부市黨部에 보고한 분도 등기에 이미 분도 가치를 산정한 내용이 포함되어 있고, 분도 등기를 1개월 내에 완료한 후 재평가를 실시하면 분도 가치의 산정에는 별 문제가 없을 것이다. 넷째, 당국은 분도의 원가를 보상해 줄 계획이기 때문에, 분도주들은 오히려 이를 감사하게 여기고 있다. 똥장수들은 2,300명 전원 위생국 청결반원으로 재편되어 현 수준의 월급(10~12위안)을 받을 것이기 때문에 분도의 관판에 반대할 이유가 없다. 더욱이 시정부는 군대와 경찰력을 보유하고 있으므로 똥장수들이 함부로 반항하지는 않을 것이다."[41]

위생국은 원칙적으로 분도를 인정하지 않았지만, 현실적으로 분도 가치의 평가와 보상이 불가피하다는 점을 인식하고 있었다. 그러나 시세대로 분도를 보상해 주는 것은 시정부에 재정적 부담을 가중시킬 뿐만 아니라 보상수준이 높아질수록 개혁의 의미도 그만큼 퇴색할 수 있었다. 위생국은 분뇨처리 개혁의 명분을 지키기 위해서 똥장수를 시정부의 일원으로 흡수하고, 필요한 경우 공권력 투입까지도 고려해 두고 있었다.

그런데 분도의 매매는 이미 사회적으로 관행화되어 있었기 때문에, 똥장수들이 부동산과 같이 재산 가치가 있는 분도를 쉽게 포기할 리 없었다. 더욱이 똥장수 노동자들은 분도주의 눈치를 봐야 했다. 분도 의 관판으로 인한 분업측의 반항은 충분히 예상되는 상황이었다. 위 생국 역시도 똥장수와 분도주들의 반항이 없을 것으로 낙관했던 것은 아니었다. 위생국은 공안국에 공문을 보내 분도의 관판이 실행되면 각 구서區署 기마대騎馬隊의 절반은 구서에 대기시키고 나머지 절반은 구계내區界內를 순찰하게 하고, 위생국이 파견한 직원의 요청이 있을 때 지체 없이 경찰력을 동원해 줄 것 등의 협조를 구했다.[42]

분도주들의 반발이 예상되었는데도 위생국이 분업판관을 강행했던 데에는 몇 가지 이유가 있었다. 첫 번째로는 시정부는 도로, 상하수 도, 전기, 각종 시설 등 도시 인프라의 구축과 베이핑시구의 확대, 도 시미관 조성 등 도시의 외연을 확장하고 단장하는 것을 최우선 과제 로 설정하고 있었다. 문화중심지인 베이핑이 더 이상 쓰레기 더미 속 에 묻혀 있는 상황을 방치할 수 없다고 본 것이다.[43] 시정부는 도시환경과 위생에 장애가 되었던 분뇨처리업을 시정개혁의 주요대상으로 삼지 않을 수 없었다. 두 번째로는 성공적인 시정개혁을 뒷받침하기 위해서는 재정확보가 필수적이었다. 위안량 시장은 상하이시에서의 행정경험을 토대로 베이핑시의 재정개혁을 통해 2배 이상의 재정을 확보할 수 있다고 보았다.[44] 재정확보를 위해 재정정리, 행정예산 절감, 세제개혁 등의 방안이 실시되었는데, 분도의 관판 역시 재정확보를 위한 중요수단이었다. 즉 시정부의 입장에서 분업관판은 시정개혁을 위한 명분과 실질에 딱 들어맞는 개혁방안이었다. 그렇다면 분업관판을 통해서 시정부는 어느 정도의 수익을 보장받을 수 있었을까?

1932년 12월 발표한 베이핑시 사회국의 조사결과에 의하면, 베이핑시에는 27만 6,000여 호戶가 있는데, 1도道를 평균 100호로 계산하면 2,760도가 있는 셈이었다. 1도의 가치는 200~500위안으로 일정하지 않은데, 평균 350위안으로 계산하면 베이핑시 전체 분도의 가치는 96만여 위안이었다. 이 밖에 분뇨창고가 400여 개가 있고, 매 분뇨창고의 설비 가치를 100위안으로 환산하면 분뇨창고의 가치는 4만여 위안이었다. 따라서 분업의 고정자산은 100만 위안 가량이었다.[45] 이는 1930년대 초 베이핑시정부의 연평균 예산(510만 3,490위안)의 5분의 1에 해당하며, 연평균 위생비(25만 495위안)의 4배에 해당하는 금액이었다.[46]

매일 1도에서 출분되는 분량은 똥차 1대 분량이다. 출분된 똥차는 분뇨창고를 거쳐 비료용으로 다시 매매되는데, 대당 3자오角에서 8자오를 받을 수 있었으며, 평균 5자오 5편分을 받을 수 있었다. 시 전체로 따지면 가정에서 배출하는 분료糞料 가치는 매일 1,500위안, 매월 4만 5,000위안, 매년 54만 위안 가량이었다. 시정부(당시 공안국)가 관리하는 공중화장실이 449개소이고, 그밖에도 자치구 화장실 및 각 기관, 학교, 군경 주재소 등 수백여 개소가 있었는데, 매일 똥차 2,000여 대의 분량이 배출되었다. 분뇨 가치는 매일 1천 수백여 위안이었으며, 매년 40만 위안이 넘었다.[47]

1934년 11월 시정부의 논의에 따르면 분도의 회수를 위해 시정부가 준비한 보상액은 20만 위안이었고, 300여 개의 공중화장실에 대해서는 각기 30위안 씩 총 9,000위안을 보상할 예정이었다.[48] 1935년 10월 19일 베이핑시분도보상금평가위원회北平市收糞區域補償金評價委員會 제1차 회의기록에 의하면, 사유 분도의 총액은 30만 위안인데, 시정부는 등기 분도에 20만 원을 보상할 계획이며, 우선 6만 위안은 등기자에게 보상금을 지급하고, 4만 위안은 미등기자를 구제하는 비용으로 충당하고자 했다.[49] 따라서 전체 분도 4,000여 개를 20만 위안으로 보상한다 해도 분도 1도당 보상액은 평균 50위안에 불과했다.[50] 분도 하나가 최소 200위안 이상에 매매되고, 150위안에 임대되는 현실에서 정부보상안은 현실과 다소 거리가 멀었다고 볼 수 있다.

반면 정부 수익 차원에서 보면, 1934년 11월 위생국의 계산에 의하면, 분뇨수집과 처리를 시정부 관리로 귀속하게 되면, "매년 수입이 약 60만 위안 이상인데, 경상비 지출이 40만 1,688위안이므로 매년 약 20만 위안 가량의 수익이 생긴다"[51]고 예상했다. 따라서 시정부는 분업관판이 위생국의 1년 예산에 해당하는 엄청난 수익을 보장해 줄 것으로 기대할 수 있었다.

총수입의 20퍼센트(12만 위안)를 차지하게 될 마통비와 화장실 청소비는 시민이 직접 부담하는 비용이어서 시민생활에 직접적인 영향을 미치는 항목이었다. 위생국 조사에 의하면, 기존 마통비는 매월 호당 1~2위안에서 최고 5~6위안이었고, 화장실 청소비 역시 매월 호당 1~2자오에서 1위안을 지불하고 있었다. 마통비의 경우 베이핑시 성내외구 안에서도 지역마다 편차가 컸다. 지역별 마통비는 갑종, 을종, 병종 등 세 가지로 나뉘는데, 갑종의 마통비는 매월 5~6원에 달했으며, 을종과 병종에 비해 2~3배 이상 비쌌다.[52]

그러나 삼국연석회의는 일반적으로 주호主戶는 1~2자오의 마통비를 지불하고 있으며, 1~2위안을 지불하는 자는 극히 소수에 불과하다고 지적하고, 위생국의 분뇨처리 개혁안에서 제시하고 있는 5자오는 과중한 것으로 평가했다. 아울러 주호들은 매월 5자오의 화장실 청소비 역시 과중하여 대부분 납부하려 하지 않기 때문에, 5편 내지 1자오로 조정하고 빈궁자는 면제해 줄 필요가 있다고 지적했다.[53]

이에 대해 위생국은 실사 결과, 마통비는 최저 2자오, 최고 1위안을 초과하지 않았다.[54] 화장실 청소비 역시 최저 2편, 최고 3자오를 초과하지 않았다.[55] 따라서 위생국은 최저액을 기준으로 제시한 위생국안은 결코 과중한 것이 아니며, 일단 위생국안대로 실시한 후에 점차 그 징수금액을 감소시킬 수 있다고 주장했다.[56]

결국 마통비와 화장실 청소비에 대한 최종안은 삼국연석회의의 제안사항이 일부 수용된 절충안으로 결정되었다. 1935년 10월 위생국이 작성한 포고문에는 1935년 11월 4일 실시되는 분업관판 이후 시민이 부담해야 할 최저 비용은 마통 청소비가 호당 3개월에 1위안 혹은 매월 납부할 경우 4자오, 청소비가 호당 3개월에 2자오 혹은 매월 납부할 경우 1자오였고, 빈궁자는 면제해 준다는 내용이 포함되었다.[57]

이와 같이 마통비와 화장실 청소비는 시민의 입장에서는 기존 똥장수에게 지불하던 비용에 비해 저렴했을 뿐만 아니라 똥장수가 정기·비정기적으로 요구해 왔던 떡값이나 여름에 비가 오거나 겨울에 눈이 올 때 제멋대로 수고비를 요구하는 관행 등 이른바 똥장수 갈취에 비한다면 환영할 만한 조치였다.

똥장수 갈취를 단속하기 위한 가장 근본적인 대책 중의 하나는 분창에 소속된 똥장수들을 시정부 직속의 일꾼大役으로 대체하는 일이었다. 그러나 시정부가 모든 똥장수를 고용할 계획은 아니었기 때문에, 일부 똥장수들은 분뇨처리 개혁이 가져올 변화를 걱정하지 않을 수 없었다. 특히 분뇨처리 개혁이 초래할 분도 지형의 변화는 분도주뿐만 아니라 똥장수에게도 민감한 사안이었다. 기아와 가난에서 벗어나기 위해 분통을 짊어지게 된 똥장수들에게 분도는 그 자체만으로 단순한 금전적 가치로 환산되지 않는 '생명선'과 같은 존재였기 때문이다.

…… 나는 나의 생계와 나의 신성한 직업을 지키기 위해 인내한다. 나를 가장 참을 수 없게 만드는 것은 같은 일을 하는 악한들이다. 그들은 치우지 않은 분糞만을 몰래 훔치고 있다. 만약 그들과 만나게 되면 분쟁이 발생하

기 마련이고 심지어 피를 흘리기도 하는데, 나는 우선 그들의 똥통과 똥국자를 압수한다. 이것은 나의 분도糞道이고, 이 분도는 나의 '생명선'이 아니던가? 다른 사람이 끼어드는 것을 절대 용납할 수 없다. 나는 이렇게 반년을 일했고, 책망과 분쟁이 얼마나 경과했는지 모른다. 결국 수많은 노력을 통해서 내가 얻은 것은 무엇인가? 옷으로는 몸을 가리지 못하고, 뱃속은 먹은 게 적어 허전하다. 현재 이미 여름이라 여름의 태양이 작열하고 있다. 그러나 옷 살 돈이 없어 누더기를 그냥 걸쳐 입고 있다. 며칠 전 무슨 이유에서인지 몇 사람이 일을 못하게 했고, 뒤이어 회의가 있었다. 청원! 엿 같은 짓이다! 나는 그들이 무슨 연극을 하는지 모른다. 그들이 뭐라 하든 상관하지 않는다. 나는 단지 분도만 알 뿐이다. 하루라도 분뇨를 치우지 않으면 밥을 먹지 못한다. 내가 바라는 것은 단지 빠른 시간 내에 나의 일을 다시 하게 되는 것뿐이다. 뜻밖의 일이 발생했다! 오늘 청도부淸道夫 같은 사람들이 녹색의 분통을 지고서 각 가정의 화장실로 향하는 것이 아닌가! 아이고, 나는 알았다. 그들은 나를 도우러 온 것인가? 아니다. 그들은 나의 밥그릇을 빼앗으러 오는 것이다.[58]

대부분의 똥장수들이 분도에 대한 소유권을 가지지 못했음에도 불구하고, 자신들의 생존을 지탱해 주는 분도에 대한 집착은 남달랐다. 심지어 면직을 당해 자신의 분도에서 일할 수 없게 된 어느 똥장수는 아무런 원한관계가 없이 자신의 분도에서 일하게 된 후임자를 흉기로 찔러 상해를 입히기도 했다.[59] 이처럼 분도에 대한 점유인식이 강했던 똥장수들에게 분뇨처리 개혁이란 지금껏 누려 왔던 분도 점유권을 예전과 같이 누릴 수 없다는 것을 의미했다. 시정부가 분업관판을 추진하면서 일부 똥장수들로부터 호응을 얻지 못했던 것도 분업관판이 똥장수들의 권익을 보장해 준다는 것을 충분히 설명하지 못했기 때문이다. 또한 분도주가 주도하는 대규모 청원에 똥장수들이 손쉽게 동원되었던 것도 분업관판이 그들의 소유권과 점유권을 박탈할 것이라는 우려를 불식시켜 주지 못했기 때문이다.

똥장수들의 분도에 대한 집착은 분도를 떠나서는 생존이 불가능하다는 똥장수들의 절박한 인식에 기인한다. 따라서 새로운 분뇨처리 개혁안이 똥장수들의 생활을 어느 정도나 보장해 줄 수 있었는지는 분뇨처리 개혁의 성패를 가늠할 수 있는 매우 중요한 기준이 될 것이었다.

1935년 1월, 시정부의 직접적인 분업관리를 요구하는 시민들의 목소리가 높아지는 가운데, 위생국은 여전히 '관판'에 관한 공개적인 언급을 미루고 있었다.[60] 1935년 3월 1일 똥장수 등기를 시작했고, 1935년 10월 23일, 위생국은 분도관판을 포함한 새로운 분뇨처리 개혁안을 전격 발표했다. 새로운 분뇨처리 개혁안의 구체적 내용은 다음과 같다. 첫째, 분도와 공중화장실의 등기를 실시하고 회수하며, 위생국이 이를 직접 관리한다. 둘째, 일꾼夫役 모집 시 가능한 한 똥장수를 고용하여 실업 문제를 해결한다. 셋째, 신식 똥차 및 똥기구를 사용한다. 넷째, 각 교구郊區에 분뇨처치장을 설치하고, 비료를 제작한다. 다섯째, 화장실 및 마통 청소비를 징수하는데, 징수원 100명을 모집하여 훈련을 실시한 후 청소비를 징수한다 등이었다.[61]

이 분뇨처리 개혁안이 실시될 경우 분업측이 타격을 입게 될 것은 자명했고, 분업측의 분업관판에 대한 반응은 당연히 비판적인 것이었다. 그들은 "당국의 관판은 오래전부터 들어온 것이기는 하나 실제로 실행된 적도 없었고, 설사 실행된다 해도 그에 대한 적절한 대책이 없다면 똥장수 모두 실업자가 되는 것을 의미하므로 분업종사자들은 대규모 청원과 파업에 나설 수밖에 없다"라고 주장했다.[62]

시정부의 분업관판 실시계획에 따르면, 1935년 10월 28일 분도의 가치를 평가하기 위한 평가위원회를 설립한 후 11월 1일부터 분도 및 화장실의 가치에 대한 평가 업무에 들어가기로 되어 있었다. 아울러 12월 1일부터는 정식으로 분도를 접수하기로 결정했다.

그러나 1935년 11월 1일 똥장수들의 유례없는 대규모 시위가 발생했고, 11월 3일 제1차 분뇨처리업 개혁의 강력한 추진자였던 위안량 시장이 사임하면서, 위생국장을 비롯한 분뇨처리 개혁의 추진세력이 대대적으로 교체되었고, 결국 '분업관판'은 철회되기에 이르렀다. 그렇지만 후임 친더춘秦德純 시정부로서도 분뇨처리 문제를 그대로 방치해 둘 수는 없었다. 제2차 분뇨처리업의 개혁을 위한 새로운 논의로서 새로운 시정부가 주목받은 것은 '관독상판官督商辦'이었다. 즉 관독상판의 기본 취지는 분뇨처리업 개혁의 주도권을 분뇨처리업자에게 넘기고, 시정부는 관리감독의 역할만을 수행함으로써 분뇨처리업의 개혁에 협조한다는 뜻이었다. 이를 위해 시정부는 의결기구인 개진분변사무위원회改進糞便事務委員會와 집행기구인 처리분변사무소處理糞便事務所를 조직했다. 그러나 분변사무소를 관리감독할 수 있는 위치에 있는 분변위원회를 사실상 시정부가 장악함으로써 분뇨처리 개혁을 시정부가 주도할 수 있었다. 물론 제1차 분뇨처리업의 개혁에서 추진했던 분도의 회수 문제가 제2차 분뇨처리업 개혁에서는 폐기되었다는 점에서는 분뇨처리업 개혁의 의지가 일부 쇠퇴한 것은 사실이다. 그러나 제2차 분뇨처리업 개혁은 등기비 및 개선비 등의 세금 징수를 위해 분도 및 화장실의 가치를 평가하고, 등기신청 및 신식분구 교체 등의 사업을 주도하는 등 분뇨처리업 개혁에서 일정한 성과를 이끌어 내기도 했다.

물장수 폭동

　시정부의 위생개혁이 진전됨에 따라 환경위생 종사자들은 머지않아 업계에서 퇴출될지도 모른다는 불안감을 떨쳐버릴 수 없었고, 그것은 폭력행위로 전화되고 있었다. 1920년대 중반의 시정부 공문서를 살펴보면, 물장수들의 폭력행위가 빈번하게 발생했음을 알 수 있다. 당시 수도관 설치는 사용자 부담의 원칙에 따라, 일부 부유층만이 할 수 있었다. 먼저 설치비를 내면, 시정부 소속 인부들이 수도관을 설치했다. 보통 수도관 설치에는 5~6명의 인부가 동원되었는데, 이들을 물리적으로 제압하기 위해서는 10여 명 이상의 물장수들이 필요했다. 물장수들은 적게는 10여 명, 많게는 50~60여 명이 떼 지어 다니면서 수도관 설치 공사를 하던 인부를 구타하고, 각종 기물을 파괴하는 등 수도관 설치를 방해했다.[63] 수도관 설치를 방해하고 파괴하는 행위는 수도관이 설치되면 생업을 잃을지도 모른다는 물장수들의 절박한 심정에서 나온 것들이었다.

그런데 똥장수들의 저항이 언론에 빈번하게 노출될 정도로 수면 위로 떠오르기 시작했다. 더욱이 태업, 파업, 청원, 시위 등으로 시작된 똥장수들의 집단행동은 폭력, 폭동으로 발전해 나갔다. 반면 베이핑 시정부 성립 이후 위생개혁이 본격화되면서 물장수들의 폭력행위는 더 이상 등장하지 않았다.

그렇다면 물장수들은 왜 더 이상 폭력행위에 가담하지 않았던 것일까? 첫째, 수도관 설치와 물장수 세력의 역학관계를 살펴볼 필요가 있다. 1930~40년대까지 수도관 설치를 통해 수돗물을 사용할 수 있는 인구는 전체 시민의 5~10퍼센트 내외에 불과했다.[64] 이것은 수도관 설치의 파급력에도 불구하고, 물장수의 영향력이 여전하다는 것을 반증한다. 그럼에도 불구하고, 1935년 4월《징바오京報》가 수도관 설치로 물장수들의 세력이 크게 약화되었다고 주장할 정도로[65] 수도관 설치가 물장수의 세력판도에 결정적인 영향을 미친 것은 분명하다.

둘째, 물장수를 통제하기 위한 시정부의 대책인 등기제도를 주목할 필요가 있다. 등기제도는 등기부에 소유 및 임대상황을 기록해 소유 및 임대에 따른 분쟁을 예방하는 효과가 있다. 시정부는 이외에도 정부정책을 수행하기 위해 필요한 개인정보를 확보할 수 있기 때문에 등기제도를 적극적으로 추진했다.[66] 물장수들에게도 등기제도를 통해 사용권이나 취수권을 확인받을 수 있다는 점에서 꼭 불리한 것은 아니었다. 그러나 대부분의 물장수들은 새로운 조치로 인해 자신들의 일터를 빼앗길지 모른다는 불안감을 감추지 못했다.

시정부의 등기제도는 위안량 시정부 시기에 이미 논의된 바 있었다. 시정부가 우물 및 물장수 등기를 본격적으로 실시한 것은 1936년 4월이었다. 그러나 이 때까지만 해도 물장수들은 관망하는 자세로 등기에 적극적이지 않아 우물 800여 개소와 물장수 1,600여 명 중 등기를 마친 인원은 우물 40여 개소를 소유하고 있는 물상인과 물장수 10여 명에 불과했다. 베이핑시물장수공회[北平市水夫公會]는 상회商會에 물장수 등기의 연기를 청원했고, 상회 상임위원인 디뎬장邸占江이 위생국에 다시 청원했다. 그러나 위생국은 더 이상 물장수 등기를 연기할 수 없다는 입장을 확인했다.[67] 베이핑시정업공회[北平市井業公會] 역시 물장수 관리규칙의 수정을 요구했는데, 오히려 시정부는 물장수 등기를 독려해 줄 것을 당부했다.

등기 자체는 간단해 보였다. 물상인과 물장수가 위생국에 가서 등기서류를 작성하면, 위생국이 사실 여부를 확인한 후, 등기증(우물주 및 물장수용)과 등기패(물차용)를 받으면 끝이었다.[68] 그러나 위생개혁이 본격화되면서 물장수들 역시 시정부의 개혁안을 순순히 받아들였던 것은 아니었다. 결국 물장수공회 등의 주도로 물장수 등기가 이루어졌고, 1936년 10월 말 등기를 완료했다. 물장수공회 회원 중에서는 우물 250개소, 물상인 및 물장수 1,548명, 물차 1,146대가 등기를 완료했고, 비회원 중에서는 우물 75개소, 물상인 및 물장수 126명, 물차 38대가 등기를 완료했다.[69]

마지막으로 주목해야 할 것은 소유권과 사용권을 누가, 어느 정도로 장악하고 있었는가에 관한 것이다. 물상인이 사실상의 사용권과 취수권을 독점한 것은 정부도 부인하지 않는 사실이었으나, 우물의

베이징 물장수

절반 이상을 정부가 소유하고 있었으므로 물상인이 제멋대로 소유권을 행사하지는 못했다. 물상인이 물장수에게 임대할 경우 관청에 일정한 보고절차를 거쳐야 했고, 가뭄이 든 해에는 물상인이 마음대로 우물물을 사용할 수 없었다. 이처럼 수매업자들의 횡포가 사회적 문제가 되었으면서도 폭력적인 결말로까지 확대되지 않은 것은 우물 사용에 대해 정부 개입이 어느 정도 관철되고 있었기 때문이다.

똥장수 폭동

   똥장수의 청원이나 시위가 폭동으로 발전한 것은 시정부의 위생개혁안이 발표된 직후였다. 제1차 분뇨처리업 개혁안이 발표된 직후 똥장수들은 대규모 시위를 벌였고, 제2차 분뇨처리업 개혁안이 발표된 직후에도 시위와 폭동이 이어졌다. 제2차 분뇨처리업의 개혁은 1936년 6월 관독상판을 기본원칙으로 시정부가 개진분변사무위원회와 처리분변사무소 설립안을 통과시키면서 시작되었다. 처리분변사무소는 개진분변사무위원회뿐만 아니라 위생국의 지도와 감독을 받도록 규정했는데, 개진분변사무위원회 역시 위생국이 장악하고 있었다. 따라서 관독상판의 원칙에 따라 분뇨처리업자측의 자율성이 보장될 것으로 기대되었던 처리분변사무소의 인사 및 운영은 사실상 위생국의 직접적인 통제 하에 있었다. 분뇨처리업의 개혁에 반대하는 똥장수들이 처리분변사무소 주임 위더순과 부주임 쑨싱구이를 타도 대상으로 지목했던 것도 처리분변사무소가 분뇨처리업자의 입장이 아닌 시정부의 입장을 대변한다고 보았기 때문이었다. 실제로 위더순과 쑨싱구이 등은 똥장수조합 상무이사였지만 시정부와 매우 밀착해 있었으며, 위안량 시장 재임 시기에는 분뇨처리업의 관영에 적극 협조하겠다는 서약서까지 제출한 바 있었다.[70]

제2차 분뇨처리업 개혁안의 핵심은 분도의 등기 시한을 정하고, 개선비 및 등기비의 액수를 정하는 일이었다. 1936년 8월 1일 처리분변사무소가 성립되고, 8월 11일부터 업무가 시작되었는데, 업무처리가 순조롭지 못했다. 분뇨처리 개혁을 반대하는 똥장수들의 청원과 시위가 끊이지 않았고, 분도 등기를 미루는 자도 적지 않았다. 결국 시정부는 신식 똥기구를 갖추지 않은 미등기자에 대해서는 오전 10시 이전과 오후 5시 이후로 똥차의 통행시간을 제한하기도 했다. 시정부의 이러한 조치에 반발한 북교北郊 일대 300여 명의 똥장수들은 푸청면와이阜成門外로 모여들었다.

똥장수들의 시위가 시작되면서 똥차, 똥자루, 똥통, 똥국자 등을 길가에 쌓아 두어 지나다니는 사람들이 코를 막아야 할 정도로 일시에 고약한 냄새가 진동했다. 오전 8시경이 되자 더 많은 사람들이 모였고, 리젠구이李建奎와 인옌칭尹燕慶 등 분업개혁을 반대한 무리들은 처리분변사무소 주임 위더순의 집으로 향하기 시작했다. 때마침 위더순은 집에 없었는데, 서교 구서 린옌빈林雁賓 경찰서장이 경찰을 출동시켰다. 똥장수 대표들은 똥장수 통행시간의 제한을 철폐해 줄 것을 요구했고, 린옌빈 경찰서장은 통행시간 제한은 아직 시정부에서 비준된 사항이 아니므로 통행이 가능하다고 똥장수들을 설득했다. 린옌빈 경찰서장의 말을 듣고 똥장수들은 일단 해산했다. 같은 시간 쉬안우먼 와이宣武門外에서도 200여 명의 똥장수들이 모여들었다. 이들은 처리분변사무소 부주임인 쑨싱구이의 집으로 몰려가 집에 없었던 쑨싱구이 대신 그의 노모를 구타하여 상해를 입혔다. 얼마 후 경찰이 진압에 나섰고, 그제야 똥장수들은 해산했다.[71]

이 사건에 대해 위생국은 매우 단호한 입장을 취했다. 1936년 10월 20일, 구식 똥기구를 사용하는 자는 통행시간을 오전 9시 이전과 오후 5시 이후로 제한할 것임을 명백히 했다. 또 이 사건의 주범을 일부 '떠돌이 똥장수'로 지목하고, 주동자들을 엄격 조치할 것임을 선언했다.[72] 주모자 8명 중 원즈파溫志發, 리한천李漢臣, 양춘하이楊春海 등이 공안국에 인계되었고, 나머지 5명은 도주했다.[73]

그런데 이들 주동자 중 일부는 지차정무위원회冀察政務委員會, 수이징주임공서綏靖主任公署 등 상급기관에 찾아가, 위더순과 쑨싱구이가 이전에 똥장수직업노동조합 사무를 장악하고, 공금을 횡령했다고 고발했다. 1936년 11월 28일 수이징주임공서 군법처軍法處는 위더순, 쑨싱구이에 대한 고발장을 접수하고 체포조를 파견했다. 쑨싱구이는 외출 중이어서 위더순만 체포되어 공안국에 압송되었다.[74] 똥장수들은 1년 전 상급기관에 청원하여 시정부의 분업관판을 중지시켰던 것처럼, 이번에도 상급기관에 고발하여 처리분변사무소의 업무를 무력화시키고자 했다. 그러나 1년 전과는 상황이 달랐다. 지차정무위원회는 안건을 시정부로 이첩했는데, 친더춘 시장은 다름 아닌 지차정무위원장 쑹저위안의 직계부하였다. 전임 위안량 시장은 쑹저위안과 갈등관계였지만, 신임 친더춘 시장은 그와는 다른 처지였다.

위생국은 주동자인 인옌칭, 리젠구이, 원즈파 등이 오히려 똥장수들의 회비를 강탈했다는 증거를 확보하고 법원에 제소하는 한편, 잡역부 26명, 월급 182원을 들여 그들의 분도 및 공중화장실을 전부 접수했다.[75] 그러나 동북교東北郊 일대의 반발은 줄지 않았다. 결국 위생국이 분도의 상하 등급에 따라 갑등은 30퍼센트, 을등은 20퍼센트 일률적으로 등기비를 감액시켰는데도, 북교 일대의 똥장수 200여 명은 1937년 4월 2일 등기비 감면을 명분으로 대규모 청원 및 파업을 벌였다. 위생국은 3일 이내에 업무에 복귀할 것을 지시했고, 또 한편으로는 청결계 주임인 류펑유劉鳳祐를 북교 일대에 파견하여 똥장수들을 설득하게 했다. 그러나 파업 똥장수들은 반성은커녕 다른 똥장수들이 일하지 못하도록 저지했고 이를 어긴 사람은 구타하기도 했다. 일부 똥장수들은 이들에 대항하기 위해 자위공작단自衛工作團을 조직하여 위생국에 비준을 요청하기도 했다.

1937년 4월 6일, 위더순이 영향력을 미치고 있던 서남교西南郊의 똥장수들은 계속 업무에 복귀했으나, 유독 북교 일대의 똥장수들만이 끝까지 저항했다. 4월 8일 위생국의 지휘 하에, 경찰국[76] 독찰처督察處, 위생국 잡역부, 분변사무소 전체 공역公役 등이 똥차 50여 대를 끌고 출동했다. 시정부가 파업 지역의 분도를 일률적으로 접수하자, 이 소식을 들은 똥장수들은 속속 작업에 복귀하기 시작했고, 분창주들은 등기를 청구하기에 이르렀다.[77]

베이핑시정부의 똥장수 폭동진압(1937. 4. 8)
시정부는 똥장수의 폭동에 대해서 경찰국 및 위생국 등 공권력을 동원하여 진압했다.

청말 이래로 베이징에서 분뇨처리업과 수매업은 국가로부터 자립 지향과 동시에 국가의 기능을 보완하는 민간 사회의 영역이었다. 환경위생 종사자들은 공공위생의 개선에 기여하는 대가로, 분뇨처리와 우물물 판매에서 독점적 지위를 국가적·사회적으로 인정받았다. 요컨대 이들 환경위생 종사자들은 공공의식과 사리추구라는 양면성을 가지고 있었다. 그러나 민국 시기에 들어와 이들 환경위생 종사자들은 시민들의 요구에 부합하지 못했고, 오히려 시정부의 개혁 대상이 되면서 시정부와 환경위생 종사자들 사이에 대립과 갈등이 표면화되었다.

도시화의 진전 속에서 환경위생의 개혁에 대한 요구는 높아지고 있었지만, 환경위생 종사자 중 분창주와 수매업자 등 지도적 위치에 있었던 자들은 개혁의 주도권을 선취하기보다는 자신들의 사리추구를 더욱 노골화했다. 똥장수와 물장수 등 노동자들 역시 위생개혁이 자신들의 일자리를 빼앗을 것이라는 상인들의 주장에 쉽게 설득됐다. 특히 분뇨처리업자들은 제1차 분뇨처리업 개혁 시기 시정부와 대응하면서 위생개혁을 좌절시킨 경험을 전유하고 있어서, 시정부와 대립과 갈등이 심했다. 반면 수매업 종사자들은 상수도관 설치를 방해하는 등 일시적으로 기물파괴 등 폭력을 행사했지만, 분뇨처리업자들과 같이 끝까지 무력시위를 강행하지는 않았다. 결국 이러한 차이는 양업종이 시정부와의 관계 속에서 체득한 경험의 소산이기도 하지만, 위생개혁의 주도권을 시정부가 장악한 이래, 시행정력이 어느 정도 침투되어 있었느냐에 따라 크게 달라졌다. 분뇨처리업은 사실상 분창주에 의한 사유화가 완료되어 시정부가 개별 똥장수에 대한 실질적인 지배권을 행사하지 못했고, 시정부는 행정처분이나 무력개입과 같은 물리력을 수반하여 직접 개입해야 했다. 반면, 수매업은 시정부가 직접 관리하는 관용우물이 절반 이상을 차지하여 수매업자 마음대로 소유권을 행사하지 못했고, 상대적으로 물장수와의 마찰을 줄일 수 있는 여지가 많았다.

시정부가 환경위생을 개혁하기 위해 가장 필요한 것은 재원이었다. 재원만 충분하다면, 상수도 시설을 확충하여 수매업을 대대적으로 개혁할 수도 있었고, 분도를 충분히 보상한 후 분뇨처리업을 시정부가 주관하는 공익사업으로 전환할 수도 있었을 것이다. 이러한 환경위생에 대한 강력한 개혁은 장기적으로 시정부의 재정확보에도 기여한다는 것을 시정부도 알고 있었다. 그러나 한정된 재정을 바탕으로 안정적인 위생개혁을 집행하기 위해서는 개혁의 정도와 속도를 조절해야만 했다. 민국 시기 베이징에서 상수도 설비는 10퍼센트 수준으로 매우 더디게 진행되었으며, 시정부의 재정상 분도를 곧바로 시정부에 귀속하는 것은 사실상 불가능했다. 분뇨처리업과 수매업을 비교했을 때, 표면적으로 분뇨처리업에 대한 시정부의 과도한 개혁이 똥장수들의 '환경폭동'을 야기한 것처럼 보인다. 그러나 시정부는 사유화가 완료된 분뇨처리업에 대해서 똥장수가 만족할 만한 보상은 사실상 처음부터 불가능하다는 것을 알고 있었다. 시정부는 분업개혁의 핵심이 분도 회수에 있다는 사실을 잘 알고 있었기 때문에, 이를 포기하려고 하지 않았다. 그러나 결과적으로 분도 회수는 좌절되

무너진 공중화장실
시정부의 분업개혁이 시작된 이래로 똥장수의 반발과 폭동은 끊이지 않았다. 시정부가 관
리하던 공중화장실은 종종 똥장수의 공격 대상이 되기도 했다.

었고, 개혁안은 수정되었다. 수정된 개혁안에 대해서도 똥장수의 반발은 계속되었고, 사태는 폭동과 진압이라는 물리력의 충돌을 거쳐 해결되었다.

똥장수들의 폭동이 있던 날, 똥장수 사회는 기존에 알지 못한 분열과 단결의 힘을 경험했다. 제1차 분업개혁 당시 똥장수로서는 당시 베이핑을 관할하는 최고 책임자로 산둥 출신 쑹저위안이 있었기 때문에 성공적으로 마무리될 수 있었다고 판단했다. 쑹저위안은 장제스 계열의 위안량 시장과 팡이지 위생국장 해임이라는 초강수를 두면서까지 똥장수들의 입장을 지지해 주었다. 그러나 쑹저위안이 단순히 동향관계이기 때문에 똥장수들을 지지해 준 것은 아니었다. 말하자면 쑹저위안은 똥장수들과 자신의 정치적 이해관계가 같았기 때문에, 대중적 지지를 받았던 위안량 시정부를 교체하는 강력한 카드를 제시한 것이다. 새로 임명된 친더춘 시정부가 주도하는 제2차 분업개혁은 상황이 달랐다. 위생개혁이 시작되자 똥장수들이 다시 한번 대규모 시위에 참여했지만, 새로운 시장은 쑹저위안의 직계부하로 더 이상 물러서지 않았다. 게다가 제2차 분업개혁은 분업관판에서 관독상판으로 일보 후퇴한 개혁안이었다.

똥장수들은 자신들의 생명선인 분도를 잃을까봐 노심초사 했지만, 시정부는 그들을 위생국 조직에 편입시켜 시정운영을 합리화시킬 계획이었다. 시정부가 똥장수들을 설득하기는 어려웠다. 대부분의 분창주들이 똥장수를 선동하여 분업개혁이 그들의 일자리를 빼앗길 것이라는 악의적인 선전을 일삼았기 때문이다.

반면 위더순과 쑨싱구이는 처음부터 시정개혁에 적극적으로 동참했다. 물론 국민당정부의 협박과 강요가 위더순과 쑨싱구이를 개혁으로 이끄는 데도 적지 않은 영향을 미쳤다. 그러나 그들은 이미 분업개혁의 상징적 존재가 되었다. 이 점은 똥장수들이 위더순과 쑨싱구이에게 테러를 가한 것과 시정부가 시정의 조력자로 위더순과 쑨싱구이를 지속적으로 활용한 데서도 확인할 수 있다. 그렇다고 해서 위더순과 쑨싱구이가 같은 입장에 서 있었던 것은 아니었다.

위더순은 성공한 분창주이지만, 여기저기 벌여놓은 사업이 많았다. 거기에 위더순은 월급체납, 강간혐의 등 도덕적 결함이 적지 않아, 자신의 재산과 권위를 지키기 위해서는 당국의 협조와 보호를 필요로 했다. 반면 쑨싱구이는 분창을 소유하고 있지만, 그의 주요 수입원은 분창주들의 계약 수수료와 회계관리에서 발생했다. 그가 분뇨처리업의 개혁에 대해 진정성을 가지고 추진했는지는 알 수 없다. 그로서는 위더순을 돕는 것이 자신의 이익을 지키는 길이었다.

폭동이 한 차례 지나간 후, 얼마간은 모든 것이 제자리를 찾아가는 듯 했다. 베이핑시정부가 야심차게 추진한 분뇨처리 개혁안이 우여곡절 끝에 본격적으로 시행되었다. 그러나 1937년 7월 7일 중일전쟁이 발생함에 따라 분뇨처리 개혁안은 좌초 위기에 직면했다. 일본점령당국이 기존의 위생행정을 계승하겠다는 입장을 밝혔지만, 분뇨처리의 방향은 관독상판이 아닌 오히려 민간경영으로 전환되고 있다는 우려까지 등장했다.

일본점령기의 위기는 물가폭등으로 인한 생활경제의 악화와 일상생활의 빈곤에 따른 것이었다. 물가폭등으로 생활고를 견딜 수 없었던 똥장수 사회는 언제든지 폭발할 수 있는 화약고나 마찬가지였다. 점령당국은 이러한 위기를 극복하는 방안으로 똥장수를 포함한 몇몇 직업조직에 의료 및 각종 복지혜택을 제공하고 그들을 새롭게 조직화하려고 했다.

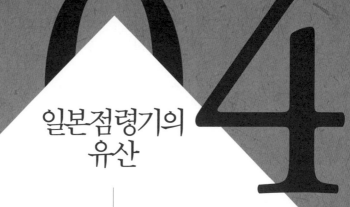

04

일본점령기의
유산

점령당국의 위생행정

1937년 7월 7일 일본군은 루거우차오蘆溝橋 사건을 도화선으로 중국에 대한 전면전을 감행했다. 일본군은 일면 교섭을 시도하면서도 진공을 지속하여, 7월 29일에는 베이핑을, 7월 30일에는 톈진을 점령했다.[1] 그들은 직접 통치가 아닌 중국인에 의한 화북자치華北自治를 기치로 화북華北을 중앙정부로부터 분리시키고, 친일괴뢰정부를 구성하여 중국 침략의 발판을 마련하고자 했다. 일본군은 1937년 7월 30일과 8월 1일 베이핑과 톈진에서 치안유지회治安維持會를 구성하고자 했는데, 1937년 9월 청조의 유로遺老인 장차오쭝江朝宗이 스스로 베이핑지방유지회北平地方維持會의 회장과 베이핑 시장으로 취임했다.[2]

9월 23일 톈진에서 핑진치안유지연합회平津治安維持聯合會가 성립되었다. 10월 12일에는 베이핑치안유지회北平治安維持會가 상무위원 회의를 개최하고, 베이핑을 베이징으로 개칭했으며, 다음날 장제스 국민정부에게 대일투항을 권고했다. 일본군은 화북에 일개 지방정부가 아닌 장제스 국민정부를 대신할 중앙정부 수립의 필요성을 인식하고, 12월 14일 베이징에 중화민국임시정부中華民國臨時政府를 성립시키고, 12월 15일 핑진치안유지연합회를 해산시켰다. 중화민국임시정부는 삼권분립과 주석직을 채택했다. 의정위원회(위원장 탕얼허湯爾和), 행정위원회(위원장 왕커민王克敏), 사법위원회(위원장 동캉董康) 등 3개 위원회를 두었으며, 베이징·톈진 두 개의 특별시(베이징특별시장北京特別市長 장차오쭝, 톈진특별시장天津特別市長 겸 허베이성 성장河北省省長 가오링웨이高凌霨)를 확정했다. 이로부터 베이징특별시는 1945년 8월 일제의 패망에 이르기까지 7년 반 동안 유지되었다.

1937년 베이징의 중화민국임시정부에 이어 1938년 3월 난징에 중화민국유신정부中華民國維新政府가 세워졌고, 1938년 12월 중칭重慶을 탈출한 중칭국민정부重慶國民政府 행정원장 왕징웨이汪精衛(1883~1944)는 베이징과 난징의 중앙정부와는 별도로 새로운 중앙정부의 수립을 계획했다. 1939년 9월 중순 각 정부를 대표하는 왕커민王克敏(1879~1945), 량훙즈梁鴻志(1882~1946), 왕징웨이 등이 난징에서 3자회담을 갖고, 왕징웨이 중심의 국민당 3분의 1, 임시정부 및 유신정부 인사 3분의 1, 몽강위원회蒙疆委員會 및 기타 당파 3분의 1로 구성되는 신정부 수립을 위한 중앙정치회의를 소집하기로 합의했다. 아울러 1940년 1월에는 신정부와 별개로 화북 지역에 화북정무위원회華北政務委員會가 설치되었는데, 이는 화북 지역에서 일본의 독점적 지배가 인정되었다는 것을 의미했다. 1940년 3월 30일에는 왕징웨이를 수반으로 하는 국민정부가 난징에서 성립되었다.[3] 말하자면 왕징웨이의 국민정부의 성립에도 불구하고, 베이징시는 사실상 화북정무위원회라는 별도의 기구에 의해 장악되었으며, 일본군에 의한 직접지배의 특수성이 인정되었다.

중일전쟁이 전면화되자 기존 베이핑시정부가 야심차게 추진하던 위생행정은 갑작스런 단절을 피할 수 없었다. 그럼에도 불구하고 점령당국은 사회안정과 치안유지를 도모하기 위해 시정을 조속히 회복할 필요가 있었다. 의료와 위생행정은 점령의 정당성을 선전하는 데도 유용한 수단이었기 때문이다.[4] 위생행정을 연착륙시키기 위해 새로 성립된 베이징특별시는 기존 시정부를 시공서市公署로 개편했으나 기존의 위생행정 시스템을 전면 부정하지 않았다. 시공서 성립 초기 행정소요를 최소화하기 위해서라도 기존 위생행정 시스템을 최대한 활용하고자 했다.

일본점령기 베이징특별시공서北京特別市公署(이하 베이징시공서)의 위진허余晉龢(1887~1968) 시장은 일본육군사관학교 출신으로 베이핑시정부에서 공안국장(재임 1933. 12~1935. 7)을 역임한 바 있다. 시장을 비롯한 시공서의 주요 책임자들은 대부분 일본유학파로 1938년 1월부터 5년여 동안 자리변동이 없었다. 베이징시의 위생행정은 일본 지바의학전문학교千葉醫學專門學校 출신의 허우위원侯毓汶(1882~1974) 신임 위생국장(재임 1938. 1~1943. 2)이 주도했다. 허우위원 국장은 위생행정의 지속성을 위해 적지 않은 실무진들을 그대로 유임시켰다.[5] 그러나 다른 한편으로 점령당국은 '치안유지'와 '화북 건설'을 모토로 각종 위원회를 통해 시공서 운영에 개입했으며 베이징을 중심으로 친

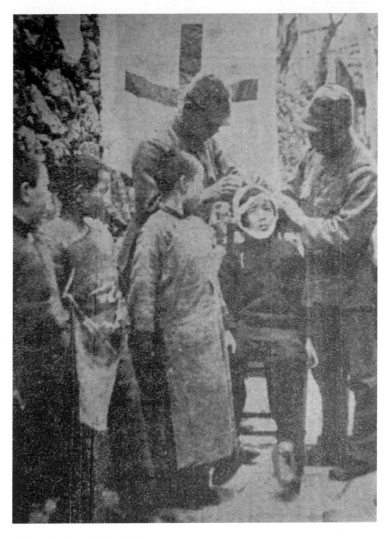

일본 군의관의 중국인 아동 치료(1939. 5. 2)
베이징의 대표적 친일신문인 《신민보新民報》는 일본 군의관의 아동 치료를 전면에 배치하
여 중국침략의 정당성을 선전했다.

위진허余晉龢(1887~1968) 베이징특별시장
위진허 시장은 1930년대 베이핑시정부에서 공안국장을 역임하고 일본점령 하에서 시장으로 임명되었다.

허우위원(候劍汝(1882~1974) 위생국장
일본 지바의학전문학교 출신인 허위원은 일본점령기 베이징의 위생행정을 총괄하였다. 점
령기 동안 사실상 위생국장의 교체가 없어 위생행정은 지속성을 유지할 수 있었다.

일·반공적인 화북자치정부를 수립하고자 했다. 새로 성립된 베이징시공서는 이러한 기조를 따르지 않을 수 없었다. 말하자면 베이징시공서는 기존 위생행정의 성과를 수렴하면서도, 궁극적으로 점령당국이 원하는 화북자치정부 건설에 필요한 위생행정을 시행해 나갈 수밖에 없었다.

난징국민정부 시기(1928~1937) 베이핑시정부 위생국은 1928년 제1과(문서·회계·서무), 제2과(통계·방역), 제3과(청결·단속·설계), 제4과(의약·보건·위생교육) 등 4개과와 비서실, 학교위생위원회 등으로 구성되었다.[6] 1936년 5월 《베이핑시정부위생국직원록》에 의하면, 위생국 소속 총 직원은 465명이었다. 이 수치는 전체 2,813명의 시정부 직원 중 경찰국 973명에 이어 두 번째로 많은 것이었다.[7] 이러한 편제는 기본적으로 1937년까지 지속되었다. 1938년 새로운 시당국은 위생국 인원을 일부 감축함과 동시에 제1과(문서·사무), 제2과(청결·보건·의약), 제3과(통계·방역·위생교육) 등 3개 과와 비서실, 기술실, 화학실험실[化驗室] 등으로 일부 축소·운영하도록 했다.[8]

그밖에 중일전쟁 전까지 위생국 소속 병원 및 직속기구로 12개소가 있었는데, 시립의원, 전염병의원, 정신병요양원, 기녀검치사무소, 보육사무소[保護事務所], 약학강습소, 열성독품계제소[熱性毒品戒除所], 계연의원[戒煙醫院], 제1·2·3·4 위생구사무소 등이 그것이다. 베이징시공서는 열성독품계제소와 계연의원을 폐지하는 대신 제2전염병의원을 건립했으며, 지차수이징공서[冀察綏靖公署] 소속의 동·서·남·북교 평민의원을 위생국 직할로 변경했다. 이러한 변화는 1938년 콜레라 유행과 관계가 깊은데, 시공서는 전염병 통제의 중요성을 인식하면서 전염병을 통제하기 위한 시스템을 구축하는 과정에서 일부 조직을 재편했던 것이다. 1938년 11월 위생국 소속 총 직원은 이전보다 19명 줄어든 446명이었다.[9]

일본점령기에 위생행정 기구와 인원이 일부 축소·개편되었지만, 위생국의 비중과 역할이 근본적으로 달라진 것은 아니었다. 난징국민정부 시기 베이핑시정부의 위생행정은 위생국이 주도했으며, 시정부의 실질적인 위생행정은 각 지역에 설치된 위생구사무소를 기반으로 운영되었다. 1930년대까지는 위생구사무소가 내성구에만 4개소가 설치되었는데, 이곳을 중심으로 출생 및 사망관리, 전염병 관리, 환경위생, 위생교육 등 강력한 위생행정을 전개해 나갈 수 있었다. 베이핑시정부는 질병의 예방과 치료에 관한 한 정부 책임 하에 의료서비스를 전개하는 '국가의료'를 목표로 했다. 특히 베이핑시정부는 급성전염병 관리를 위해 질병 보고체계를 확립하고 중층적인 전염병 통제를 실시했을 뿐만 아니라 만성전염병에 대해서도 제한적이지만 체계적인 관리를 시도했다.[10] 1940년 7월, 베이징시공서는 교구에 위치한 동·서·남·북교 평민의원을 위생구사무소로 전환함으로써 기존 베이핑시정부의 위생구사무소 중심의 위생행정을 강화하고자 하는 의도를 분명히 했다.[11]

전염병 관리

《위생국업무보고》자료 등을 통해 작성한 〈표 7〉에서 볼 수 있는 바와 같이, 1930년대 중후반 베이징의 법정전염병은 환자의 40퍼센트 이상이 사망에 이를 정도로 치사율이 매우 높았다.[12] 그중에서도 두창(천연두)은 치사율이 80퍼센트가 넘고 있는데, 두창 통제를 위해 가장 효율적인 방법은 바로 예방접종을 실시하는 것이었다. 1930년대 중반 베이핑시정부는 지역 거점을 중심으로 중층적이고 전방위적인 두창 예방접종을 통해 두창 억제를 위해 많은 공을 들였다. 예방접종은 춘계와 추계로 나누어 매년 두 차례 실시했는데, 상반기 2개월 반, 하반기 1개월 동안 내성구 위생구사무소를 중심으로 실시했다. 두창은 대개 봄철에 유행하는 경향이 강하기 때문에, 시정부는 춘계 예방접종에 모든 역량을 집중시켰다. 1936년 추계에 1만 4천여 명, 1937년 춘계에 10만 5천여 회의 예방접종을 실시했다. 접종인원은 각각 935명, 1만 2,484명이었다. 1935년 베이핑에서 두창으로 인한 사망

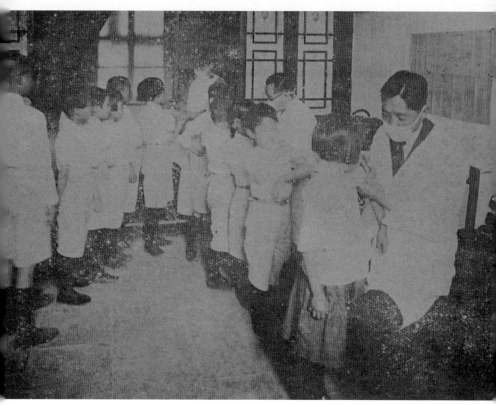

우두 예방접종(1930년대)
우두 예방접종은 두창 예방을 위한 가장 확실한 방법이었으며, 시정부는 봄과 가을 두 차례
에 걸쳐 대대적인 예방접종을 실시하였다.

자(88명)는 전체 사망자(2만 5,308명)의 0.3퍼센트에 불과했다. 그럼에도 불구하고, 1936년에 1,000명 이상의 환자와 800명이 넘는 사망자가 발생하기도 했는데, 같은 해 전체 사망자(2만 9,740명)의 2.8퍼센트를 차지했다.[13]

1930년대 후반 일본점령기에도 두창을 비롯한 법정전염병의 통제는 강력하게 진행되었다. 우선 무료 예방접종은 춘계와 추계로 나누어 매년 3월부터 5월, 9월부터 11월까지 두 차례 각각 3개월 동안 진행되었는데, 이는 이전에 비해 접종기간이 두 배 가량 늘어난 것이다. 1939년 춘계 접종인원은 1, 2차 모두 합하여 12만 6,711명, 추계 접종인원은 1, 2차 모두 합하여 4만 3,524명에 달했다. 검사인원은 각각 2만 460명, 2,589명이었다. 내성구는 위생구사무소, 외성구는 임시종두처, 교구는 자치구분소 등을 중심으로 접종활동을 전개했다. 예방접종센터가 위생구사무소 중심이었던 이전과 달리 일본점령기에는 시립의원, 제1전염병의원, 제2전염병의원, 보육사무소, 동·서·남·북교의원, 기녀검치사무소 등으로 확대되었다. 베이핑시정부는 1935년에 반포한 〈관리종두인원잠행규칙管理種痘人員潛行規則〉(1935. 2. 12)에 의거, 개업 허가를 받은 의사와 조산사에 한해서 종두영업을 할 수 있도록 규정한 바 있다. 베이징시공서가 두창 예방접종을 장려하면서 종두영업을 신청하는 자가 급증하자, 시공서는 제한적으로 시정부의 심의를 거친 자가 종두영업을 할 수 있도록 조치했다.[14]

1937년 두창사망자가 40여 명이 발생한 이후 1930년대 후반에 두창사망자는 10명 이하로 억제되었다. 하지만 1940년대에 들어서 두

〈표 7〉 베이징특별시공서위생국 최근 6년간 법정전염병 비교표[15]

연도	1934		1935		1936		1937		1938		1939		계		
	환자	사망	환자	사망	환자	사망	환자	사망	환자	사망	환자	사망	환자	사망	비율
티푸스	93	34	171	81	144	77	250	62	159	49	118	35	935	338	36.2
발진티푸스	76	13	81	15	37	7	16	0	39	4	24	2	273	41	15.0
이질	793	248	1038	451	1194	508	1395	721	1587	454	1013	484	7023	2866	40.8
두창	24	18	109	88	1040	847	53	40	8	5	4	3	1238	1001	80.9
페스트	0	0	0	0	0	0	0	0	0	0	0	0	0	0	0
콜레라	0	0	0	0	0	0	0	0	34	9	1	0	35	9	25.7
디프테리아	384	80	267	99	372	140	410	103	474	68	411	63	2318	553	23.9
유행성뇌막염	47	33	53	32	15	9	13	8	9	1	8	2	145	85	58.6
성홍열	312	111	462	152	3158	1506	379	139	98	22	92	15	4501	1945	43.2
총계 환자	1732		2181		5960		2516		2408		1671		16468	6824	41.4
총계 사망	537		918		3094		1073		612		590				
총계 비율	31.0		42.1		51.9		42.6		25.4		35.3				

환자 및 사망(명), 비율(퍼센트)

창사망자가 또다시 증가하면서 두창에 대한 통제력도 자신할 수 있는 상황은 아니었다. 이 때문에 시공서는 두창 통제방식을 기존 지역거점을 중심으로 한 예방접종에 한정하지 않고 호별검역을 강화했다.[16] 1941년 두창에 대한 호별검역은 춘계 종두기간인 2월 10일부터 5월 9일까지 3개월 동안 실시되었다. 호별검역 역시 위생국, 시립의원, 전염병의원, 보육사무소, 위생구사무소 등 주요 위생국 소속기관이 지역 거점방식과 마찬가지로 검역 및 접종센터 역할을 담당했다. 기간이나 접종센터는 예전과 크게 달라지지 않았다. 그러나 호별검역은 기존 방식과 달리 주민접촉과 통제를 강화한 것으로 예방접종률을 크게 향상시킬 수 있었을 뿐만 아니라 다른 질병에 대한 통제도 가능한 장점이 있었다. 반면 가가호호 방문을 위해서는 위생경찰과 같은 검역인력이 대거 확보될 필요가 있었다.

영아사망률은 건강수준을 가늠해 볼 수 있는 대표적인 보건지표다. 인구 1,000명당 사망자가 100명 이하일 경우 선진국 수준이고, 200명에 가까울수록 후진국 수준임을 나타낸다. 난징국민정부 시기 베이핑 시정부의 영아사망률은 1933년 132.8명, 1934년 170.0명, 1935년 133.0명, 1936년 187.0명 등이었다. 1936년 베이핑시의 비교적 높은 영아사망률은 두창 및 성홍열의 유행과 관련이 있는데,[17] 평균적으로 보면 비교적 양호한 수준의 영아사망률을 보여 준다. 일본점령기인 1939년 영아사망률은 184.0명이고 1940년 198.4명으로 전년대비 14.4명 증가했다.[18] 일본점령기의 영아사망률이 난징국민정부 시기에 비해 상당히 높아졌음을 알 수 있다.

〈표 8〉의 사망자 치료상황 역시 1930년대 베이징 시민들이 어느 정도의 의료혜택을 누리고 있는지를 살펴 볼 수 있는 자료이다. 1934년 사망자 2만 2,357명 중에서 서의 치료 10.4퍼센트(2,333명), 중의 치료 29.2퍼센트(6,517명), 미치료 49.2퍼센트(1만 1,008명), 미상 11.2퍼센트(2,499명) 등이었다. 중의가 767명으로 서의 354명에 비해 2배 정도 많았는데, 중의의 치료실적은 서의보다 3배 정도 많았다. 또, 사망자 중 절반 정도는 아무런 치료도 받지 못하고 사망에 이르렀음을 알 수 있다. 내성구 주민들은 다른 지역 주민들보다 상대적으로 서의 치료

연도	지역	서의치료		중의치료		미치료		미상		계	
		사망수	백분율	사망수	백분율	사망수	백분율	사망수	백분율	사망수	백분율
1934	내성구	2,013	19.1	3,919	37.3	3,527	33.5	1,063	10.1	10,522	100
	외성구	233	3.9	1,786	29.8	2,949	49.3	1,018	17.0	5,986	100
	교구	87	1.5	812	13.9	4,532	77.5	418	7.2	5,849	100
1939	내성구	3,105	22.3	5,245	37.7	5,463	39.2	209	1.5	13,934	100
	외성구	2,109	17.6	4,403	36.7	5,113	42.7	363	3.0	11,988	100
	교구	48	1.4	74	2.1	3,419	96.3	9	0.3	3,550	100

사망자 수(명), 백분율(퍼센트)

와 중의 치료의 혜택을 더 많이 받을 가능성이 높았다. 외성구 주민들은 서의 치료는 거의 받을 수 없었지만 주민들의 30퍼센트는 중의 치료를 받을 수 있었다. 교구 주민들은 서의 1.5퍼센트, 중의 13.9퍼센트로 의료혜택을 충분히 받지 못했다고 할 수 있는데, 상대적으로 중의 치료는 받을 수 있었다.[19]

일본점령기 베이징의 달라진 사망자 치료상황은 1939년 자료를 통해 확인해 볼 수 있다. 1934년과 비교하면 전반적으로 내성구와 외성구의 차이가 거의 없을 정도로 서의와 중의 치료실적이 고르게 상승했음을 알 수 있다. 가장 주목할 만한 변화는 교구의 치료실적인데, 3,550명의 교구 주민들 중에서 서의와 중의 치료를 경험한 자는 각각 1.4퍼센트(48명)와 2.1퍼센트(74명)에 불과했으며, 대부분 96.3퍼센트

(3,419명)은 아무런 치료혜택을 받지 못했다.[20] 1934년과 비교해 볼 때, 중의 치료가 13.9퍼센트에서 2.1퍼센트로 현저하게 줄었음을 알 수 있다. 아울러 교구에서 의료혜택을 전혀 받지 못한 미치료자도 77.5퍼센트에서 96.3퍼센트로 급증했음을 알 수 있다. 이는 일본점령기 교구의 치료상황이 난징국민정부 시기에 비해 악화되고 있었음을 단적으로 보여 준다고 할 수 있다.

1938년부터 1941년까지 3년 동안 베이징 서북교西北郊 위안촌院村에서 사회조사를 실시한 료타이추廖泰初의 보고서는 교구의 의료상황을 단적으로 드러내 준다. 위안촌의 전체 인구는 92가구 518명, 남성이 263명 여성이 255명이었다. 위안촌 주민들이 병환을 앓게 될 때 대처하는 다섯 가지 방안이 있었다. 첫째는 그냥 참는 것이었다. 특히 부녀자가 질병에 걸릴 경우 고통을 참는 것이 다반사였다. 둘째는 민간요법으로, 효능이 검증되지 않아 오히려 위험을 초래하기도 했다. 셋째는 중의 치료인데, 위안촌의 중의는 대부분 유의儒醫로 평시에는 셴성先生, 랑중郎中이라고 불렸다. 위안촌 주민들은 내과치료로는 여전히 중의가 좋다는 인식이 있었다. 넷째는 서의 치료인데, 리씨栗氏 부자가 외과병원을 운영했다. 가격이 너무 비싸고 환자가 왔다 하면, 돈은 가져왔냐고 물어 봐서 "리견적[估價栗]"이라는 별칭을 얻었다. 그러나 외과수술은 농민들의 신망을 얻었다. 위안촌의 질병조사에 따르면, 위안촌 주민들은 피부병이 49.86퍼센트로 가장 많았고, 그 다음이 위장병이었다. 다섯째는 신의神醫로 무당 등에 의존하는 것이었다.[21]

1930년대 중의의 치료율은 평균 50퍼센트 내외였고, 서의의 치료율은 25퍼센트 내외였다. 일본점령기 성내외구에서 중의와 서의의 치료실적이 고르게 향상되었으나 반면에 교구에서 중의와 서의 치료는 거의 받을 수 없었다. 의료서비스가 도심에 집중되어 교구에서는 이전보다 의료서비스를 더욱 받기 어렵게 된 것이다.[22] 그러나 똥장수의 생활비로는 누가 아프더라도 병원에 가거나 의사를 부르는 것도 사실상 불가능했다.

베이징 시민의 삶은 일본점령기에도 이전보다 나아지지 않았다. 영아사망률은 높아지는 추세였고, 의사들은 도심지로 집중되어 의료편차가 커지고 있었다. 그럼에도 불구하고 베이징특별시정부는 두창 예방분야에서 상당한 성과를 거두었다. 특히 지역 거점방식만을 고집하지 않고 호별검역을 강화함으로써 두창의 발병을 효과적으로 억제시켰다. 경찰을 동원한 이러한 검역방식은 검역효과를 일시적으로 증대시킬 수는 있었지만 민간의 저항을 피할 수는 없었다. 게다가 호별검역이 항상 효과적이었던 것만도 아니었다.[23]

콜레라 유행

점령당국이 어떻게 방역행정을 실시했는지는 1938년 이래로 지속적으로 유행한 콜레라에 대한 대응을 통해 알 수 있다. 당시 콜레라는 전염율과 치사율이 높아서 시정운영의 최우선적 과제가 되었다. 일제는 일찍이 1919~20년 일본, 조선, 대만, 중국 등 동아시아 각지에서 콜레라 유행을 계기로 전염병 보고체계를 확립한 바 있다.[24] 점령당국은 이를 적극적으로 활용하여 방역행정을 강화하고자 했다.

일본점령기 시정운영의 특성은 방역행정의 운용 과정에서 잘 드러난다. 점령당국은 중국인에 의한 자치행정을 선전했으나 실제로는 시공서 위생국이 방역행정을 관할하도록 두지는 않았다. 1938년 6월, 점령당국은 시공서보다 상위기구인 베이징구방역위원회北京區防疫委員會(이하 방역위원회)를 별도로 조직했다. 방역위원회는 중앙방역위원회의 재정지원을 받았으며, 필요 시 점령군으로부터 첩보·인력·약품 등을 지원받았다. 위원장은 시장이 겸직하고 초창기에는 중국인과 일

본인을 비슷한 비율로 구성했다. 그러나 시간이 갈수록 일본인과 점령군 관계자들의 비율을 높였다.[25]

방역위원회는 1938년 여름 콜레라 방역을 위해 검역과 예방접종을 실시했으며, 이를 위해 의사, 간호사, 통계조사원, 위생경찰 등 220여 명을 동원했다. 3개월 동안 콜레라 환자 및 보균자 등 327명이 전염병의원에 강제 격리되었다. 1938년 한 해 동안 콜레라 환자는 34명이 발생했으며, 9명이 사망했다.[26]

1939년 방역위원회는 5월 하순부터 콜레라 방역을 시작하여 무려 6개월 동안 방역활동을 실시했다. 예방접종만 100만 명 이상 실시했으며, 예방주사 접종요원만 270명이 동원되었다. 각 지구별 15개 주사반과 각 성문별 13개 주사반이 편성되었다. 각 주사반에는 1명의 의사와 3명의 보조원이 투입되었다.[27] 그 결과, 1939년에는 콜레라 환자가 단지 1명만 발생했다. 그 환자는 당시 언론의 주목을 받았는데, 스스로 전염병의원에 이송을 요청한 후 완치되어 퇴원했기 때문이었다.[28]

1940년에는 임시주사반을 20개로 증설하여 운용했고, 채변반을 20개조로 구성하여 음식점 접대부와 물장수 등에 대한 강제채변을 실시했다. 채변반은 위생경찰을 포함하여 3명이 1조를 이루었다. 강제채변은 피검자로서는 생경하고 굴욕적인 처사여서 각지에서 반발과 소동이 벌어졌다. 특히 물장수들은 이러한 조치를 이해할 수 없어, 도망가거나 회피했다. 강제채변은 원래 5일 정도 실시할 것으로 계획했었는데, 실제로는 한 달 반 정도가 소요되었으며, 8,553명에 대한 강제채변을 실시했다.[29] 1940년에는 4개월 동안 콜레라 방역을 실시했으며, 시민 135만여 명에게 예방접종을 실시했고, 270만여 명을 검역했다. 방역위원회는 콜레라 확진환자 2명과 의심환자 55명을 제2전염병의원에 격리 수용했고, 그중 1명이 사망했다.[30]

1941년부터는 경찰국 소속 경찰 75명을 차출하여 1주일 동안의 교육을 거쳐 위생경찰로 활동하게 했다. 아울러 검역활동을 강화하기 위해 방역인원을 303명으로 증원하고, 중의에게도 전염병환자 보고와 소독업무를 담당하게 했다.[31] 또 각 지역의 방역을 강화하기 위해 각 구를 20여 개 내외의 방坊으로 나누었는데, 베이징 전체는 323개의 방으로 구분했다.[32] 호별검역과 지역 거점방식의 방역활동의 결과 1941년과 1942년에는 한 명의 사망자도 발생하지 않았다.

1943년 2월, 5년여 동안 시장으로 재임했던 위진허가 화북정무위원회 상무위원華北政務委員會 常務委員 겸 같은 위원회 건설총서 독판建設總署 督辦으로 영전하면서, 베이징특별시공서는 대대적으로 개편되었다. 후임에는 쑤티런蘇體仁이 임명되었으나 곧바로 화북정무위원회 교육총서 독판에 임명됨에 따라, 류위수劉玉書가 새 시장에 임명되었다. 위생국장으로는 장싱안張惺庵이 임명되었다. 류 시장은 기존 시정 운용과의 연계성을 강조했지만, 1943년 여름, 콜레라의 대유행으로 새로운 시공서는 최대의 위기에 직면했다. 언론은 1943년 9월에 100여 명이 사망했다고 보도했지만, 체감상 훨씬 많은 사람들이 죽어 갔고, 적지 않은 의심환자들이 격리병동에 격리되었다.[33] 방역위원회의 내부보고 문건에 의하면, 실제로는 1,780명이 사망했다.[34] 점령당국이 효과적으로 통제한 것은 콜레라가 아니라 콜레라에 대한 언론보도였다.

1943년 콜레라가 억제되지 못하자 당국은 더욱 강도 높고 가혹한 조치를 실행했다. 우선 예방접종을 강화하면서 예방주사 증명서를 미소지할 경우 강제접종과 사법처리를 강행했다. 이에 대한 주민들의 저항도 거셌다. 예방주사에 대한 불신 때문에 예방접종을 피하거나 아예 적극적으로 위조 및 변조 증명서를 꾸미는 자도 적지 않았다. 당국은 콜레라 예방주사 증명서의 위조 및 변조자는 형법의 문서위조죄에 따라 처벌하고, 방역요원이 이에 가담한 경우는 가중처벌을 받도록 규정했다.[35] 당국은 콜레라 예방접종이 1943년 6월 1일부터 9월 말까지 4개월 동안 유효한 것으로 간주했는데,[36] 9월 7일 현재 콜레라 예방주사 접종자는 전 시민의 3분의 1에 불과했다. 당국은 예방접종을 독려하기 위해 미접종자에 대한 법적 처벌까지 예고했다.[37] 9월 25일에는 콜레라 예방접종 증명서를 미휴대한 자는 5일 동안 구류에 처한다는 조치를 발표하기도 했다.[38]

1943년 9월 15일 당국은 〈베이징특별시 인민검거 콜레라 포상 및 처벌법[北京特別市人民檢擧虎疫奬懲辦法]〉에 의거, 진성콜레라 환자를 신속 보고한 자는 10원 이상 60원 이하로 포상하고, 유사콜레라 환자의 신속 보고자는 8원 이상 40원 이하, 보균자는 6원 이상 30원 이하로 포상하도록 했다. 또, 진성콜레라 환자 은닉자는 10원 이상 60원 이하의 벌금 또는 구류, 유사콜레라 환자의 은닉은 8원 이상 40원 이하의 벌금 혹은 구류, 보균자 은닉은 6원 이상 30원 이하의 벌금 혹은 구류

에 처하도록 규정했다.[39]

더욱이 영업점에서 파리가 한 마리라도 발견될 시에는 영업정지를 당하거나 벌금을 물도록 조치했다. 당국은 콜레라의 전염원으로 파리뿐만 아니라 거지까지도 지목했는데, 1,200명의 거지들이 한꺼번에 격리된 일도 있었다.[40] 그 결과 베이징은 파리 한 마리, 거지 한 명 없는 무승지성無蠅之城, 무걸지성無乞之城의 도시가 될 운명이었다.[41]

실제로 1943년 9월 24일 베이징시 방역본부 감찰반은 현장조사 후, 내일구 3개소, 내이구 19개소, 내삼구 1개소, 내사구 17개소 등 총 40개소가 파리 박멸에 적극적이지 않다고 평가하고, 내이구 광탕식품점光堂食品店은 영업정지 7일, 나머지 점포는 영업정지 2~3일의 처분을 내렸다. 감찰반은 점포 이외에 개별 주택도 호별검역 시 두 차례의 방문기간 동안 파리가 발견되면 1개월 식량배급권을 박탈하도록 했으며, 내성구의 적지 않은 가구들이 5위안 이상 30위안 이하의 벌금 처벌을 받기도 했다.[42]

당국의 콜레라 방역조치에 대한 주민들의 반응은 싸늘했다. 일단 콜레라 환자 발생 지역의 주민들에게 방역이란 죽음을 의미했다. 콜레라 환자가 발생하면, 시공서는 환자 가옥 주위에 대한 교통을 차단하고, 각종 검진과 방역조치를 실행했다. 이때 의심환자 및 환자 가족들뿐만 아니라 일대의 주민들까지도 맘대로 가옥을 벗어날 수 없으므로 일상생활 및 경제활동을 할 수 없게 된다. 당국은 이 때문에 구제금을 조성하여 방역활동과 더불어 빈민구제에 나서기도 했다.[43] 그러나 당국의 조처는 형식적이었고, 경제적으로 궁핍한 가구는 그대로 앉아서 죽을지도 모른다는 공포에 휩싸였다. 살아남기 위한 필사의 탈출과 이들을 격리시키기 위한 당국의 감시가 상존했다.

방역 실패에 대한 방역위원회의 대응은 1만여 명에 달하는 경찰국 소속 경찰을 방역활동에 동원하는 것이었다. 1943년 9월에는 호별검역을 위해 1,874명의 경찰을 동원했으며, 예방접종을 위해 839명의 보안과 소속 경찰을 동원했다.[44] 1943년 콜레라 유행을 계기로 위생국의 위생경찰을 제도화하는 것이 아니라 경찰국 산하에 위생계를 조직하여 경찰을 방역활동에 참여시켰다. 위생국 위생경찰들은 본래 경찰국 소속으로 전염병이 유행하는 기간에만 위생국에 파견되어 위생국의 지휘를 받았다. 그러다보니 위생경찰들은 자신들의 업무활동을 경찰국과 위생국에 동시에 보고해야만 했다. 위생국이 자체적으로 위생경찰을 선발하기도 했는데, 전문성이 확보되지도 않았고 예산 문제로 지속적으로 위생경찰을 선발하고 교육하는 데도 한계가 있었다. 결국 시공서는 1943년 콜레라 유행을 계기로 경찰국에 위생 전담부서를 설치하여 방역활동을 시작하고 보안과 소속 경찰을 대대적으로 동원하기에 이르렀다. 아울러 점령당국은 민간조직을 방역활동에 동원했는데, 그 민간조직이 신민회新民會였다.

신민회

1937년 중일전쟁이 발발하자 베이징은 곧 일본점령 하에 들어섰고, 신민회新民會는 1937년 8월 베이징에 친일정부를 지지할 단체로 기획되었다.[45] 신민회는 1937년 12월 24일 점령군인 북지나방면군北支那方面軍 특무부特務部 주도로 만저우滿洲 협화회協和會 오자와 가이사쿠小澤開作(1898~1970)와 협화회 이사장과 만주국 외무대신을 지낸 장옌칭張燕卿(1898~1951)을 중심으로 중국국민당을 대신할 민간인 사상단체로 만들어졌다. 신민회는 '반공멸당反共滅黨'을 목표로 중국공산당과 중국국민당을 제거하고 중화민국임시정부를 지지하며, 일본군의 중국 침략정책을 선전하고, 점령지구의 치안을 강화할 목적으로 설립된 단체였다. 신민회는 표면적으로 청년훈련, 농촌구제, 치안강화 등을 목표로 삼았지만, 실질적으로는 중화민국임시정부의 별동대로서 친일사상을 확산시키기 위한 조직이었다. 실제로 신민회는 대민 친일사상 확산을 담당하고 있던 일본군 특무부 총무과와 흥아원興亞

院 화북연락사무소 정무국의 지도를 받았다. 신민회의 활동예산도 전액 임시정부의 국고지원금으로 충당했다. 신민회는 표면적으로는 민간 사상단체를 표방하고 있었지만, 실제로는 점령당국의 직접적인 지도와 통제를 받았다.[46]

일본군이 신민회의 창립에 적극적이었던 것은 베이양정부 시기의 구관료에 의존하고 있는 중화민국임시정부가 대중적 지지를 받지 못하고 있는 사정 때문이었다.[47] 게다가 신민회의 반공멸당의 구호와 민생에 대한 관심은 정치적으로 무당파인 지식인과 대중들을 '합작'으로 이끌어 내는 데 유리한 환경을 조성할 수 있었다. 이것이 신민회가 기본적으로 강연, 훈련, 교육, 영화, 라디오, 제등대회提燈大會, 노래경연 등 정치선전과 선전교화에 중점을 두면서도, 민심을 안정시키기 위해 구제사업, 직업소개, 근로활동, 의료활동 등 민생 지원사업을 비중 있게 전개한 이유이기도 했다.[48] 중화민국신민회 베이징특별시총회中華民國新民會北京特別市總會(이하 신민회 베이징총회)는 1938년 3월 20일 성립되었으며, 회장은 베이징특별시 시장인 위진허가 겸임했다.

1938년 여름 콜레라가 유행하자 신민회 베이징총회는 신민회의료반을 조직했다. 신민회의 의료활동은 주로 점령당국의 직접적인 권력이 미치지 못하는 시외곽과 농촌 지역에 집중되었다. 예컨대, 1940년 5월 신민회 베이징총회 동교판사처東郊辦事處는 5월 27일부터 6월 1일까지 '농민보건운동주간'을 설정하고, 농민들에게 전염병 예방 및 농민 위생지식을 선전·보급하는 활동을 전개했다. 신민회의 주요 활동으로 농촌거리 및 주택에 대한 청결조사, 순회진료, 순회강연 등이 있었는데, 신민다관新民茶館 및 신민촌숙新民村塾 주관으로 가장좌담회를 개최하여 각종 위생 문제를 강연했다. 아울러 동교판사처는 각종 표어 및 전단을 제작·살포했으며, 신민촌숙 교직원들은 학생들에게 파리박멸운동을 독려했다.[49] 또한 1940년 7월 신민회 베이징총회는 2만 명분의 콜레라 예방백신을 준비하여 동교 지역 농민에게 접종하여 좋은 반응을 얻었다.[50] 1943년 10월 신민회 베이징총회 사교판사처四郊辦事處는 동교 6,000명, 서교 1만 5,000명, 남교 5만 명, 북교 5,000명에 대해서 콜레라 예방백신을 접종했다.[51]

1943년 콜레라가 최고조에 이르렀을 때, 시공서의 호별검역과 예방접종은 이미 한계에 도달했다. 이때 신민회 베이징총회는 각종 직업분회의 전체 회원을 총동원하여 205개의 방역반을 조직했고, 1943년 9월 4일부터 6일까지 3일 동안 검역 및 예방접종 활동을 전개했다. 1개 방역반에는 의사 1명, 간호사 15명, 서기 15명 등 31명으로 구성되었고, 1개 방역반이 하루 300여 가구를 검역하고 2,000여 명을 접종했다.[52] 9월 5일부터는 1주일 동안 경찰, 신민회 회원, 자치방구自治坊區 구장 등이 한 조를 이루어 호별검역을 실시하고, 콜레라 예방접종 미접종자에 대한 발본색원 작업을 실시했다.[53]

신민회는 각 구별로 방역반 이외에 포승반捕繩班을 조직하여 파리박멸운동에도 적극 참여했다.[54] 1943년 9월 한 달여 동안 내성구 6개 지역에서 1,558만 8,000여 마리, 외성구 5개 지역에서 1,193만 6,000여 마리를 포획하여 합계 2,752만 5,000여 마리를 포획했다.[55]

신민회의 의료위생 분야의 활동은 의료 사각지대에 놓여 있던 일부 교구 지역에서 환영을 받았지만, 신민회의 전방위적인 친일매국활동 때문에, 지식인과 청년대중의 광범위한 지지를 받지는 못했다.[56] 게다가 신민회의 방역활동은 독자적으로 이루어지지는 않았다. 대부분 시공서의 방역요원이나 위생경찰이 동행하는 경우가 많았고, 방역행정은 법적 강제나 인신구속 등을 전제로 하고 있었기 때문에, 시민들은 신민회의 방역활동에 적극적으로 협조하지는 않았다.

도시계획

일본점령정부 하에서 베이징의 도시계획은 중화민국임시정부 행정위원회行政委員會 건설총서建設總署 도시국都市局과 베이징건설공정국北京建設工程局 관할이었다. 실질적으로는 북지나방면군이 도시 건설에 강력한 영향력을 행사했다. 도시국 소속 토목기술관료인 사토 도시히사佐藤俊久와 야마자키 게이이치山崎桂一는 군부의 지원 속에서 《베이징도시계획대강北京都市計劃大綱》(1938)을 작성했다. 이들은 전통도시로서의 베이징에 상당한 애착을 가지고 있었고, 하얼빈의 도시계획을 주도했다는 공통점을 가졌다.

《베이징도시계획대강》은 1938년 4월 건설총서에 제출되고 11월 군부에 의해 최종안이 결정되었으며, 1939년 1월 점령당국의 인준을 받았다. 《베이징도시계획대강》의 목적은 급증하는 인구 증가에 대비하고, 일본인과 중국인의 잡거를 막아 치안과 위생을 도모하며, 기존 베이징청의 낡은 시설은 문화와 관광자원으로 활용하고, 새로운 도시 건설로 군사적 경제적 효율성을 제고시키기 위한 것이었다. 이를 위해 사토와 야마자키는 러시아인과 중국인을 분리 거주시켰던 하얼빈의 경험을 되살리고, 기존 베이징청의 도시경관을 훼손시키지 않는다는 원칙에 입각하여, 서교 지역에 주로 일본인들이 거주할 신도시를 건설하고, 동교 지역에 공업구를 설치하고자 하였다.[57]

신도시는 고급주택지와 일반주택지를 구분하여 거주지를 위계화하였고, 녹지구나 풍경지구를 설정하여 도시미관과 더불어 도시방호를 고려하였다. 도시 건설의 본격적인 착수는 1940년부터 이루어졌다. 서교 지역에 주택 1,000여호 건설을 시작으로 각종 관청 및 국책회사의 관사와 주택이 주가 되었다. 그러나 전쟁의 격화로 건설사업이 부진해지자 1943년 5월부터는 도시 건설이 거의 교착상태에 접어들었다.[58]

《베이징도시계획대강》은 신문보도를 통해 베이징 사회에 여러 차례 소개되었고, 베이징 시민들은 각자의 이해관계에 따라 이 도시계획이 의미하는 바를 따져보았다. 우선 베이징 서부 지역에 신도시가 생겨난다는 것은 엄청난 자본이 투여된다는 것을 의미했기 때문에, 건설경기가 진작될 것이고, 새로운 일자리도 적지 않게 창출될 것이었다. 반면 기존 베이징청의 도시행정에는 새로운 투자는 거의 이루어지지 않고 현상유지만 이루어질 것이라는 예측도 가능했다. 1930년대 이래로 지속적으로 확장되었던 위생구가 내성구에만 한정되고 더 이상 외성구로 확대되지 않은 것도 그와 같은 맥락에서 이해될 수 있다.

물장수와 똥장수 역시 이 도시계획이 의미하는 바를 알아차렸다.

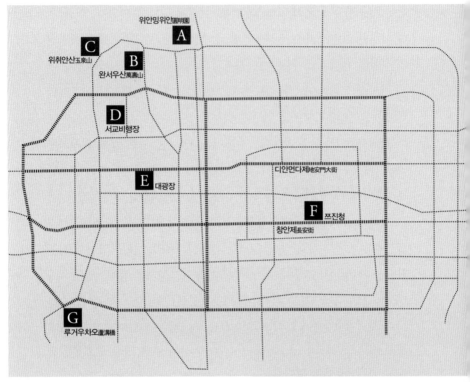

위안밍위안[圓明園]

A

위취안산玉泉山

C

완서우산萬壽山

B

서교비행장

D

디안먼다제地安門大街

대광장

E

쯔진청

F

창안제長安街

루거우차오盧溝橋

G

베이징 도시계획상의 도로망

일본점령당국은 급증하는 인구 증가에 대비하고, 일본인과 중국인의 잡거를 막아 치안과 위생을 도모하기 위해 점령 직후인 1938년 4월 〈베이징도시계획대강〉을 작성했다. 베이징청 서쪽에 일본인이 거주할 수 있는 신도시를 수립하고자 했다. 신도시는 베이징청을 중심으로 한 구도시와 비슷한 규모였으며, 창안제長安街와 디안먼다제地安門大街 등 구도시의 동서 횡단축을 확장한 형태였다.

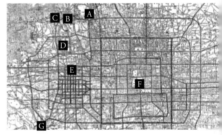

신도시가 들어서면 신식 상하수도 설비를 갖춘 도시 인프라가 갖춰질 것이고 각 가정에서는 수돗물을 마시게 될 것이다. 물장수들이 신도시에서 새롭게 일자리를 얻을 가능성은 거의 없었다. 반면 똥장수들에게 신도시 건설이 의미하는 바는 달랐다. 신도시가 건설되면 사합원에서 사용하는 마통을 사용하지는 않을지라도 적지 않은 분뇨가 생산될 것이다. 그것은 똥장수에게는 새로운 일자리가 창출될 수 있다는 것을 의미하는 것이고, 분상들로서는 자본을 축적할 수 있는 절호의 기회가 제공된다는 것을 의미했다.

일상의 변화

1940년대 똥장수의 일상생활에서 가장 큰 변화 중의 하나는 물가수준의 변화였다. 남경정부 시기(1928~1937) 동안 베이핑의 물가수준은 거의 변화가 없었다. 1927년을 기준으로 식품비와 의복비는 오히려 감소하는 추세를 보이기도 했다. 반면 1940년대 베이징의 물가는 1936년 대비 최소 4배(1940)에서 최고 28배(1944년 9월)에 이를 정도로 물가가 폭등했다. 같은 시기 도쿄東京의 물가가 최고 2배 정도 올랐던 것과 대조를 이룬다. 1940년대 베이징의 물가폭등이 베이징 시민들에게 어떤 고통을 주었을지는 명약관화한 일이었다.

1940년 똥장수들이 매월 받는 임금은 10년 전과 다를 바 없이 여전히 10~15위안 내외였다. 대개는 숙박이 무료로 제공되기 때문에 실질임금 수준은 40~50위안 내외로 추산할 수 있다.[59] 그러나 당시 물가가 4~5배로 치솟고 있었기 때문에 똥장수의 월수입은 사실상 나아진 게 없었다. 게다가 물가는 갈수록 상승하는 추세였다.

<표 9> 베이핑 생활비지수표(1926~1936)[60]

연도	식품	의복	방세	연료	잡비	총생활비
1926	103.7	95.3	100.0	98.2	96.3	102.0
1927	100.0	100.0	100.0	100.0	100.0	100.0
1928	101.5	105.3	91.3	100.4	104.7	101.6
1929	107.6	114.5	82.6	114.3	111.1	106.5
1930	111.8	113.1	82.7	116.7	114.0	109.6
1931	92.5	114.4	83.9	113.1	115.8	95.8
1932	85.4	113.4	95.6	107.1	114.7	91.2
1933	72.4	106.2	102.1	97.4	112.7	81.0
1934	69.9	99.6	109.8	98.5	112.0	79.5
1935	79.0	95.2	111.3	101.3	112.6	85.9
1936	99.5	97.1	108.2	98.6	113.2	100.2

1927년=100, 은원銀元 대비가 계산

1934년 베이핑시정부가 파악한 똥장수의 수는 정식 똥장수 2,000
여 명과 떠돌이 똥장수 1,000여 명이었다.[61] 1941년 정식 똥장수는
2,027명과 떠돌이 똥장수 86명이었다.[62] 떠돌이 똥장수가 크게 줄었
지만, 정식 똥장수는 거의 변화가 없었다.[63]

민국 초까지 베이징의 인구는 70~100만 명 정도였다. 1928년 베이
핑시정부의 성립으로 교구가 베이핑에 포함되면서 도시 인구는 130
만 명을 넘어섰고, 1930년대 초 150만 명, 신중국 성립 직전 200만 명
까지 증가했다.[64] 이러한 인구 변화에도 불구하고 정식 똥장수는 수는
거의 변하지 않았다. 이는 산둥인 동향 네트워크에 의해 장악된 똥장

<표 10> 중국 내외 주요도시 도매물가지수[65]

연도	베이징	톈진	도쿄	신징新京
1940	395.34	399.74	158.30	212.72
1941	451.09	450.19	167.19	234.31
1942	633.13	599.15	179.75	253.16
1943	1,197.35	893.82	190.58	281.16
1944. 6	2,156.37	1,730.96	211.19	329.50

1936년=100

수 사회의 특성상 외부인의 똥장수 사회로의 진입이 거의 불가능했기 때문이다. 게다가 1940년대 이후 물가폭등에 따른 사회불안 등의 요소가 작용한 까닭에 똥장수 사회는 신규 똥장수 고용에 신중한 태도를 보였다.

〈표 11〉의 각 지역별 똥장수 숫자의 변화를 유심히 볼 필요가 있다. 1940년 이후, 내성구의 똥장수가 급격히 줄어들고 외성구와 교구의 똥장수가 늘어나 있음을 알 수 있다. 이것은 시공서가 분창을 외성구와 교구로 이전하려고 했던 정책적 요인도 크게 작용한 것이지만, 내성구와 외성구에서 양질의 분뇨가 이전만큼 생산되지 않는 것을 의미하는 것이기도 했다.

베이징의 인구 증가로 시 전체의 분뇨생산량은 증가하고 똥장수의 수가 이전보다 줄어들었지만, 개별 똥장수들의 수거량이 늘어나지 않은 중요한 이유 중의 하나는 떠돌이 똥장수가 크게 증가했기 때문이다. 떠돌이 똥장수는 농촌에서 상경한 농민들이나 전쟁을 피해 베이

<table>
<tr><td>〈표 11〉 베이징시 각 구의 똥장수 인수[66]</td></tr>
</table>

연도	내1	내2	내3	내4	내5	내6	외1	외2	외3	외4	외5	동교	서교	남교	북교	총계
1934	132	231	142	191	102	160	113	130	165	214	305	155	68	108	73	2,289
1940	36	48	45	76	32	62	15	20	341	359	170	294	260	63	206	2,027

(단위: 명)

징에 진입한 유랑민들이 손쉽게 돈을 벌 수 있는 직종이었다. 그들은 독자적인 조직과 분뇨처리 장비를 갖추고 조직적으로 분뇨를 수거해 가기도 했다. 그들이 빼돌린 분뇨는 싼값에 분창에 팔렸기 때문에, 일부 분창주에게 이익이 되었지만, 똥장수 사회 전체 입장에서 떠돌이 똥장수는 분뇨처리 체계와 분뇨가격 구조에 혼란을 초래하는 존재들이었다. 이 때문에, 정식 똥장수와 떠돌이 똥장수가 조우하게 되면, 목숨을 건 사투가 벌어지기 일쑤였다. 이에 시공서는 분뇨처리 체계의 혼란과 사회갈등을 막기 위해서 떠돌이 똥장수를 관리해야 할 필요가 생겼다. 시공서는 별도의 법령을 반포하여 떠돌이 똥장수가 시공서에 등록할 수 있는 기회를 제공했다. 이를 위해서는 분창주 2명 이상의 보증이 있어야 했고, 등록 이후에는 정식 유니폼을 착용하여 육안으로 식별할 수 있어야 했고, 정식 똥장수의 영업구역을 침해하거나 허가되지 않은 장비를 사용하는 것 등은 금지되었다.[67] 그러나 떠돌이 똥장수는 시공서에 정식으로 등록을 하게 되면, 자신들의 활동반경이 줄어들 수 있었고, 농한기에 일시적으로 활동하는 떠돌이 똥장수가 일부러 등록비를 지불하면서 시정부에 등록할 이유는 없었다. 시공서가 떠돌이 똥장수를 효과적으로 통제하는 데는 한계가 있을 수밖에 없었다.

일본점령기 계속되는 인구 증가와 똥장수의 감소로 분뇨 채취량이 많아져서 똥장수의 생활이 개선될 것이라는 기대와는 달리, 물가폭등, 떠돌이 똥장수의 증가, 시정부의 간섭 등 똥장수의 생활수준이 나아질 기미는 보이지 않았다. 더욱이 일생생활과 의료생활 등에서 그들의 일상과 건강을 보호해 줄 조직과 기구도 거의 존재하지 않았다.

직업병

1930년대 후반 중국 12개 지역의 평균 인구 10만 명당 사망자 수가 가장 많은 사인은 노쇠 및 중풍(156.3), 결핵(142.3), 경련(126.7), 호흡기병(122.0) 등의 순서였다.[68] 일본점령기 1938~39년 통계에 의하면, 베이징의 법정전염병 상황을 살펴 보면, 이질은 여전히 감염자와 사망자가 가장 많은 질병이었고, 두창, 티푸스, 성홍열 등이 감소세를 보인 반면, 콜레라 환자 및 사망자가 새롭게 등장하기 시작했다.[69] 1939년 베이징시 사망통계에 따르면, 사망인 수 2만 9,472명 중에서 최대의 사망원인은 노쇠 및 중풍(4,469명/15.2퍼센트), 기타 위장병(4,352명/14.8퍼센트), 호흡기병(4,201명/14.3퍼센트), 결핵(3,142명/10.7퍼센트) 등이었다.[70]

난징국민정부 시기 베이핑시 최대의 사망원인이었던 결핵과 호흡기병을 대신하여 일본점령기 베이징에서는 노쇠 및 중풍과 기타 위장병이 최대의 사망원인을 차지했다. 결핵은 2차 세계대전 이후 스트렙

토마이신이라는 항생제가 등장하기 전에는 효과적인 치료가 불가능했다. 결핵은 20세기 전반기 동안 전 세계적으로 최고의 사망원인이었다고 해도 과언이 아니다. 특히 베이징과 같은 대도시에서는 도시 하층민을 중심으로 결핵 환자와 이로 인한 사망자가 많았다. 항생제가 등장하기 전인 일본점령기에 베이징과 같은 대도시에서 노쇠 및 중풍, 기타 위장병, 호흡기병 등이 결핵을 압도했다는 것은 상식적으로 이해가 되지 않는 대목이다. 아마도 농촌과 외부세계에서 베이징 시내에 진입한 이주민에게서 그와 같은 질병이 빈발했을 것으로 추론할 수 있다. 직업별 사인분포가 그 방증이다.

1939년 통계에는 직업별 사인이 포함되어 있는데, 교통운수업, 상업, 공업 직군의 주요 사망원인은 결핵, 호흡기병, 기타 위장병 등의 순이었다. 이것은 농업, 서비스업 직군의 주요 사망원인이 노쇠 및 중풍이고, 무직자들의 주요 사망원인이 기타 위장병이었던 것과 대조를 이룬다.[71] 이 통계에 근거할 때, 도시하층민들은 여전히 결핵과 호흡기병이 많았고, 농촌 및 외부세계에서 진입한 이주민들은 주로 노쇠 및 중풍이나 기타 위장병이 주요한 사망원인이었다.

또, 운수 및 상업적 성격을 가진 똥장수의 주요 사망원인은 결핵, 호흡기병, 기타 위장병 등이었을 것으로 추정된다. 똥장수의 주요 질병은 도시하층민의 주요 질병인 결핵과 호흡기병의 범주를 벗어나지 않았으며, 일본점령기에도 이러한 추세는 큰 변화가 없었음을 알 수 있다. 일본점령기에 노쇠 및 중풍과 기타 위장병이 증가 추세에 있었던 것은 농민과 무직자 등 이주민의 증가와 관계가 깊다고 판단된다.

실제 베이징의 결핵 환자상황은 1934년부터 1940년까지 7년 동안 연평균 3,876명의 폐결핵 사망자가 발생했고, 연평균 사망률은 인구 10만 명당 245.8명이었다. 사망자가 가장 많았던 해는 1935년으로 5,057명이 발생했고, 사망률은 326명이었다. 사망자가 가장 적었던 해는 1940년 3,016명으로 사망률은 175명이었다. 기타 결핵 사망자는 매년 599명으로 사망률은 37.3명이었다. 당시 해외 각국의 결핵 사망률은 영국이 61명, 독일 62명, 미국 50명, 프랑스 107명, 일본 141명 등이었다.[72] 당시 중국 내에서는 경제수준이나 의료수준이 비교적 높았던 베이징의 사망률 326명이었음을 상기할 때, 중국 전체의 결핵 사망률은 가히 짐작할 수 있을 것이다.

전쟁 후에는 흔히 전염병이 만연하는데, 콜레라나 발진티푸스와 같은 급성전염병 이외에도 성병과 같은 만성전염병이 만연하는 특징을 가지고 있다.[73] 중일전쟁 직후 베이징에서도 일본인의 급격한 증가와 더불어 성병이 유행했다. 1937년 7월부터 1939년 6월까지 2년 동안 동인회 베이징의원同仁會北京醫院 피부과·비뇨기과 조사에 의하면, 전쟁 이후 1년차에 외래환자의 58.9퍼센트(707명), 2년차에 외래환자의 27.3퍼센트(605명)가 성병 환자였을 정도였다. 1년차에는 전년대비 10배 이상 갑작스런 증가를 보였고, 2년차에는 개업의의 증가 추세와 더불어 성병이 감소하는 추세를 보였다. 2년 동안 성병 환자의 종류는 임질이 813명(62퍼센트)으로 가장 많았고, 연성하감 159명(12.1퍼센트), 경성하감 및 매독 100명(7.6퍼센트), 잠복매독 93명(7.1퍼센트), 혼합하감 96명(7.3퍼센트), 제4성병 51명(3.9퍼센트) 등의 순이었다.[74]

성병 환자에 대한 조사에 의하면, 성병 감염장소는 첸먼前門 인근이 50퍼센트를 점유하고 있었는데, 이곳은 중국인 공창公娼과 조선인 작부酌婦들이 집거하는 기원妓院이 밀집한 곳이었다. 둥단 파이러우東單牌樓 지역은 성병 감염자의 18퍼센트를 차지하는데, 이곳은 일본인 게이샤藝者가 집거하는 곳이었다. 그밖의 감염 경로는 베이징 이외의 북중국에서 12퍼센트, 만주 및 조선에서 8퍼센트, 일본에서 감염된 자가 3퍼센트를 각각 차지했다.[75] 성병 환자의 직업을 살펴 보면, 경찰, 군인, 사업가들이 압도적으로 많은 수를 차지했다. 경찰은 관행화된 성상납을 받았고, 군인들은 기원 출입을 일종의 레저활동으로 삼았으며, 사업가들은 기원에서 중요한 거래를 성사시키는 전통이 있었다. 일반 노동자들은 평균수준의 성병 감염률을 보였으며, 전문직 종사자, 학생, 농민 등의 성병 감염은 상대적으로 적었다.[76] 똥장수는 사회적인 기피와 차별의 대상이었기 때문에, 자신의 직업을 드러내고 공창가나 기원을 출입하지는 않았다. 아마도 일반 노동자와 마찬가지로 평균적인 감염률을 보였을 것이다.

일상적으로 분뇨를 처리하는 똥장수에게 피할 수 없는 직업병으로는 기생충병과 하지정맥류 등을 들 수 있다. 회충, 요충 등 기생충병은 중국 남서부 주민의 80~90퍼센트, 화북 지역 주민들의 40~60퍼센트에서 흔하게 나타나는데, 특히 위생에 취약한 하층민은 산토닌 복용 시 회충이 100마리 이상 발견될 정도로 빈발하는 질병이었다.[77] 분변을 일상적으로 처리하면서도 위생관념이 분명치 않은 똥장수들에게 기생충병은 매우 흔하게 나타나는 질병이었다.

하지정맥류는 하루 종일 서서 일하는 똥장수에게 피할 수 없는 질병이었다.[78] 오래 서 있는 경우 하지정맥 내의 혈압이 높아져 정맥 벽이 약해지면서 정맥 내부의 판막이 손상되고 심장으로 가는 혈액이 역류하여 늘어난 정맥이 피부 밖으로 내비치게 된다. 이럴 경우 쉽게 피로해지고 다리가 붓거나 통증을 수반하게 된다. 이 밖에도 도시하층민에게서 자주 발견되는 질환으로 결막염Trachoma이 있었고, 그 다음으로 편도선비대Enlarged Tonsils, 충치Dental Caries 등이 있었다.[79]

똥장수의 질병상태를 검토할 수 있는 직접적인 자료가 없기 때문에, 1930~40년대 베이징의 질병통계 등을 통해 추론해 보면, 일본점령기의 똥장수들은 이질이나 콜레라 등 급성전염병과 결핵, 호흡기질환, 위장병 등 만성질환으로 사망에 이르렀을 가능성이 컸다. 성병이나 결막염 등도 그들을 괴롭히는 주요한 질병이었다. 특히 똥장수들의 대표적인 직업병으로는 기생충병과 하지정맥류 등이 있었다. 일본점령기의 질병으로 인한 고통과 물가폭등으로 생계곤란 등은 똥장수의 삶을 피폐화시켰고, 일상생활 속에서 똥장수들은 점령정부의 시정개혁에 대한 기대보다는 의료와 복지 등 실질적인 지원을 필요로 했다.

새로운 개혁안

우여곡절 끝에 베이핑시정부의 분뇨처리 개혁안은 관독상판으로 귀결되었으나 몇 달 후 중일전쟁이 발발함에 따라 베이핑시정부가 관독상판의 열매를 맛볼 수는 없었다. 일본점령 하에서 새로운 베이징 시공서가 기존 위생행정을 지속하겠다는 의지를 보임에 따라 분뇨처리 개혁안 역시 지속될 수 있었다.

1938년 7월부터 12월까지 6개월 동안 똥장수들의 시민 갈취 및 태업에 대해 시민들이 시공서에 보고한 건수만 편지 50건, 전화 218건 등 총 268건에 해당되고, 이는 월평균 45건, 6개월 동안 하루에 한 번 이상(1.5회) 시민들의 불만사항이 접수되었다는 것을 의미한다. 1938년 9월, 위생국 분뇨처리 실무자인 류펑유劉鳳祐는 "똥장수들의 시민 갈취에 대한 징계가 월평균 5~60여 건에 달했지만, 현재는 이전과 달리 갈취가 줄었으며, 시민들은 편리해졌다"고 평가했다.[80] 표면상 일본점령기 똥장수의 시민 갈취가 이전에 비해 나아졌다고 하지만, 분뇨처리 문제가 완전히 해결된 것은 아니었다. 오히려 일본점령기 분뇨처리에서 시공서의 관리감독보다는 민간경영[私人經辦]의 경향이 두드러졌다.

위생국 입장에서는 관독상판으로는 관리감독의 한계가 있기 때문에, 분뇨처리 문제의 완전한 해결을 위해서는 분업관판이 최상의 선택이었다. 그러나 문제는 이미 사유화되어 있는 분도의 회수방법이었다. 기존 시정부가 똥장수의 재산권 및 영업권을 합법적인 것으로 인정해왔기 때문에, 이제 와서 이를 전면 부인하고 무상으로 회수하는 것은 불가능했다. 분도를 시가로 보상하는 것도 막대한 비용이 필요했을 뿐만 아니라 똥장수가 이를 쉽게 포기하지도 않을 것이기 때문에, 시공서가 전면적인 개혁을 추진하는 데에도 일정한 한계가 있었다.

1940년의 조사에 의하면, 베이징에는 분도가 1,427도가 있었다. 1도道는 대체로 똥장수 1인이 관리할 수 있는 범위를 나타낸다. 많을 때는 1도가 200호를 넘는 경우도 있었지만, 평균적으로 1도는 50호 정도로 추산된다. 호당 분뇨 가치는 최하 2위안元에서 최고 15위안元이었는데, 1941년 호당 분뇨 가치는 최하 10위안에서 최고 30위안으로 폭등했다. 따라서 1도의 가치는 최하 500위안에서 최고 1,500위안에 이른다. 베이징의 분도의 가치는 평균 150만 위안 내외였다.[81]

분업관판이 되지 않는 이상, 똥장수들의 시민 갈취를 근본적으로 방지하는 것도 거의 불가능한 일이었다. 시민들이 분뇨처리에 대한 불만을 시공서나 처리분변사무소에 고발하지 않는 이상 똥장수의 시민 갈취 문제를 알아내는 것조차 쉽지 않았다. 시민들의 고발이 접수되는

경우에도 문제를 하나씩 해결하는 데는 많은 시간이 소요되었다.[82]

그럼에도 불구하고 똥장수들의 시민 갈취가 어느 정도 개선된 데에는 제2차 분뇨처리업 개혁안이 관독상판과 더불어 똥장수 등기, 분도 등기, 분창 등기 등뿐만 아니라 신식분구의 교체, 복장규정 및 통행증 등을 통해 정식 똥장수들의 활동을 보장했기 때문이다. 예컨대, 정식 똥장수들은 번호표가 달린 유니폼을 입었으며, 통행증을 제공받았다. 이 때문에 떠돌이 똥장수들이 정식 똥장수들의 활동구역을 침범하는 것을 막을 수 있었고, 시민 갈취나 기타 문제가 발생할 경우, 멀리서도 번호표를 보고 신고하면 곧바로 처벌이 가능했다.[83]

신민회는 방역활동에 적극적으로 관여했을 뿐 아니라 분변처리 업무에도 적극 참여했다. 1938년 5월 20일 신민회 베이징총회 조직계[組織股]는 처리분변사무소의 업무를 접수하고, 똥장수직업분회를 조직했다. 시공서와 개진분변사무위원회는 1939년 2월 전체회의를 소집하면서 업무에 복귀했다. 이 회의에서는 사설 화장실의 철거 및 보상안, 등기수수료 수정안, 사무소 이전 등이었고, 각 사무위원들은 똥장수들의 복지와 관련하여 똥장수공묘판법 처리안, 분변사무소 직원 월급 상향조정안, 똥장수 복장 및 번호 안건, 경찰국의 단속 문제 등을 주요 안건으로 논의했다.[84]

이 회의에서 논의된 또 한 가지 중요한 안건은 분창에 관한 새로운 법안인 〈분창법糞廠法〉의 제정이었다. 위더순의 주도로 이루어진 이 안건은 인구 증가에 따라 분창이 계속 늘어나는 상황에서 내성구에는 분창을 개설할 수 없고, 교외 지역에 분창을 개설하는 경우에도 일일 분뇨 수거량이 20대 이상이어야 개설을 허가한다는 내용이었다. 시공서로서는 군소 분창의 난립을 막는다는 명분이 있었고, 위더순 등 기존 분창주로서는 신규 분창주의 진입을 막아 기존 분창주의 독점을 강화할 수 있는 수단이 되었다. 시공서는 이 법안을 1939년 4월 열린 시정회의에서 비준했다.[85]

직업분회의 조직

　난징국민정부 시기 중국국민당은 노동자의 조직화 문제를 정치적으로 중요한 사안으로 간주하고 있었다. 1928년 8월 중국국민당 베이핑시당부는 공산당과 연루된 기존 노동조직을 해산시키고 똥장수뿐만 아니라 베이핑 지역 노동자를 조직화했다. 베이핑 지역 노동자들도 노동조합[工會] 가입의 가장 중요한 이유를 '국민당 정강의 실현과 삼민주의의 준수' 등에 둘 정도로 정치적 지향도 분명했지만, 경제생활의 개선과 임금인상 등 현실적 기대도 가지고 있었다. 실제로 베이핑 노동자들은 노조 가입의 목적으로 정치적 이유 45퍼센트, 경제적 이유 28퍼센트, 사회적 이유 27퍼센트를 들었다.[86] 이 중 사회적 이유로 노동자들의 유대와 노동시간 단축 등을 들고 있는데, 대체로 정치적 이유와 경제적 이유로 노조에 가입했다고 할 수 있다. 즉, 노동자들의 노조 가입률이 높다는 것은 정치적 목표뿐 아니라 경제적 개선에 대한 이해관계를 집단적으로 공유하고 있다는 것을 의미한다.

그런데 마오쩌둥이 분석한 바와 같이, 똥장수, 인력거꾼, 청소부, 부두노동자 등 도시쿨리층은 육체노동과 무규정노동을 하며, 개체성이 강하고 조직력이 약한 특징을 가지고 있었다. 이들은 당시 중국 사회에서 산업노동자 수를 초과할 정도로 노동자계급에서 중요한 비중을 차지하고 있는 존재였다. 도시쿨리 노동자들은 단순노동에 종사하며, 유동성과 분산성이 강해 도시에서 일시적으로 일하고 농촌으로 돌아가 버리기도 했다. 또 유동성과 분산성이 강한 직업의 특성상 생활습관도 불량하여, 도박, 음주, 창기 등에 탐닉하는 등 도시부랑자 습속을 가진 자가 많았다.[87]

　1928년 베이핑 지역 노동자 전체 8만 1,192명 중에서 26개 노동조합에 가입한 사람은 1만 5,941명으로 노동조합 가입 노동자의 비율은 19퍼센트에 불과했다. 이 중에서 전차노동조합電車工會, 상수도노동조합[自來水工會], 교대직공회交大職工會, 조대직공회朝大職工會 등의 노동자는 노동조합 가입율이 100퍼센트에 이르기도 했다. 반면 가입율이 가장 낮은 조직은 대표적인 도시쿨리 노동자 조직인 인력거꾼노동조합과 똥장수노동조합이다. 베이핑 인력거꾼 노동자 수는 6만 명으로 베이핑 최대 노동자집단이다. 이들의 노동조합 가입율은 불과 1퍼센트로 노동조합 가입자는 600명에 불과했다. 베이핑 똥장수 역시 전체 똥장수 2,100명 중 2퍼센트인 오직 42명만이 똥장수노동조합에 가입했을 뿐이다. 따라서 이들 인력거꾼과 똥장수 6만 2,100명을 제외하면, 나머지 베이핑 지역 노동자 1만 9,092명 중에서 1만 5,299명이 베이핑 지역 노동조합에 가입하고 있었고, 이들 노동자들은 무려 80.1

퍼센트에 달하는 높은 노동조합 가입율을 보였다.[88] 노동조합의 실질적인 업무는 노동시간 단축 및 임금인상 등 노사협상에 있었는데, 인력거꾼과 똥장수는 노동조합 조직에 별다른 기대를 걸지 않았다. 시정부 역시도 가입회원이 거의 없는 똥장수노동조합을 통해 분뇨처리업 개혁을 추진하는 것은 거의 불가능하다고 판단했다. 시정부는 스스로 개혁주체가 되어 분뇨처리업을 개혁하고자 했다.

중일전쟁 이후 분뇨처리 업무가 관독상판에서 민간경영으로 변질한 가운데, 시공서에서는 분뇨처리 업무의 근본적 개선을 위해서는 관독상판을 넘어서 분업관판이 필요하다는 주장이 제기되기도 했다.[89] 다른 한편 점령당국은 점령행정을 지원해 줄 민간 외곽단체가 필요했다.

대일선전과 대중동원을 위해 설립된 신민회는 직업단체 조직에도 관심을 보였다. 신민회 수도지도부는 각 직업별로 직업분회를 조직하여 기존 친국민당 계열의 노동조합을 무력화시키고, 대일 선전조직으로 재편하고자 했다. 이를 위해서 신민회는 노동자 중심의 노동조합을 사용자 중심의 직업조직으로 재편하고 사용자에게 자율성을 최대한 보장해 주고자 했다. 아울러 점령당국에 적극 협력을 끌어 낼 수 있도록 직업단체 가입자에게 복지혜택을 제공하는 방안을 강구했다.

가장 먼저 조직된 것은 1938년 5월 맥주업직업분회로 이후 신문제작업, 분뇨처리업, 담배제조업, 화포업, 인쇄업, 이발업 등 직업분회가 순차적으로 성립되었다. 똥장수직업분회는 비교적 일찍부터 신민회의 주목을 받았는데, 주비위원으로는 위더순, 쑨싱구이, 리펑지, 위안제, 부옌링卜延齡, 창양산, 다이스페이戴思沛, 한지인韓繼寅, 천치창陳繼倉, 왕방핑王方平, 왕한싱王漢興, 마린馬麟 등이 선출되었는데, 이들은 모두 베이징의 대표적인 분창주들이었다.[90] 말하자면, 일본점령기의 똥장수직업분회는 처음부터 분창주를 중심으로 직업조직을 재편하고자 했다.

5월 5일 시쓰西四 펀쯔후통粉子胡同 2호에 위치한 처리분변사무소에서 똥장수직업분회 제1차 주비회의를 개최하고, 조직을 총무, 교화, 선전 등으로 나누고 위더순, 쑨싱구이, 리펑지李逢吉 등이 각 분야를 담당하기로 결정했다.[91] 5월 14일 제2차 주비회의가 개최되었으며, 이미 똥장수직업분회 가입자가 500여 명을 넘어서기도 했다.[92] 5월 22일 중앙공원中央公園 신민당新民堂에서 정식으로 똥장수직업분회 성립대회가 개최되었다.[93]

위더순, 쑨싱구이, 리펑지 등은 베이핑시정부 시기부터 시정부의 위생개혁에 적극적으로 협조해 온 인물들이었다. 이들은 베이핑시정부의 제1·2차 분뇨처리업 개혁안 상정 당시 똥장수들로부터 개혁안을 주도한 세력으로 지목받고 타격의 대상이 되었다.

제2차 개혁안 실시 이후 베이핑시개진분변사무위원회가 조직되었는데, 위더순, 리펑지, 위안제于安傑 등이 상무위원이 되었고, 쑨싱구이, 창양산常襄山 등은 위원, 왕한싱王漢興, 왕팡핑王方平, 천지창陳繼倉, 한지인韓繼寅, 마린馬麟 등은 임시위원이 되었다. 이들 모두 일본점령기 똥장수직업분회의 주비위원이 되었다. 이들은 왜 점령당국에 협력했을까? 첫째, 직업분회는 똥장수의 자치와 자결을 인정했다. 이것은 베이핑시정부 시기에는 생각할 수 없었던 파격적인 변화였다. 둘째, 점령당국은 똥장수를 위한 교육과 복지혜택을 제공했다. 이러한 조치 역시 베이징에서 시공서가 성립된 이래로 똥장수에게 제공되는 혜택 이었다. 신민회수도지도부 똥장수직업분회는 1939년 1월 말 바오쯔 후통報子胡同에서 제9차 상무회의를 개최하고, 자제소학장정子弟小學章 程 및 세칙과 학교이사회[校董會]를 성립시키고, 제1소학교장을 추천했 다.[94] 이 밖에도 처리분변사무소는 개진분변사무위원회에 가난한 똥 장수와 질병자 치료를 위해 똥장수환자구제치료처리법[救濟糞業人員苦 患者治療辦法]을 제안했고, 시정회의는 이를 수정·통과시켰다.[95]

이처럼 일본점령 시기 똥장수들의 정치화는 점령당국의 일방적인 지시와 폭력을 동반한 강압만으로 강제된 것은 아니었다. 똥장수들에 게 일정한 자율권을 부여하고, 교육 및 의료분야에 일정한 복지혜택을 제공했기 때문에, 똥장수들의 적극적인 참여를 이끌어 낼 수 있었다.

중일전쟁 이후, 점령당국은 군사적 우위를 바탕으로 베이징 사회를 성공적으로 통치할 것으로 예상했다. 그러나 콜레라를 비롯한 전염병의 만연, 물가폭등과 시민생활의 궁핍 등 베이징 사회는 혼란 그 자체였다. 전란을 피해 도심으로 이주하는 이주민의 증가로 분뇨 생산량은 늘었지만, 똥장수는 더 이상 늘어나지 않았다. 물가폭등으로 똥장수의 생활경제는 나아지지 않았고, 똥장수는 생활고와 질병의 고통 속에서 살아가야 했다. 똥장수는 결핵과 기타 위장병 등으로 고통 받았고, 기생충병, 하지정맥류와 같은 직업병에도 시달렸다.

　점령당국은 시공서에서 중국인의 자치를 인정하면서도 중요 사안의 경우에는 별도의 위원회를 조직하여 군부의 지휘를 받도록 했다. 아울러 민간조직의 활성화를 통해 대일 선전활동을 강화하고, 지배구조를 강화하고자 했다. 대표적으로 신민회를 통하여 시정운영 및 대중운동에 광범위하게 관여했다. 점령당국은 위원회를 통한 직접 지배와 대중조직을 통한 간접 지배를 관철시킨 일종의 이중적인 지배구조를 구축하고자 했다.

　지속적인 물가폭등으로 똥장수들은 생계불안에 빠졌고, 기존의 관독상판마저도 위기에 놓였다. 대중선전 조직인 신민회는 분뇨처리업을 재빨리 접수하여 분뇨처리의 정상화를 위해 노력했으며, 기존의 똥장수노동조합을 똥장수직업분회로 재편하여 점령행정을 지원하고자 했다. 시공서는 분창주 위주로 분뇨업계를 안정화하고자 했으며, 위더순은 〈분창법〉을 발의하여 군소 분창주의 발호를 억제하고 대분창주 위주의 경영을 고착화할 수 있었다. 시공서는 대분창주의 이익을 보전해 주는 방식으로 똥장수 사회를 안정화시키고 이를 대민 지배에 활용하고자 했다. 위더순은 점령당국에 협조하면서 자신의 이익을 계속해서 지켜 낼 수 있었다.

1945년 8월 일본이 무조건 항복을 선언하고, 장제스 휘하의 제11전구戰區 사령관 쑨롄중孫連仲(1893~1990) 부대가 베이징을 함락했다. 국민정부는 베이징을 접수한 뒤 시공서市公署를 시정부市政府로 개조했다. 1945년 10월 국민정부 군사위원회 베이핑분회총참의國民政府軍事委員會北平分會總參議와 산시성정부陝西省政府 주석 등을 역임한 슝빈熊斌(1894~1964)이 시장에 취임하고, 위생국장에는 한윈펑韓雲峯(1902~)이 임명되었다. 베이핑시정부는 일본점령기 위생행정의 성과를 비난하면서 새로운 위생개혁을 주창했다. 1946년 6월부터는 전면적인 국공내전이 시작됨에 따라, 중국 전역이 전장으로 변모했다. 베이핑시정부는 전시총동원령 하의 전시체제로 대응해 나갔는데, 국공내전 시기 동안 한윈펑이 위생행정을 주도했다.

1948년 12월 국공협상을 통해 중국공산군이 베이핑에 무혈입성하면서, 1949년 1월 1일에는 베이핑시 인민정부가 성립되었다. 예젠잉葉劍英(1897~1986)이 시장에, 쉬빙徐冰이 부시장에 임명되면서 베이핑에서 사회주의적 제도개혁이 시작되었다. 대표적으로 베이핑시 인민정부는 1949년 3월 무상의료를 실시했다.[1] 그렇다고 해서 베이핑시 인민정부가 모든 제도를 사회주의적으로 개혁한 것은 아니었다. 무상의료만 해도 1950년대 전반기까지 그 혜택을 받는 시민은 시 전체 인구의 2퍼센트 미만이었다.[2] 사회주의적 개혁은 시작에 불과했고, 인민정부 사회개혁의 일차적 목표는 계급투쟁에 있었다. 인민정부는 노동자와 시민의 이익을 중시하고, 시총공회나 소자산계급 등의 지원을 받아 악덕 대자본가를 타도하는 데 우선적 목표를 두었다. 시정부가 바뀔 때마다 시정부의 입장에서 시정개혁을 지원하면서 자신의 입지를 다져 왔던 위더순과 같은 분별은 신중국의 탄생으로 전례 없던 위기에 직면했다.

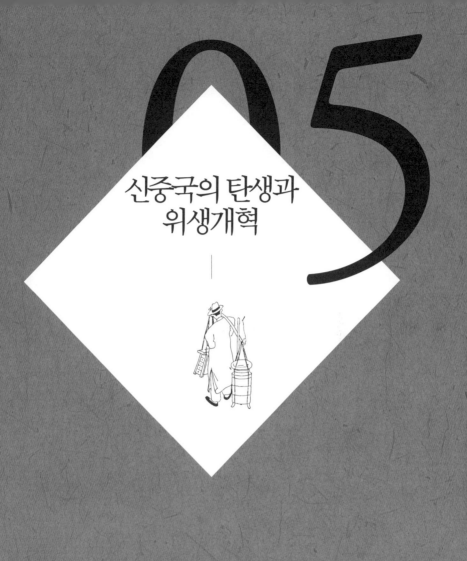

05

신중국의 탄생과
위생개혁

국공내전 시기 위생개혁

　국민정부는 새로운 시정부를 건립하면서, 일본점령 하의 시공서와 단절을 선언했다. 한원평 위생국장은 일본점령기 시공서의 위생행정은 새로 수립된 것이 없고, 기존의 기구만을 활용하여 낙후되었을 뿐만 아니라 위생상황도 오히려 악화되었다고 평가했다.[3] 그러나 실제로는 새로운 시정부는 일본점령 하의 각종 기구를 새롭게 재편하면서 대부분의 기구와 기능을 유지시켰다. 그 단적인 예가 위생구사무소를 중심으로 한 위생행정의 운용이었다.[4] 한원평 위생국장은 위생국 국무회의局務會議에서 위생구사무소의 활동내역을 우선적으로 보고받았다.[5] 난징국민정부 시기 이래로 베이핑에서 위생구사무소는 위생행정을 전개하는 핵심센터가 되었다. 일본점령기 베이징시공서가 기존 위생구사무소를 확대·개편한 바 있는데, 국공내전 시기 베이핑시정부는 위생구사무소를 그대로 이어받았다. 위생구사무소는 출생 및 사망관리, 전염병 관리, 환경위생, 위생교육 등을 담당하는 일종의 기층

단위 위생조직이었다.

방역은 시정부가 가장 중시한 위생행정 중의 하나였다. 시민들은 일본점령기 콜레라 방역의 실패로 큰 고통을 받았다. 시정부는 방역위원회를 조직하여, 콜레라를 비롯한 각종 전염병의 방역에 만전을 기했다. 방역위원회는 일본점령기와 마찬가지로 시장이 위원장을 맡고, 위생국, 경찰국, 군부 등 검역에 필요한 인력과 장비를 제공할 수 있는 기관들이 참여했다.[6] 이전의 시정부들이 콜레라, 두창 등으로 크게 고통 받았던 것과 달리, 국공내전 시기 베이핑시정부는 이들 전염병에 시달리지는 않았다.[7] 그 이유는 국공내전 시기 시정부가 방역행정에 전력을 기울였고, 베이핑이 전쟁의 포화에 휩싸이지 않았기 때문이다.

국공내전 시기 베이핑시정부가 일본점령기 위생행정의 성과를 비난하고 있었지만, 상수도 공급량만 따지면 국공내전 시기보다 일본점령기의 성과가 더 나았다. 1937년 상수도 사용가구는 1만 303가구, 554만 819톤이고, 1944년 상수도 사용가구는 2만 4,640가구, 1450만 485톤으로 사용가구나 공급용수가 이전보다 3배 정도 증가했다.[8] 반면 1948년 3월까지 상수도 사용가구는 3만 1,422가구로 1944년 대비 7,000여 가구가 증가하는 데 그쳤다.[9]

1948년 3월 국민당 베이핑시정부는 베이핑자래수관리처를 설치하고 산하 5개처(총무, 공무, 업무, 회계, 재료), 14개과, 2개실, 13개 계系, 3개 수창 등 방대한 조직을 구축했으며, 이곳에 497명을 배치했다. 책임자는 시차오민郗超民이었다.[10] 베이핑시 인민정부는 1949년 3월 21

일 베이핑상수도공사[北平自來水公司]를 정식으로 성립하고 조직을 정비했다. 왕이탕王揖唐, 치셰위안齊燮元 등이 최대 주주였는데, 이들의 주식은 대부분 쉬후이둥許惠東(1899~1953), 시차오민 등 국민당 고위 관료의 손에 넘겨졌다. 베이핑시 인민정부는 이들 주식을 몰수하고 시정부가 직접 관리하도록 했다.[11]

베이핑시 자래수공사 관리위원회가 1949년 5월 23일 성립했다. 관리위원회는 노동자 대표 7명, 직공회職工會 3명, 사장[經理] 1명, 공정사工程師 1명, 군 대표 1명, 수창장水廠長 3명 등 총 15명으로 구성되었다.[12] 관리위원회는 상수도 공급확대를 최우선 과제로 설정했다. 1950년 10월에는 시 전체 인구의 84.4퍼센트에 달하는 107만여 명이 상수도를 공급 받았다.[13] 이것은 실제보다 과장된 수치이긴 하지만, 상수도 공급이 지속적으로 증가하고 있는 것은 분명했다. 일부 물장수들이 상수도 공급이 미치지 못하는 곳에서는 두 배 이상의 폭리를 취하여 사회적 문제가 되기도 했는데,[14] 상수 공급이 보편화되는 상황에서 베이징시에서 수벌은 더 이상 의미가 없는 존재였다.

일본점령기 똥장수직업분회는 국공내전 시기에 베이핑시 똥장수직업노동조합[北平市糞夫職業工會]으로 개조되었다. 이후 다시 베이핑시 똥장수노동조합으로 개칭되었는데, 이들 모두 똥장수 노동자들의 노동조합이 아니라 분창주들의 사용자단체였다. 이 시기 똥장수노동조합의 실세는 1930년대 이래 30여 년 동안 업계를 사실상 지배해 온 위더순과 쑨싱구이가 노동조합의 이사장과 상무이사로서 여전히 지배력을 관철하고 있었다. 아울러 산둥성 출신들이 이사진과 감사진을

베이징 상수도 수창

1908년 베이징상수도공사 성립 이래로 상수도 공급은 점진적으로 늘어났고, 상수도 공급이 보편화되면서 물장수의 횡포는 더 이상 의미를 가질 수 없었다.

월별	단속 항목							
	시민갈취 신고	분구 불결	도분	분업 갈등	분변 적체	분수 유출	분구 불합격	계
1월	31	5	2	4	3	6	3	54
2월	18	4	–	2	4	2	2	32
3월	24	5	3	3	4	3	4	46
계	73	14	5	9	11	11	9	132

(단위: 건)

모두 독차지 할 정도로 산동 출신이 업계를 장악하고 있었다.[15]

항일전 승리 이후 1946년 베이핑시 위생국의 조사에 의하면, 분도 호수는 6만 5,036호이고, 사설 공중화장실은 448개소, 시립 공중화장실은 99개소, 똥차 1,591대, 분창 662개소, 똥장수 2,102명이었다.[16] 1948년 6월의 위생국 시정보고에 의하면, 사설 공중화장실 533개소, 시립 공중화장실 99개소, 똥차는 1,108대, 분구는 1,698건이고, 똥장수는 2,102명이었다. 수치상 내용 차이가 거의 없다고 볼 수 있다. 1948년 1월에서 3월까지 똥장수 단속통계에 따르면, 일본점령기에 비해 시민 갈취 건수가 매월 1.5건에서 0.8건으로 줄었음을 알 수 있다. 그러나 통계 작성 시기가 여름을 포함한 하반기와 1/4분기로 다르기 때문에, 실제로는 이전과 크게 달라지지 않았을 가능성도 높다. 국공내전 시기의 분변관리 역시 이전보다 크게 개선될 여지는 거의 없었다.[17]

처리분변사무소가 제출한《똥장수 명부》(1946)에 따르면, 내성구의 똥장수는 줄어든 반면, 외성구와 교구의 똥장수는 늘어났다. 이것은 시정부가 정책적으로 분창과 똥장수의 활동반경을 외성구와 교구로 이전하려고 한데다가 이전처럼 양질의 분뇨가 내성구에서 생산되지 않았기 때문이기도 했다. 1930년대 400여 개소였던 분창은 항일전 승리 이후 662개소로 늘어났으며, 한국전쟁 이후에는 800여 개소로 증가했다. 반면 베이징시 전체의 똥장수 수는 이전과 비슷했다. 베이징 인구는 유입이 점차 늘어나는 추세였기 때문에, 분변량과 분창 수가 늘어난 것은 자연스런 현상이었다. 반면 내성구의 똥장수는 현격하게 줄어들었고, 도시 전체의 똥장수 수가 거의 늘어나지 않았다. 이것은 물가폭등으로 인한 분뇨처리의 수급안정을 위해 분창주나 분도주가 똥장수 숫자를 크게 늘리지 않았기 때문인 것으로 보인다. 반면 똥장수로서는 업무량이 크게 늘었을 뿐만 아니라 떠돌이 똥장수와의 갈등도 크게 증가했다.

〈표 13〉에서 볼 수 있는 것처럼, 분도주는 주로 외성구와 교구에 집중되어 있었고, 똥장수 역시 외성구와 교구에 많았다. 반면 똥장수를 10명 이상 고용할 수 있는 분도주는 내성구와 외성구에서 분도를 소유하고 있었다. 주민들이 주로 내성구와 외성구에 밀집되어 있었고, 분도 역시 그곳에 집중되었기 때문에, 대분도주 역시 내성구와 외성구에서 배출된 것으로 볼 수 있다. 전체 똥장수 수는 1930년대에 파악된 2,300여 명보다도 줄어든 1,577명이었다. 전란과 이주 등으로 인해 등록된 똥장수의 수는 줄었지만, 실제로 활동 중인 똥장수는 이전보다 많아졌다. 베이징 분도주의 63.8퍼센트가 자신의 분도에서 똥지게를 짊어지고 똥장수로 일했다. 자신의 분도에 고용한 똥장수 역시

<표 13> 분도주 상황에 대한 분석(1946. 8)[18]

	분도주	최대고용수	똥장수	분도주겸똥장수	비고
내일구	9	9	36	3	
내이구	14	2	17	13	
내삼구	15	5	33	11	
내사구	35	15	81	19	위더순于德順 소재지
내오구	31	2	50	17	
내육구	23	4	35	13	
외일구	74	5	130	65	
외이구	67	11	174	52	
외삼구	81	5	168	60	
외사구	70	11	207	50	쑨싱구이孫興貴 소재지
외오구	79	9	158	44	
동교	91	4	157	63	
서교	71	8	185	16	
남교	28	2	46	20	
북교	68	4	100	36	
계	756	평균 6.4	1,577	482	

같은 성이나 비슷한 이름이 여럿 보이는데, 주로 가족이나 친척들을 고용한 것으로 보인다. 베이징 최고의 분창주인 위더순은 내성구에 자신의 분도를 소유하고 있었는데, 베이징 최고의 소유주로서 자신의 분도에 똥장수를 15명 고용하고 있었다. 쑨싱구이는 자신의 분도에 3 명만을 고용했을 뿐이다.

그러나 이 기록은 처리분변사무소의 주임인 위더순의 책임 하에 작성된 공식적인 기록일 뿐이다. 위더순이 실제로 어느 정도로 자산과 똥장수를 보유하고 있는지는 알고 있는 사람은 거의 없었다. 위더순의 회계 책임자이자 오랫동안 처리분변사무소에서 호흡을 맞춰 온 쑨싱구이만이 대체적인 규모만을 짐작할 뿐이었다. 또 한 명, 위더순의 심복으로서 위더순의 뒷일을 주로 담당해 온 허더취안何德川이라는 똥장수가 위더순의 내부 일을 비교적 잘 알고 있었다. 그러나 위더순의 자산 규모에 대한 이들의 인식은 크게 달랐다. 쑨싱구이는 위더순의 분도가 40여 개라고 증언했지만, 허더취안은 최소 84개에 달한다고 주장했다. 이들의 주장을 통해 위더순이 자산관리를 얼마나 철저하게 했는지, 공식적인 보고와 실제적인 규모가 얼마나 간극이 컸는지도 알 수 있다. 위더순이 똥장수 사회에서 '분별수령'이라는 별칭을 얻었던 것은 결코 허명이 아니었다.[19]

노사합의안과 평균분도

1949년 8월 베이핑시 인민정부는 위생국, 민정국, 공안국, 시총공회市總工會, 똥장수노동자노동조합[糞工工會], 분업동업공회糞業同業公會 등으로 처리분변사무연석회를 조직하고 분변처리 문제를 논의했다. 처리분변사무연석회는 똥장수들의 성명, 주소, 존분지점, 존분종류, 수량, 존분방식, 분창설치 여부, 운반차량 유무 등을 조사하여, 5일 이내에 분뇨를 처리하도록 했고, 분업독립노동자, 떠돌이 똥장수, 농민들은 10일 이내에 처리하도록 했다. 운반차량이 없는 독립노동자가 등기할 경우에는 시정부가 똥차를 대여해 주고 분기별로 배상하도록 했다. 동시에 떠돌이로 전락한 실업 똥장수를 등록하여 배치하고, 농촌에서 온 건달[二流子]이나 떠돌이 군인 등의 떠돌이 도분偸糞은 단속하도록 했다.[20]

시정부는 분도제도의 개혁이 필요하지만 당장 실시해야 할 문제로 보지는 않았다.[21] 신중국 성립을 앞두고 분뇨처리업계의 최대 논점은 분상과 똥장수의 대립, 정식 똥장수와 떠돌이 똥장수의 대립 등을 어떻게 해소할 것인가에 있었다. 베이징시 인민정부 노동국은 노사합의안을 도출하여 분상과 똥장수의 대립을 해소하고자 했다.[22] 먼저 노측에서 19개조의 노사합의안 초안을 마련했다. 이에 사측에서는 26개조의 초안을 제시했다. 역시 최대의 쟁점은 급여수준에 관한 것이었다. 노측은 분창 근무자 매월 옥수수 260근, 분도 근무자 200~330근, 노약자 및 아동노동자 150근 이상을 요구했고, 사측은 분창 근무자 150~200근, 분도 근무자 140~180근, 노약자 및 아동노동자 100~120근을 주장했다. 결국 시총공회와 시정부의 중재안은 노측의 입장을 적극적으로 반영한 것이었다. 이 밖에 근무조건과 시간, 상혼, 휴가, 질병 등에 관해서 구체적으로 합의문을 마련했다. 노사 양측은 직무상 질병은 사측이 부담하도록 했는데, 성병의 경우 노측은 자가 치료를 주장한 반면, 사측은 노동자를 해고할 수 있는 사유임을 제시하기도 했다. 결국 시총공회는 중요 사안만을 가지고 6개조의 초안을 마련하고, 시정부가 이를 바탕으로 최종안을 제시함으로써 노사합의문이 결정되었다.

〈베이징시 분업 노사합의문[北京市糞業勞資集體合同](1949. 9. 30)〉
제1조 임금은 통상 옥수수를 표준으로 한다. 분창에서 주거와 음식을 제공하는 경우 매월 옥수수 260근, 방창幇廠에서 주거와 음식을 제공할 경우 매월 옥수수 230근, 분도에서 일하면서 주거와 음식을 제공받을 경우 옥수수 220근, 분도에서 일하면서 음식을 제공받지 않는 경우 옥수수 350근, 작업

능력이 미진한 노인과 아동의 경우 최소 옥수수 150근 이상을 지급해야 하며, 같은 노동에 대해서 같은 임금을 지급해야 한다.

제2조 주거와 음식 문제는 과거의 관습대로 한다. 일부 사측에서는 과거 일본점령기처럼 음력 5월 1일부터 8월 20일까지만 주거 및 음식을 우대하고, 1일 및 15일에만 위로음식[吃犒勞] 등을 제공하고 있는데, (각종 명절에 음식 등을 제공해왔던 것처럼) 원래의 규정대로 일률 회복시켜야 한다.

제3조 복리사안은 일반적으로 구관습에 따른다. 문화교육은 총급여의 1.5 퍼센트(개인당 옥수수 350근의 1.5퍼센트)로 하고, 노동보험은 매월 실제 총급여의 3퍼센트로 집행한다(매월 25일 동업공회同業公會는 공회工會에 교부한다).

제4조 사측은 생산 혹은 업무의 필요에 따라 고용 및 해고권을 가진다. 그러나 노동자가 노동조합에 참가하거나 기타 정치활동에 참가한다는 사유로 해고할 수 없다. 예를 들어 계약을 도중에 해지하고자 한다면, 반드시 15일 전에 노측에 통지해야 한다. 아울러 근무연한과 영업상황에 따라 1개월에서 3개월의 실제 급여의 퇴직금을 제공해야 한다.

제5조 본 합의문의 유효기간은 6개월(1949년 9월 1일부터 1950년 2월말까지)로 하며, 기간 만료 반개월 이내에 쌍방이 협의하여 새로운 합의문을 제정할 수 있다. 새로운 합의문이 제정되기 전까지는 본 합의문이 계속 유효하다.

제6조 본 합의문은 본시 인민정부 노동국이 비준 후에 쌍방이 엄격하게 집행해야 한다. 그 해석권은 노동국에 있다.[23]

분업계의 노사합의문은 기존의 관습을 그대로 용인하면서도 노사 갈등의 주요 원인이었던 급여 문제와 노동조합의 정치적 자유에 합의함으로써 분상과 똥장수 노동자 사이의 갈등을 일차로 봉합할 수 있었다. 반면 노사합의만으로 실업 똥장수와 떠돌이 똥장수 문제를 근본적으로 해결할 수는 없었다. 흥미롭게도 이 문제의 해결책을 제시한 것은 시정부가 아닌 합작은행 보고서였다.[24]

합작은행은 대출업무의 합리적 진행을 위해 처리분변사무소에서 제공한 자료를 바탕으로 분변상황을 자세히 정리·분석한 보고서를 제출했다. 보고서는 베이징시 분변 문제의 핵심이 분도 재산권에 있음을 주목했다. 기존 분변업무는 처리분변사무소가 주도하고 있는데, 위더순 등 일부 분벌이 분변업무를 장악하고, 은행대출 역시 분벌이 주도하여 똥장수를 상대로 고리대를 놓는 등 은행대출 역시 분벌들에 의해 통제되어 왔다고 분석했다. 아울러 베이징시 분변 문제의 핵심은 소수 분벌이 부와 권력을 집중시키고 있는 반면, 다수 똥장수들은 분도를 상실하고 고용노동자나 실업자로 전락하고 있는 데 있다고 보았다.

보고서는 1946~48년 베이핑의 분도 내의 호수는 6만 8,000여 호 이상에 달하고, 화장실 장비개량과 대출방법의 개선으로 분뇨생산이 증가할 가능성이 높다고 분석했다. 이전과 같이 분벌에게만 대출하는 것을 지양하고, 은행, 가정부街政府, 노동조합 등의 협조로 대출방식을 논의할 필요가 있다고 보았다. 또, 농민이 토지 없이 농산물을 생산할 수 없듯이, 똥장수가 분도 없이 분뇨를 생산할 수 없다고 보았다. 분도 사유화와 임의 매매 이후, 점차 집중화되어 대분도주와 실업노동자의 '도분偸糞'이 횡행하게 되었는데, 이것은 사회질서를 교란시키고 대분大糞의 생산을 저애沮礙하는 것이며, 소분창주의 이익을 희생시키는 것으로 분석했다.

따라서 보고서는 대분생산을 회복하고, 사회질서를 안정화시키기 위해서는 실업 문제를 해결하고 불합리한 분도 문제를 해결해야 하는데, 가장 근본적인 해결방법은 분도를 평준화하는 것平均糞道이라고 보았다. 즉 분도를 소수 똥장수가 독점할 수 없게 하고, 똥장수 노동자가 골고루 분점할 수 있게 한다는 것이다. 또 보고서는 베이징에 1,630개의 분도가 있는데, 이것을 1,162명에게 1개 분도씩 나누고, 나머지 468개 분도는 실업 똥장수와 떠돌이 똥장수에게 나누면 분도 문제가 해결될 것으로 분석했다. 보고서는 평균분도 후 분도는 사유화될 수 있고, 다만 매매와 임대는 허락하지 않을 것이며, 분도주가 사망하면 분도는 시정부가 회수하면 분도가 다시 집중되는 일은 없을 것이라고 보았다.

신중국의 위생관리

　1949년 1월 베이핑시 인민정부 성립 이후, 중국공산당 베이핑시위원회는 아래로부터 군중조직과 위로부터 시정관리를 결합하는 업무방침을 전달하고, 1949년 2월 베이핑시를 20개구(내성구 7개, 외성구 5개, 교구 8개)로 획분하고, 구정부 중심의 도시관리를 시작했다. 구정부에는 구공작위원회區工作委員會를 두고, 그 아래에 대중조직으로 공작조工作組와 공작소조工作小組를 두었다.[25] 위생분야에서도 위생소衛生所라는 정부조직과 위생위衛生委라는 대중조직을 통해 구위생을 관리하고자 했다. 위생소는 기존 구정부 위생행정의 핵심센터였으며, 아울러 위생소조衛生小組-위생조衛生組-구위생위원회로 이어지는 상향식 대중조직의 기본 틀을 구축했다. 위생소는 시정부 위생행정의 핵심 지역센터로, 15개구에 설치되었다. 위생소는 국공내전 시기의 8개소에서 15개소로 두 배 가까이 확대되었다. 위생소는 지역민에 대한 진료활동 이외에 출생 및 사망관리, 전염병 관리, 환경위생, 위생교육 등을 담당했다. 그밖의 대중동원, 선전활동, 계몽운동 등은 위생소조와 위생위원회 등을 통해 보조했다.

신중국 성립 이후 베이징시 인민정부는 1950년 1월 1일부로 위생국을 공공위생국公共衛生局으로 개조하여 의정, 약정, 의료, 방역업무를 담당하게 했다.[26] 옌징칭嚴鏡淸(1905~2005)이 새로운 시정부의 초대 공공위생국장이 된 것은 상징적인 의미가 있었다. 베이양정부 시기 베이징협화의학원의 존 그랜트가 베이징에서 위생구를 설치하여 위생실험을 전개할 때, 그랜트를 도왔던 의학생 중 한 명이 바로 옌징칭이었다. 옌징칭은 1932년 의학원 졸업 후, 의학원 공공위생학과 조교로 활동하면서 제일위생구사무소 방역통계계[防疫統計股]의 계장을 담당하기도 했다. 1933년에는 의학원 공공위생학과 강사로 활동하면서 제이위생구사무소 소장이 되었다. 1936년 미국 하버드대학에서 공중위생학 석사를 받았다. 1937년 귀국하여 청두중앙대학의학원成都中央大學醫學院 교수로 재직했고, 1945년 베이핑으로 돌아와 베이핑대학의학원北平大學醫學院, 위생구사무소, 위생국 간부 등으로 일했다.[27] 그의 임용은 베이징의 위생구사무소를 통한 위생실험이 새로운 단계로 접어들었으며, 일본점령기와 장제스 국민정부 등에서 일했던 엘리트를 중용한다는 의미도 담고 있었다.

아울러 시정부는 쓰레기 및 분변처리, 하수설비 능력을 강화하기 위하여 위생국이 주관하던 환경위생 분야와 건설국이 주관하던 구거관리를 합병하여 위생공정국衛生工程局을 출범시켰다. 차오옌싱曹言行(1909~1984) 위생공정국장은 토목공학 전공자로 토목건축과 도시관

예젠잉葉劍英(1897~1986) 베이핑시 인민정부 초대시장
국공내전 이후 중국공산군은 협상을 통해 베이핑에 무혈입성하였고, 1948년 12월 18일 중
공중앙은 예젠잉을 베이핑시 인민정부의 초대시장으로 임명하였다. 건국 이후인 1949년
11월 20~22일 베이징시 각계 인민대표대회는 투표를 통해 녜룽전을 베이징시인민정부 시
장으로 선출하였다.

리에 관심을 가지고 있었다. 위생공정국은 환경위생 등 도시관리에 필요한 하수도의 설계와 관리, 쓰레기 및 분변처리 업무를 담당했다.[28] 공공위생국과 위생공정국의 위생 관련조직은 방대하여 부속기관만 20여 곳에 달했다. 1950년도 베이징시 예산안 중 위생공정국의 예산만 12.21퍼센트를 차지했고, 공공위생 경비만도 5.84퍼센트를 차지했다.[29]

베이징시 인민정부는 1950년 1월 위생공작에 현격한 성과가 있었다고 발표했다. 베이징시 인민정부는 수질 및 식품관리를 개선하여 질병이 현저하게 감소했고, 두창, 장티푸스, 디프테리아 예방접종을 통해 전염병을 억제했으며, 기존에 연간 1만여 톤 발생하는 쓰레기(현재는 매년 2,000톤 이하 발생)와 잔존분 23만여 톤을 처리하고, 20개의 공중화장실과 90개의 오물처리장을 건립했다고 밝혔다.[30]

장유위張友漁 부시장 역시 시민들의 40퍼센트 이상이 수돗물을 사용하고 있고, 과거 국민당 통치 시기 및 일본점령기의 20만 톤 이상의 쓰레기와 61만여 톤 이상의 분뇨를 처리하여 환경위생을 상당히 개선했다고 자랑했다.[31] 베이징의 시정건설에서 상하수도, 쓰레기 및 분뇨처리, 도로정비, 무상의료 등 의료 및 환경위생의 정비는 시정의 최대 목표이자 성과였다.[32]

1951년 5월 펑쩐彭真 시장의 강화에서 예견되듯이, 시정부는 반혁명세력 및 봉건세력에 대한 대대적인 척결을 주창했으며, 분벌과 수벌도 예외는 아니었다.[33] 특히 펑쩐은 '시반봉건악패지휘부'를 개설할 정도로 분벌 타도에 전력을 기울였다. 당시 분창은 800여 개로 증가했고, 분상만 1,240호였다. 분도는 1,857도가 있었으며, 공중화장실 193개소, 사설화장실 450개소 등이 있었다. 이것은 대체로 신중국 성립 전후 20퍼센트 이상 증가한 수치로, 분창 및 공중화장실이 난립하고, 그를 둘러싼 암투가 심각했음을 보여준다.

심판과 몰락

　　베이징시 인민정부 공안국은 1950년 4월 3일 밤, 분별악패糞閥惡覇의 대표로 위더순 등 20여 명을 체포했다. 위더순은 전국의 운반업자 중에서도 베이징을 대표하는 대표적인 인물이었다. 위더순의 매월 수입은 옥수수[玉米] 3만 근에 달하고, 베이징 시내에 40여 개의 가옥을 가지고 있고, 토지도 40만 평 가량을 보유하고 있었다.[34] 특별조사부의 조사결과, 위더순은 국민당의 회유와 설득으로 분뇨처리업의 개혁을 주도했던 인물로 여겨져 왔으나, 실제로는 대분벌과 자신의 이익을 대변해 온 인물이다. 일본점령기에는 똥장수직업분회와 처리분변사무소의 주임 등으로 활동하면서, 일본군 특무 진런푸金仁甫(일명 진치예金七爺)와 연계하여 점령당국을 도왔다. 똥장수들에 대한 구타와 착취 등은 조수인 차오유산趙佑三(일명 차오쓰황상趙四皇上)을 교사하여 시킨 일이다. 1948년 칭화대학淸華大學과 옌징대학燕京大學 학생들에 대한 폭력사건 역시 차오유산에게 중국공산당을 지지하는 학생

테러를 지시한 결과이다. 이 밖에 부녀자 납치 및 강간사건으로 1942
년과 1949년 정식 재판에 회부되었으며, 일부 유죄판결을 받았으나
합의금과 공탁금으로 무마시켰다. 정식 재판에 회부되지는 않았지
만, 부녀자 강탈 및 강간사건으로 인해 몇 차례 소동을 일으킨 바 있
다. 위더순은 이미 5명의 첩을 두고 있었다. 위더순은 전형적인 대분
벌로서 국민당세력과 일본괴뢰 등과 협력해 왔으며, 권력과 재력을
이용하여 힘없는 똥장수 노동자와 부녀자를 괴롭혀 온 대표적인 악
질분패에 해당된다.

먀오란성苗蘭生의 분창에 소속된 똥장수 장닝이張寧一와 류뎬즈劉殿
芝의 분창에 소속된 똥장수 장홍순張洪順 등은 각각 30년, 21년 동안
한 푼의 월급도 받지 못했다. 이런 식으로 똥장수들의 생활은 처참했
고, 목숨을 연명하기 위해 똥장수들은 시민들에게 수수료[月錢]나 명
절떡값[節錢]을 요구할 수밖에 없었다. 똥장수는 정월 초하루만 쉴 수
있었다. 위더순 등 대분벌은 똥장수들의 등록증을 압수해 두었다가
만약 마음에 들지 않는 사람이 생기면, 헌병이나 경찰 등과 연계해 똥
장수들을 둥베이 지역까지 파견을 보내 일을 시켰다. 분벌 류춘장劉春
江의 분창에 소속된 똥장수들은 그에게 맞지 않아 본 사람이 없을 정
도였고, 먀오란성苗蘭生은 똥장수 장롄방張連邦이 똥차를 몰다가 발목
골절을 당하자 치료를 받게 하기는커녕 꾀병을 부린다며 생매장하기
도 했다. 똥장수 쑨첸孫謙은 분벌 취과푸曲寡婦에게서 한 푼의 월급도
받지 못했을 뿐만 아니라 흠씬 두들겨 맞고서 취과푸의 집에서 사망
했다.

녜용루聶永祿와 차오더루趙德祿 등 몇몇 분별은 부녀강간에 연루되기도 했다. 분별 양춘즈楊存治는 인민정부의 분도 회수에 반대하여 위생공정국의 공중화장실 관리에 저항하여 임대를 강행했고, 1만 명의 청원운동을 준비하여 사회치안을 문란케 했다. 또 떠돌이 똥장수의 두목인 쭝야오밍宗耀明 등은 궈휘鍋伙를 개설하여 떠돌이 똥장수들을 끌어들였고, 항일전 승리 이후 세 차례에 걸쳐 소동을 일으켰다. 항일전 승리 이래, 똥장수, 농민, 시민들은 분별의 징계를 끊임없이 요구했다. 베이징시역차각계인민대표회의北京市歷次各界人民代表會議의 개혁논의와 시인민정부의 장기간의 조사연구를 거쳐, 시인민정부는 1951년 11월 3일 분별의 처벌과 분도제도의 개혁을 선포하기에 이르렀다.[35]

중일전쟁 승리 이후 위더순, 류춘장劉春江, 양춘즈楊存治 등은 똥장수직업분회를 분업동업공회糞業同業公會로 개조하고, 조직을 장악했다. 이들은 시정부의 분변관리 조치에 반대했는데, 한국전쟁 시기 시정부가 공공화장실을 회수하려고 하자, 양춘즈, 밍촨유明傳有 등은 똥장수뿐만 아니라 떠돌이 똥장수까지 동원하여 정부의 조치를 방해했다. 중일전쟁 승리 이후 똥장수 사회의 가장 큰 이슈 중의 하나는 똥장수와 떠돌이 똥장수의 대결이었다. 이전에도 개별적인 똥장수와 떠돌이 똥장수 사이에 사활을 건 갈등과 폭력이 없었던 것은 아니지만, 사설 분창이 난립함에 따라 이권을 둘러싸고 떠돌이 똥장수들이 조직화되고 집단 난투극이 빈번하게 등장했다.

떠돌이 두목인 쭝야오밍宗耀明, 차이더위안蔡德元, 왕창순王長順 등은 조직적으로 분뇨를 훔쳐 내서 똥장수와 갈등을 초래했는데, 최대의 것은 1950년 5월 종야오밍, 차이더위안 등이 외오구, 외삼구, 교구 13구 등에서 600명을 조직하여 똥장수들과 결투에 나선 것이었다. 떠돌이 똥장수의 문제는 국소적인 갈등이 아니라 도시 사회의 전면적인 갈등양상으로 치달았다. 시정부는 노동자에 대해서는 그 권익을 보장하지만, 불법적인 노동 착취행위에 대해서는 단호한 태도를 보였으며, 떠돌이 똥장수들은 그 주동자를 체포하여 노동개조형에 처했다.

신중국 성립 이후 똥장수를 중심으로 똥장수노동조합[糞夫工會]이 성립되었는데, 노동조합에는 900여 명이 가입했다. 노동조합 주임 딩전취안은 분도의 공유화公有化와 분벌의 처벌을 요구했다. 펑쩐 시정부는 똥장수노동조합의 지지 하에서, 반혁명대회진압대회를 개최하고, 대분벌의 재산몰수 및 처벌, 분도의 매매 및 양도 금지 등을 천명했다. 대분벌의 분창과 분도를 몰수하여 시정부가 관리하고 똥장수들에게 임대권을 제공했다. 다만 시정부는 독립 똥장수들의 지지를 확보하기 위해서 중소 규모의 분창주 및 분도주의 소유권과 경영권은 인정해 주기로 했다.[36]

분업동업공회를 조직하여 분상들의 지도적 위치를 점하려던 위더순은 신중국 성립 전후 그 지위를 급속히 상실했다. 1949년 9월 시인민정부는 위더순의 처리분변사무소를 똥장수 노동자들의 조직으로 개편했다. 아울러 분도제도의 개편을 위한 준비작업에 들어갔다.[37] 반면 위더순의 처리분변사무소에서 시정부 전문요원으로 일했으며, 똥장수노동조합에서 활동하던 딩전취안은 이제 쑨싱구이와 더불어 17명의 분업동업공회 대표 중 한 명으로 이름을 올렸다.[38]

위더순의 몰락 이후, 시인민정부 공상관리국은 1950년 8월 1일부로 기존 똥장수직업분회를 분상업동업공회北平市糞商業同業公會로 개조하고자 했다. 13명의 주비위원 중 단연 눈에 띄는 사람은 인민정부의 특별조사에도 살아남은 주비위원회 주임 쑨싱구이와 똥장수노동조합 주임이자 주비위원회 부주임인 딩전취안이다. 주비위원 중 오직 한 명만이 허베이성 출신이고, 9명은 산둥성, 3명은 베이핑 출신이다. 본적을 베이핑으로 적는 경우에도 원적은 산둥성인 경우가 많았다. 그들 대다수가 사숙교육을 받은 게 전부이고, 오직 딩전취안만이 베이징대학 상학부를 졸업했다. 역사상 지식분자가 상인조직과 노동자조직을 장악한 것은 유례를 찾기 어려운데, 이는 공상관리국이 노사합동조직을 계획했기 때문에 가능한 일이었다.[39]

베이징시 인민정부는 1951년 11월 3일 분도제도의 개혁에 관한 6개조의 포고를 반포했다. 이 포고에 따르면, 분도제도는 분도주에 의한 봉건적 점유제도로 시민들의 화장실을 임의로 매매, 임대, 양도하고 똥장수에 대하여 가혹한 착취를 일삼았던 제도이며, 분도주들은 국민당 반동세력과 친일매국세력과 연계되어 똥장수를 억압하고 애국운동을 탄압해 왔다고 주장했다. 아울러 이 포고는 분도제도가 시민생활과 공공위생에 장애가 되는 만큼 이를 폐지하고, 일체의 분도 및 화장실을 위생공정국이 관리하도록 하겠다는 내용이 포함됐다. 개혁 대상은 악질적인 분벌악패에 한정하고, 중소분상이나 빈곤한 분도 주는 등기 후 시정부가 보장하도록 했다. 반면 떠돌이 똥장수에 대해서는 정당한 직업으로 인정해 주지 않았다.[40]

그러나 1951년 11월, 분도제도 폐지명령으로 분도제도가 완전히 폐지된 것은 아니었고, 그 후에도 1년 이상 300여 분상들이 시 전체 분도의 4분의 1에 해당하는 1만 4,000여 가구와 70여 개의 공중화장실의 분변을 처리하고 있었다. 이들 사영 분상들이 매일 4,500~5,000통에 이르는 분뇨를 처리했는데, 이것은 시 전체 출분량의 4분의 1에 해당하는 것이었다. 분상들은 사영을 지속하여 막대한 수익을 올렸음에도 불구하고, 분구개량이나 환경개선에 소극적이어서 시 환경업무의 개진을 위해서는 나머지 분도 역시 전부 시정부가 접수해야 한다는 목소리가 고조되었다.

1954년 2~3월까지 2개월 동안 시정부는 5,000통의 분뇨를 운반할수 있는 자동차 37대, 분창과 숙소 등을 마련하여 접수 작업을 시작했다. 아울러 사영분업호私營糞業戶의 구제금, 보상금 등의 비용으로 4,500만 위안이 소요되었다. 사영분업호에 고용되어 3개월 이상 일한자는 일정한 심사를 거쳐 정식 똥장수로 흡수되어 월급을 받을 수 있었다. 임시노동자는 원칙적으로 정식 똥장수로 흡수되지 않지만, 맹목적으로 유입된 농민이 아니라면 임시직으로 고용할 수 있었다. 분뇨 운반이나 건조 등 독립노동자나 소자본가는 연령 50세 이하로 건장한 사람에 한하여 3개월 동안 분뇨처리장에 임시 고용했다가 성적이 양호한 경우 정식 노동자로 전환시켜 주었다. 아울러 정식 노동자가 퇴직을 원하면 근무연한에 따라 3~5개월의 퇴직금을 지급했고, 노동력의 상실로 정부가 분도를 회수한 빈곤자에 대해서는 100만 위안 이내에서 구제금을 지급하도록 결정했다.[41]

중일전쟁 승리 이후 일본으로부터 권력을 되찾은 국민당정부는 기존 똥장수직업분회를 똥장수직업노동조합으로 개조했다. 명칭은 노동자의 조직으로 되었지만, 실권자는 여전히 위더순 등이었다. 위더순은 베이핑 최대의 분창주이자 분도주로서 분뇨처리 행정을 사실상 좌우했다. 내전으로 베이징 정국은 더욱 혼란스러웠으나 위더순은 똥장수조직을 장악하여 자신의 기득권을 지키고자 했다. 혼란한 정국 속에서도 부녀자 강간 및 폭행 등 위더순의 악행은 끊이지 않았다.

　베이징 정국의 혼란 속에서도 베이징의 인구는 계속해서 증가했고, 분변량의 증가에 따라 이권을 차지하려는 떠돌이 똥장수들과 분창주들의 야욕도 커져만 갔다. 동시에 이러한 혼란 속에서도 중국공산당을 지지하는 똥장수들의 조직도 점차 강고해졌다. 그들은 분벌악패의 타도와 분도제도의 근본적인 개혁을 촉구했다. 펑쩐 시정부가 주도한 분벌악패에 대한 일소계획은 1951년 5월 시반봉건악패지휘부를 개설하면서 본격화되었다. 1951년 11월에는 시정부가 분도공유제도를 실시하고, 분벌악패에 대한 처벌도 진행했다.

06

에필로그

나는 숙소에 돌아온 이후에야 펑쩐 시장이 엊그제 발표한 시장담화에서 반혁명세력 및 봉건세력에 대한 대대적인 척결을 주장했다는 사실을 알았다. 이것은 위더순과 쑨싱구이를 비롯한 똥장수들의 운명을 예고하는 것이었다. 나는 베이징시 인민정부가 서둘러 결론을 내릴까 봐 조바심을 내지 않을 수 없었다.

사실 위더순과 쑨싱구이는 계급적으로는 분창주와 같은 부르주아에 속하지만, 그들은 난징국민정부 시기 이래로 다른 분창주와는 다른 입장을 견지해 왔다. 다른 분창주들이 자신들의 이익과 계급적 이해를 관철시키기 위해 똥장수에 대한 착취와 시정개혁에 반대해 왔던 것과 달리 위더순과 쑨싱구이는 시정개혁을 지지하고 있었기 때문이다. 특히나 그들 모두 똥장수들로부터 테러 위협까지 받은 터라 그 이상으로 개혁에 대한 의지가 강한 것으로 보였다. 그러나 위더순의 조사결과는 의외였다. 그가 한 차례 시정개혁에 동조한 것을 제외하면, 평생 동안 자신과 분창주들의 이익을 위해 종사해 왔으며, 분창주가 할 수 있는 최대한의 악행을 일삼아 왔다. 그는 겉으로는 시정에 협조하고, 자선을 베푸는 등 자선가로서의 온화한 면모를 보이고 있었지만, 이면에서는 부하인 차오유산을 통해서 사회적 약자들을 상대로 잔혹행위와 갈취를 일삼았다. 특히 부녀자 강탈 및 폭행으로 몇 가정이 해체되었는지는 헤아리기도 어렵다. 사건이 터질 때마다 그는 재력과 폭력으로 약한 자들의 입을 가로막았다.

반면 쑨싱구이는 소규모의 분창을 가진 똥장수였다. 그는 똥장수를 대변하기 위해 분뇨처리업계에 투신했고, 분뇨처리업의 개혁에도 일조할 가능성이 컸다. 그러나 개혁이 좌절되고 분창주들의 회계 책임자로 일하면서 그 역시도 분창주들의 이해를 대변하게 되었다. 이번 조사를 통해서 중형의 처벌이 예상된 인물 중에서 혐의를 벗게 된 유일한 똥장수는 쑨싱구이였다. 그는 위더순과 공모해 왔고 점령정부에도 협력한 혐의가 있었지만, 시정개혁을 보좌하여 똥장수들의 권익을 보호하고 시민들의 환경개선에 일조해 온 것도 사실이다. 시인민정부로서는 분벌악패에 대한 단호한 척결의지를 보이는 것도 중요했지만, 시인민정부를 지지하는 쑨싱구이와 같은 온건세력을 적극적으로 포용할 필요도 있었다.

딩전취안은 똥장수 중에서는 예외적으로 고학력자이며, 베이핑시 정부 위생국에서 통계조사원으로 다년간 일했다. 그는 1944년 이래로 처리분변사무소 및 위생국 청결과 전문요원으로 일해 왔다. 해방 이후 중국공산당 중앙위원회는 장제스의 군사적 초공전剿共戰에 맞서 노동조합 조직의 재건을 통해 노동자의 이익을 존중하고 지구전에 대비하고자 했다. 똥장수는 개체성이 강한 노동자로 내부로부터 조직 재건이 쉽지 않고, 외부로부터 혁명 전위를 받아들일 가능성도 적다.

당중앙은 노동자와 정부관리로서의 경험을 가진 딩전취안의 역할에 관심을 갖지 않을 수 없었다. 그는 국공내전 시기에는 똥장수노동조합 주임으로서 노동조합 조직의 재건을 주도했으며, 신중국 성립 이후에는 분창주들의 사용자단체인 분상업동업공회 부주임으로 일했다. 이로써 그는 사용자조직의 개조와 노동자조직의 재건을 주도하고, 향후 두 조직을 통합·재건하는 데도 적극적인 역할을 수행할 것이다.

지난 반세기 동안 똥장수들은 최하층의 삶을 살아가면서도 정작 자신들의 목소리를 낸 적은 한 번도 없었다. 물론 그들은 폭동을 일으키고, 시정부의 정책에 반대하기도 했지만, 그것은 분창주 혹은 떠돌이 두목들의 사주를 받은 것이었다. 그들은 라오예老爺(주인어른)의 지시를 잘 따르는 것이야말로 자신들의 이익을 지키는 것으로 오인했다. 중국혁명이 중국인의 일상생활에서 폭발하고 있었지만, 똥장수들에게 혁명은 남의 나라 이야기처럼 들렸다. 무엇보다 똥장수들은 스스로 혁명의 주역이라고 생각해 본 적이 없었다. 그들은 생계유지를 위해 오히려 지금까지 반혁명의 삶을 살아왔다. 똥장수들이 자신들의 삶을 자각하고 정치적·경제적 입장을 표명하기 시작한 것은 극히 최근의 일이다. 혁명을 위한 삶은 이제부터 시작될 것이다.

베이징시 인민정부는 1950년 4월 분벌악패들을 체포한 이래로, 1951년 5월 시반봉건악패지휘부를 개설하고 분벌에 대한 대대적인 처벌에 나섰다. 1951년 11월에는 시정부가 분도공유제도를 실시하고, 분벌악패에 대한 처벌도 진행되었다. 베이징시 인민법원은 인민정부의 조사결과를 이첩 받아 다음과 같이 판결했다.

"대분별 위더순과 분패 특무 진인푸는 사형에 처한다. 녜용루와 차오더루는 징역 10년, 교화노동 5년형에 처한다. 분벌 양춘즈, 차오유산趙佑三, 떠돌이 똥장수 쭝야오밍은 징역 5년, 교화노동 2년형에 처한다."

시민들은 베이징시 인민정부의 조사와 인민법원의 재판결과에 만족감을 표시했다.[1]

주석

【책 머리에】

[1] 국내의 대표적인 연구로는 백영서, 《중국현대대학문화연구》(서울: 일조각, 1994);
정문상, 《중국의 국민혁명과 상하이학생운동》(서울: 혜안, 2004); 전인갑, 《20세기
전반기 상하이사회의 지역주의와 노동자》(서울: 서울대학교출판부, 2002); 유용태,
《지식청년과 농민사회의 혁명》(서울: 문학과지성사, 2004); 지현숙, 〈남경국민정부
(1928~1937)의 국민통합과 여성〉, 이화여자대학교 박사학위논문, 2002: 손승회,
《근대중국의 토비세계》(서울: 창비, 2008) 등이 있다.

[2] David Strand, *Rickshaw Beijing: City People and Politics in the 1920s*(London, England:
University of California Press, 1989).

[3] 1920~30년대 베이징 인력거꾼과 접대부 등 도시하층민에 대한 연구는 邱國盛,
〈北京人力車夫研究〉, 《歷史檔案》 2003年 第1期; 杜麗紅, 〈從被救濟到抗爭: 重析
1929年北平人力車夫暴亂〉, 《社會科學輯刊》 2012年 第1期; 王琴, 〈20世紀30年代
北平取締女招待風波〉, 《北京社會科學》 2005年 第1期; 廖胜平, 〈北平解放初期對乞
丐的收容和改造〉, 《天津行政學院學報》 12-1(2010. 1) 등을 참고.

【프롤로그】

[1] 〈全國搬運工人情況報告〉, 《人民日報》, 1950. 4. 3, 2.

[2] 1936년 12월 12일 발생한 시안사변을 말한다. 장쉐량張學良(1898~2001)은 공산군
토벌을 위해 시안에 온 장제스를 감금하고 내전중지와 일치항일을 요구했다. 이
사건으로 제2차 국공합작이 이루어지고 본격적인 항일전선이 구축되었다.

3 본명은 가오쯔허우高子厚이며, 산둥성 출신으로 쑹저위안의 비서로 활동했다. 이 책은 가오를 베이징시인민정부 특별조사부 책임자로 설정하고 있다.

3 본명은 가오쯔허우高子厚이며, 산둥성 출신으로 쑹저위안의 비서로 활동했다. 이 책은 가오를 베이징시인민정부 특별조사부 책임자로 설정하고 있다.

4 펑쩐은 베이징 시장 재직 이후, 전국인민대표대회 상무부위원장겸 비서장, 전국정 치협상회의 부주석, 중국공산당 중앙정치국 위원, 중앙서기처 서기 등 정치적으로 성공가도를 달렸다. 1965년 11월 직계인 베이징 부시장 우한吳晗의 역사극《해서 파관海瑞罷官》이 발단이 되어 문화대혁명이 시작되자, 우한을 지지하며 4인방 등과 논쟁했다. 1966년 11월 반혁명파로 지목되어 공직에서 해임되었다. 우한은 1979 년 7월 전인대 상무부위원장으로 정치적 활동을 재개했으며, 1988년 전인대 상무 위원장을 마지막으로 정치활동을 마감했다.

【똥장수의 일상생활】

1 〈全國搬運工人情況報告〉,《人民日報》, 1950. 4. 3, 2 1무畝는 666.7평방미터에 해 당한다. 2,000무는 1,333.4제곱킬로미터로 40만 4천 평에 해당한다.

2 위더순, 쑨싱구이, 딩전취안 등에 관한 기본적인 인적사항은 〈北京特別市政府衛生 局處理糞便事務所職員錄〉(1945. 1. 1~12. 31), 北京市檔案館所藏, J005-001-01793 을 참고.

3 陳世松 主編,《末哲元傳》, 長春: 吉林文史出版社, 1992. 이 책은 가오를 특별조사부 책임자로 설정하고 있으며, 1인칭 관점에서 조사한 내용을 담고 있다.

4 金祥瑞,〈舊北京的糞夫與糞閥(1964. 11. 13)〉, 全國政協文史資料委員會編,《文史資 料存稿選編》第25輯 社會, 北京: 中國文史出版社, 2002, 386~387.

5 이은자,〈19세기 후반 산동서부의 사회경제적 환경〉,《근대중국연구》2, 2001. 4, 66~67쪽.

6 이은자,〈19세기 후반 산동서부의 사회경제적 환경〉,《근대중국연구》2, 2001. 4, 63~66쪽; 王林 主編,《山東近代災荒史》, 濟南: 齊魯書社, 2004, 32~74.

7 이은자,〈청대 산동서부의 인문적, 군사적 환경과 團練의 동향〉,《중국사연구》5,

1999. 2, 197~199쪽; 이은자, 〈19세기 후반 산동서부의 사회경제적 환경〉, 《근대
중국연구》 2, 2001. 4.

8 蘭信三, 《滿洲移民の歷史社會學》, 京都: 行路社, 1995, 273.

9 高樂才, 《近代中國東北移民硏究》, 北京: 商務印書館, 39~80.

10 윤휘탁, 〈민국 시기 중국인의 만주 이주와 귀향〉, 《중국사연구》 63, 2009. 12.

11 熊亞平, 《鐵路與華北鄕村社會變遷, 1880~1937》, 北京: 人民出版社, 2011, 38~39.

12 〈표 1〉 베이핑 주민의 직업통계(1929)

직업 항목	관리	공직	병사	농업	공업	상업	외국인	무직	기타	합계
남자	26,510	13,219	43,897	76,757	141,120	226,991	1,383	134,645	162,953	827,475
여자	37	9,595	-	30,565	17,444	9,301	968	278,591	179,576	526,077
합계	26,547	22,814	43,897	107,322	158,564	236,292	2,351	413,236	342,529	1,353,552

* 출처: 《北平指南》, 1929, 統計 1. 平津衛戍司令部 1929年 7月 報告.

13 〈표 2〉 베이핑 주민의 직업통계(1936)

직업 항목	공무원	자유 직업	인사 서비스	교통 운수업	농업	공업	상업	광업	무직	합계
남자	39,134	117,029	28,684	14,899	66,557	98,638	141,304	716	436,468	943,429
여자	50	16,320	18,375	-	2,129	6,310	2,020	5	544,445	589,654
합계	39,184	133,349	47,059	14,899	88,686	104,948	143,324	721	980,913	1,533,083

* 출처: 北平市政府秘書處, 《北平市統計覽要》, 北平: 北平市政府秘書處, 1936, 1936年 6月 調査.

14 陶孟和, 《北平生活費之分析》, 上海: 商務印書館, 1930, 7~8.

15 〈北平天津等十處人力車夫數〉, 實業部中國經濟年鑑編纂委員會 編, 《中國經濟年鑑》,
1934, 第15章, 上海商務印書館, 1934, 141~142.

16 베이징 48가구의 평균 가구인 수는 4.6명이었다. 陶孟和, 《北平生活費之分析》, 上
海: 商務印書館, 1930, 20.

17 〈표 3〉 베이핑시 빈부 가정의 분포표(호)

종류	내성구	외성구	합계	백분율
상호上戶	6,618	3,732	10,350	4.1%

중호中戶	37,559	19,433	56,992	22.4%
하호下戶	92,394	28,043	120,437	47.4%
차빈호次貧戶	9,730	13,890	23,620	9.3%
극빈호極貧戶	24,037	18,946	42,982	16.9%
계	170,338	84,044	254,382	100%

* 출처: 陶孟和, 《北平生活費之分析》, 上海: 商務印書館, 1930. 8.

[18] 陶孟和, 《北平生活費之分析》, 上海: 商務印書館, 1930, 7~8.

[19] 라오서, 심규호·유소영 옮김, 《낙타 샹즈》, 황소자리, 2008.

[20] 陶孟和, 《北平生活費之分析》, 上海: 商務印書館, 1930, 32~33.

[21] 李景漢, 〈北京人力車夫現狀的調査〉, 《社會學雜誌》 1925年 第2卷 第4期.

[22] 邱國盛, 〈北京人力車夫研究〉, 《歷史檔案》, 2003年 1月, 120.

[23] 李景漢, 〈北京人力車夫現狀的調査〉, 《社會學雜誌》 1925年 第2卷 第4期.

[24] 〈北京人力車夫之現狀〉, 《申報》, 1924. 4. 12.

[25] 林頌河, 〈統計數字下的北平〉, 陶孟和 編輯, 《社會科學雜誌》 2-3, 南京: 社會調査所 出版, 1931.

[26] 北平市政府秘書處, 《北平市統計覽要》, 1936. 11.

[27] 北京特別市公署秘書處 編, 《市政統計月報》, 1941.

[28] 北平市政府秘書處, 《北平市統計覽要》, 1936, 11~12.

[29] 邱仲麟, 〈水窩子: 北京的供水業者與民生用水(1368~1937)〉, 李孝悌 編, 《中國的城市 生活》, 台北: 聯經, 2005, 252.

[30] 熊遠報, 〈清代民國時期における北京の水賣業と‘水道路’〉, 《社會經濟史學》 66-2, 2000. 7, 47~67.

[31] 北平市政府衛生局 編印, 《北平市政府衛生處業務報告》, 北平: 北平市政府衛生局, 1934. 9, 57~59.

[32] 王沅, 〈北京市糞便問題〉, 《農學月刊》 第8卷 3·4期合刊, 1941, 50~51.

[33] 1946년 조사에 따르면, 분도주는 756명이고, 이 중 64퍼센트인 482명이 스스로 똥 지게를 졌고, 분도주 1인당 2.1명의 똥장수를 고용했다. 〈北平市糞夫名册〉(1946. 8);

〈衛生局函送糞夫名册以便抽調受訓致警察局的公函〉(1946. 1. 1~1949. 12. 31), 北京
市檔案館所藏, J005-001-01404.

34 陶孟和, 《北平生活費之分析》, 上海: 商務印書館, 1930, 74.

35 北平市社會局 印行, 《北平市工商業槪況》, 北平: 北平市社會局, 1932. 10, 663.

36 〈市當局發款十五萬元: 組評價委會收回糞道官辦〉, 《北平晨報》, 1935. 10. 23, 6.

37 趙萬毅, 〈平市處理糞便的一個特殊組織〉, 《市政評論》 4-12, 1936. 12. 16, 35.

38 〈糞夫提出三個理由〉, 《北平晨報》, 1931. 7. 4, 6.

39 〈鮑局長昨請糞夫到局暢談〉, 《北平晨報》, 1931. 7. 11, 6.

40 예컨대 內一區는 ① 오전 9시 이전: 前門以內 公安街, 東長安街, 東單牌樓大街, 王
府井大街, 東安門大街, 金魚胡洞, 東單三條, 師府園 등, ② 오전 9시 이전, 오후 6
시 이후: 東四南大街, 猪市大街, 朝陽門大街, 王府井大街, 外交部街, 內務部街, 燈
市口大街, 崇內大街, 乃玆府 등, ③ 똥차통행이 오전에만 가능한 지역: 그밖의 기
타 지역 등으로 구분되었다. 北平市政府衛生局 編印, 《北平市政府衛生處業務報
告》, 北平: 北平市政府衛生局, 1934. 9, 64~65.

41 北平市衛生局, 〈北平市政府衛生局布告〉(1935. 10. 28), 北京市檔案館所藏, J005-
001-00081-001; 北平市政府 衛生局密呈, 〈北平市政府 密呈〉(1934. 11. 23), 北京市
檔案館所藏, J005-001-00038-001.

42 陶孟和, 《北平生活費之分析》, 上海: 商務印書館, 1930, 27.

43 陶孟和, 《北平生活費之分析》, 上海: 商務印書館, 1930, 32~33.

44 陶孟和, 《北平生活費之分析》, 上海: 商務印書館, 1930, 7-8.

45 北平市政府衛生局 編印, 《北平市政府衛生局二十三年度業務報告》, 1935. 10, 156.
상해시 위생국 조사에 따르면, 1927~1935년까지 중의(6,447명)는 서의(1,126명)보
다 5.7배 가량 더 많았다. 文庫, 〈試論民國時期中醫開業管理政策法規與實施〉, 《民
國檔案》(2007. 4), 77.

46 北平市政府衛生局 編印, 《北平市政府衛生局二十三年度業務報告》, 北平市政府衛
生局, 1935. 10, 15.

[47] 李景漢, 《北平郊外之鄕村家庭》, 上海: 商務印書館, 1929, 8~39.

[48] 李景漢, 《北平郊外之鄕村家庭》, 上海: 商務印書館, 1929, 64.

[49] 李景漢, 《北平郊外之鄕村家庭》, 上海: 商務印書館, 1929, 89~134.

[50] 游金生, 〈淸末北京城內外城居民死因分析〉, 《中華醫史雜誌》 24-1, 1994, 23~24.

[51] 황쯔팡黃子方은 미국 시카고대학에서 생리학 학사, 위생학 및 세균학 석박사학위를 취득한 후, 귀국하여 중앙방역처中央防疫處와 북경협화의학원北京協和醫學院에서 근무했다. 1927년 《中國衛生芻議》를 발표하여 국가의료를 공표했으며, 1928년 북평시정부北平市政府의 초대 위생국장에 임명되기도 했다. 황쯔팡에 대해서는 신규환, 〈민국 시기 의사면허제도의 성립과정과 의사의 사회적 지위〉, 《동양사학연구》 114, 2011. 3, 176~177쪽; 신규환, 《국가, 도시, 위생: 1930년대 베이핑시정부의 위생행정과 국가의료》, 서울: 아카넷, 2008, 73~89쪽을 참고.

[52] Grant, J. B., Huang, T. F., Hsu, S. C., "A Preliminary Note on the Classification of Causes of Death in China", *National Medical Journal of China*, Vol. 13, no. 1(Jan. 1927), pp. 1~20.

[53] Grant, J. B., Huang, T. F., Hsu, S. C., "A Preliminary Note on the Classification of Causes of Death in China", pp. 16~19.

[54] Grant, J. B. & Fang, I. C., "Causes of Death for China", *The China Medical Journal*, Vol. 14, no. 6(June 1929), p. 624.

[55] Bridie J. Andrews, "Tuberculosis and Assimilation of Germ Theory in China, 1895~1937", *Journal of the History of Medicine* Vol. 52(Jan. 1997), p. 133.

[56] 關東局移民衛生調査委員會, 《滿洲ニ於ケル邦人農業移民ノ榮養問題ノ硏究(昭和十年度調査硏究報告)》, 1936. 8, 52~54.

[57] 尾河順太郎, 〈北支に於ける傳染性疾患〉, 《同仁會醫學雜誌》 13-6, 1939. 6, 16.

[58] 北京特別市政府公署衛生局 編印, 《北京特別市政府公署衛生局二十五年度業務報告》, 北京特別市政府公署衛生局, 1938, 附表 14.

1 이하 베이징청의 역사에 대해서는 아래의 책을 참고했다. 朱耀廷 主編,《華夏文明的核心: 古代都城》, 遼寧師範大學出版社, 1996, 78~117.

2 린위탕, 김정희 옮김,《베이징이야기》, 서울: 이산출판사, 2001, 271.

3 쯔진청의 규모는 경복궁(34만 제곱미터)의 두 배 이상에 달한다.

4 張肇基,《北京四合院》, 北京: 北京中國美術攝影出版社, 1996, 3.

5 최장순, 〈중국사합원의 평면유형과 공간 구성의 특징에 관한 개괄적 연구〉,《한국주거학회논문집》14-5(2003. 10), 20~22.

6 화북사회에서 경기經紀란 일종의 징세 브로커로 국가와 향촌 사회를 중재했던 지보地保였다. 지보는 세금징수를 위해 향촌민들을 수탈하는 상징적 존재이기도 했고, 향촌을 국가로부터 보호하는 존재이기도 했다. 두아라는 화북 농촌 사회에서 각 농촌상황에 따라 보호형 브로커와 청부형 브로커가 존재한다고 보았다. Prasenjit Duara, *Culture, Power, and the State: Rural North China, 1900~1942*(California: Stanford University Press, 1988)를 참고.

7 기후, 교통, 인구 등 베이징의 도시환경에 대해서는 신규환,《국가, 도시, 위생》(2008)을 참고.

8 〈喪閣〉,《北平晨報》(1932. 6. 25), 10.

9 辛圭煥,〈民國時期 北京의 衛生改革과 '環境暴動'〉,《中國近現代史硏究》42(2009. 6).

10 린위탕, 김정희 옮김,《베이징이야기》, 서울: 이산, 2001, 310~311.

11 〈衛生局擬妥改善全市飮水計劃〉,《京報》, 1935. 7. 26.

12 〈爲便利市民起見衛生局卽取締水閣〉,《京報》, 1935. 5. 23.

13 侯毓汶(北京特別市公署衛生局長),〈北京市に於ける環境衛生施設の槪況に就て〉,《同仁會醫學雜誌》第15卷 第2號, 1941. 2, 84.

14 〈衛生局長方頤積談環境衛生之新設施〉,《京報》, 1935. 6. 28.

15 北平市政府衛生局 編印,《北平市政府衛生局二十三年度業務報告》, 北平: 北平市政府衛生局, 1935. 10, 127.

16 北京特別市公署衛生局 編印,《北京特別市公署衛生局二十六年下半年二十七年全年度業務報告》, 北京: 北京特別市公署衛生局, 1940, 118~120.

17 北平市政府衛生局 編印,《北平市政府衛生局二十四年度業務報告》, 北平: 北平市政府衛生局, 1936, 106~107.

18 北平市政府衛生局 編印,《北平市政府衛生局二十三年度業務報告》, 1935. 10, 128.

19 北平市政府衛生局 編印,《北平市政府衛生局二十四年度業務報告》, 1936, 118.

20 北京特別市公署衛生局 編印,《北京特別市公署衛生局二十六年下半年二十七年全年度業務報告》, 1940, 117.

21 張友漁,〈解放一年來北京市的市政建設〉(1950. 1. 31), 北京市檔案館 等編,《北京市重要文獻選編(1950)》2, 北京: 中國檔案出版社, 2001, 29~30.

22 北平市政府秘書處 編印,《北平市政府統計月刊》1期, 北平: 北平市政府, 1934. 1, 1.

23 北平市衛生處 編印,《北平市衛生處業務報告》, 北平: 北平市衛生處, 1934, 21.

24 2003년 현재 베이징시 인구는 1,400만여 명으로 하루 쓰레기 배출량은 8,000톤이며, 연간 300만 톤에 이른다. 베이징 시민은 매일 1인당 571그램의 쓰레기를 배출하고 있는 셈이다.〈焦點网談: 産垃圾多於産糧食〉,《新華网》671期(2003. 2. 25). http://news.xinhuanet.com/focus/2003-02/24/content_738026.htm.

25 北平市衛生處 編印,《北平市衛生處業務報告》, 1934, 22.

26 北平市衛生處 編印,《北平市衛生處業務報告》, 1934, 22~23.

27 〈公共汽車與糞業〉,《北平晨報》, 1935. 11. 2, 6.

28 1933년부터 1937년까지 사망자 중 전염병으로 인한 사망률은 22.5퍼센트였고, 1935년과 1936년 베이핑시의 법정전염병 사망자는 전체사망자의 3.6퍼센트(918명/25, 309명)와 10.4퍼센트(3,094명/29,740명)를 차지했다. 饒克勤·陳育德,〈民國時期北平市居民醫學人口資料的分析研究〉,《中國衛生統計》12-6, 1995, 30과 신규환,《국가, 도시, 위생》제5장 제1절을 참고.

29 베이핑시北平市 제일위생구第一衛生區의 경우 영아사망률은 1926년 183.2에서

1935년 99.3으로 절반 가까이 줄어들었다. 출생률은 1926년 21.8에서 1935년 24.0으로 높아지고 사망률은 1926년 21.0에서 13.3으로 낮아졌다. 신규환, 《국가, 도시, 위생》 제2장 제3절 참고.

30 이하 톈안먼 집회의 유래와 양상에 대해서는 백영서, 《중국현대대학문화연구》, 서울: 일조각, 1994, 제1부 제2장 〈북경 정부의 대외예속성과 톈안먼 집회의 양상〉을 참고.

31 톈차오의 도시문화에 대해서는 黃宗漢, 〈老北京天橋的平民文化〉, 《北京社會科學》, 1996년 제3기; Madeleine Yue Dong, *Republican Beijing: The City and Its Histories*, Berkeley: University of California Press, 2003, 172~207 등을 참고.

32 라오서, 《낙타샹즈》(황소자리, 2004), 230~231.

33 王樹槐, 《中國現代化區域研究 江蘇省, 1860-1916》, 臺北: 中央研究院近代史研究所, 1984, 457, 501.

34 北平市政府秘書處, 《北平市統計覽要》, 1936, 11~12.

35 신규환, 《질병의 사회사: 동아시아 의학의 재발견》, 서울: 살림출판사, 2006, 84~85.

36 王熹·楊帆, 《會館》, 北京出版社, 2006, 4~10.

37 王熹·楊帆, 《會館》, 北京出版社, 2006, 11~15.

38 송한용, 〈'中華民族 論下의 국민통합과 갈등: '민족영웅' 岳飛를 중심으로〉, 《역사학연구》 41, 2011, 170~177.

39 권택규, 〈淸代 北京 梨園會館의 설립과 변천〉, 《明淸史硏究》 25집(2006. 4), 387.

40 권택규, 〈淸代 北京 梨園會館의 설립과 변천〉, 404~406.

41 王熹·楊帆, 《會館》, 北京出版社, 2006, 12~13.

42 〈中國社會各階級的分析〉, 《中國農民》 1-2, 1926. 2. 1; 竹內實 監修, 《毛澤東集》 1, 東京: 蒼蒼社, 1972(第2版 1983), 171.

43 趙萬毅, 〈平市處理糞便的一個特殊組織〉, 《市政評論》 4-12, 1936. 12. 16, 35.

44 〈社會局令糞夫工會停止活動〉, 《北平晨報》, 1936. 12. 8.

[45] 實業部中國年鑑編纂委員會,《中國勞動年鑑》, 1932, 239; 杜麗紅, 〈20世紀30年代的 北平城市管理〉北京: 中國社會科學院 研究生院 博士學位論文, 2002. 5, 55에서 재 인용.

[46] 똥장수糞夫 숫자는 각 지역별로 내일구內一區 132명, 내이구內二區 231명, 내삼구內 三區 142명, 내사구內四區 191명, 내오구內五區 102명, 내육구內六區 160명, 외일구 外一區 113명, 외이구外二區 130명, 외삼구外三區 165명, 외사구外四區 214명, 외오 구外五區 305명, 동교東郊 155명, 서교西郊 68명, 남교南郊 108명, 북교北郊 73명 등 총 2,289명이었다. 北平市衛生局, 〈關於糞便的收集和處理收歸市辦的密令和市政 府的密令〉(1934. 11. 27), 北京市檔案館所藏, J005-001-00038-001.

[47] 北平市衛生局, 〈關於糞便的收集和處理收歸市辦的密令和市政府的密令〉(1934. 11. 27), 北京市檔案館所藏, J005-001-00038-001.

[48] 분상糞商은 도호道戶 1,000여 가家와 창호廠戶 400여 가家를 합하여 1,400여 가家 였다. 趙萬毅, 〈平市處理糞便的一個特殊組織〉,《市政評論》4-12, 1936. 12. 16, 35~37.

[49] 〈一幕臭劇: 千餘糞夫荷杓負桶群赴衛戌部請願〉,《北平晨報》, 1935. 11. 2, 6.

[50] 北京市處理糞便事務所 編,《北京市處理糞便事務所業務報告》, 北京: 北京市處理糞 便事務所, 1938, 7.

[51] 신규환,《국가, 도시, 위생》, 125~159.

[52] 백영서,《중국현대대학문화연구》, 서울: 일조각, 1994, 244~264.

【위생개혁과 환경폭동】

[1] 沈福文, 〈北平糞夫〉,《藝風》1-6, 1933.

[2] 田濤·郭成偉 整理,《清末北京城市管理法規(1906-1910)》, 北京: 北京燕山出版社, 1996, 522.

[3] 1925년에는 내성구는 중구中區 2개구, 내좌구內左區 4개구, 내우구內右區 4개구

등 10개구, 외성구는 외좌구外左區 5개구, 외우구外右區 5개구 등 10개구, 교구
는 각 교구별 4개구 등 16개구로 구성되었으며, 베이핑시정부 수립 이후 내성구
6개구, 외성구 5개구, 교구 4개구로 정리되었다. Robert Moore Duncan, *Peiping
Municipality and the Diplomatic Quarter*(1933), pp. 3~52.

4 1936년도 베이핑시의 인구는 총 1,539,105명(100퍼센트)으로 성내구城內區 626,622
명(40.7퍼센트), 성외구城外區 453,926명(29.5퍼센트), 교구郊區 458,557명(29.8퍼센트)
이었다. 北京特別市公署衛生局 編印,《北京特別市公署衛生局二十五年度業務報
告》, 北京: 北京特別市公署衛生局, 1938. 6. 일본점령기 베이징의 인구는 1941년
도에 1,794,449명으로 최대였는데, 내성구 723,983명(40.4퍼센트), 외성구 575,299
명(32.1퍼센트), 교구 495,667명(27.6퍼센트)이었다.《北平市政統計》第2期, 1946.

5 杜麗紅,〈淸末北京衛生行政的創立〉, 余新忠 主編,《淸以來的疾病, 醫療和衛生: 以
社會文化史爲視覺的探索》, 北京: 三聯書店, 2009, 336.

6 신규환,《국가, 도시, 위생》, 133~135.

7 董可,〈袁良與北平的三年市政建設計劃〉, 北平市檔案館編,《北京檔案史料》1999-
2, 317.

8 〈袁市長重要談話: 擴大市區繁榮舊京〉,《京報》, 1934. 1. 20.

9 〈衛生處擬具三年衛生實施計劃〉,《京報》, 1933. 12. 11, 6.

10 〈公共汽車與糞業〉,《北平晨報》, 1935. 11. 2, 6.

11 〈一幕臭劇: 千餘糞夫荷杓負桶群赴衛戍部請願〉,《北平晨報》, 1935. 11. 2, 6;〈昨晨
細雨中平津衛戍部門前千餘糞夫請願〉,《大公報》, 1935. 11. 2, 6.

12 〈袁良齡辭職照準〉,《京報》, 1935. 11. 4, 6.

13 〈平市糞夫工會感戴當局德政〉,《京報》, 1935. 11. 13. 똥장수들은 후일 심지어 공덕
비를 세워 주기도 했다.〈糞商感念德政爲宋委員長立碑〉,《北平晨報》, 1937. 6. 16, 5.

14 '환경폭동'이란 각종 환경위생 종사자들이 정부의 개혁정책에 반대한 저항운
동 혹은 물리적 폭력행위를 수반한 소요를 가리킨다. 일반적으로 환경폭동
environmental riot은 정부의 환경정책의 실패나 환경오염에 대응하는 과정에서

해당 지역 주민들이 공권력을 상대로 일으키는 폭력적인 행위를 가리키나, 여기서 환경폭동은 공권력에 대항한 환경위생 종사자들의 폭력 및 저항행위를 가리킨다. 최근 환경오염에 따른 중국 주민들의 환경폭동에 대해서는 "Chinese Riot Over Pollution: Thousands of Protesters Beat Back Police Sent to Restore Order", *Business in Asia*, 83~16(April 18, 2005); "Protest-Next: Environmental Riots in Xinchang", *China Herald*(July 19, 2005).

[15] 辛圭煥, 〈民國時期 北京의 衛生改革과 '環境暴動'〉, 《中國近現代史研究》 42, 2009. 6.

[16] 邱仲麟, 〈水窩子: 北京的供水業者與民生用水(1368-1937)〉, 李孝悌 編, 《中國的城市生活》, 聯經, 2005, 243.

[17] 北京特別市衛生局, 《北京特別市公署衛生局業務報告》, 北京特別市衛生局, 1940, 169~171.

[18] 北京市檔案館 等編, 《北京自來水公司檔案史料(1908~1949年)》, 北京燕山出版社, 1986, 8.

[19] 北京市檔案館 等編, 《北京自來水公司檔案史料》, 9, 159, 167.

[20] 北京特別市公署秘書處 編, 《市政統計月刊》 1-1, 北京特別市公署秘書處, 1941. 2, 1, 76.

[21] 北京特別市公署秘書處 編, 《市政統計月刊》 3-3, 北京特別市公署秘書處, 1943. 3, 1, 43.

[22] 北平市政府統計室 編, 《北平市政統計》 創刊號, 北平市政府統計室, 1946. 10, 34, 94.

[23] 北京市檔案館 等編, 《北京自來水公司檔案史料(1908~1949年)》, 北京燕山出版社, 1986, 14.

[24] 張友漁, 〈解放一年來北京市的市政建設(1950. 1. 31)〉, 北京市檔案館 等編, 《北京市重要文獻選編(1950)》 2, 中國檔案出版社, 2001, 29. 이 보고에서는 시내 인구의 40퍼센트가 상수도의 혜택을 받고 있다고 묘사되어 있으나, 베이징시 전체 인구대비로

보면 10퍼센트 내외가 상수도를 이용하고 있었다.

25 1949년 전후 베이징시 인구 수는 2백만 명, 상수도 사용인구가 60만여 명으로 성내외구의 상수도 공급률이 29.5퍼센트에 이르렀다고 보기도 한다. 北京市自來水集團有限公司, 〈淸泉悠悠鑒古今: 探寻京城自来水百年供水发展历程〉 http://www.bjwatergroucom.cn/300/2005_5_31/300_1093_1117527588125.html.

26 물장수水夫들이 상수도 설비를 방해했던 자료는 1920년대 중반의 시정부당안에서 쉽게 접할 수 있다. 대표적인 몇 가지만 들면 〈京師警察廳外左三區分區表送推水夫陳玉齡等聚衆阻撓自來水公司安設水管妨害秩序一案卷(1925. 4. 1)〉, 北京市檔案館所藏 J181-019-47839; 〈京師警察廳外左二區分區表送水夫趙喜坡率衆阻撓自來水公司安設專管一案卷(1925. 6. 1)〉, 北京市檔案館所藏 J181-019-47841; 〈京師警察廳內右一區分區表送自來水公司工頭趙子韶空挑水夫傳文淸攔阻作工等情一案卷(1925. 6. 1)〉, 北京市檔案館所藏 J181-019-47844.

27 郭文宗, 〈北京市地下水の水質に關する調査硏究〉, 《同仁會醫學雜誌》 第13卷 第8號, 1938. 8, 32~33.

28 〈衛生局擬妥改善全市飮水計劃〉, 《京報》, 1935. 7. 26.

29 〈北平市飮水井取締規則〉, 《北平市市政法規滙編》, 1934. 12, 衛生44.

30 이하 베이핑시정부의 분뇨처리업의 개혁에 관해서는 신규환, 《국가, 도시, 위생》, 제8장을 참고.

31 〈如何取締糞閥〉, 《京報》, 1933. 12. 9, 6.

32 〈再論如何取締糞夫〉, 《京報》, 1933. 12. 11, 6.

33 〈再論取締糞閥〉, 《京報》, 1934. 1. 31, 6.

34 〈方頤積談糞夫登記: 規定收糞處所剷除勒索等弊〉, 《北平晨報》, 1935. 1. 5, 6.

35 北平市政府衛生局, 《北平市政府衛生局二十三年度業務報告》, 北平: 北平市政府衛生局, 1935. 10, 122~124.

36 北平市政府衛生局, 《北平市政府衛生局二十三年度業務報告》, 北平: 北平市政府衛生局, 1935. 10, 124.

37 北平市政府,〈北平市政府 密令 字第787號〉(1934. 10. 23), 北京市檔案館所藏, J005-001-00038-001.

38 마통비馬桶費 등 세율조정 문제, 분뇨세금을 공익연公益捐에 포함시킬 것인가 여부, 똥장수 실업 문제, 분도 문제, 치안유지 문제 등 5가지였다. 北平市政府,〈北平市政府 密令 字第906號〉(1934. 11. 22), 北京市檔案館所藏, J005-001-00038-001.

39 北平市政府,〈北平市政府 密令 字第906號 附件〉(1934. 11. 22), 北京市檔案館所藏, J005-001-00038-001.

40 《汚物掃除條例》(1928. 5. 30 內政部公布);陳明光 主編,《中國衛生法規史料選編(1912-1949.9)》下篇, 上海: 上海醫科大學出版社, 1996, 560.

41 北平市政府 衛生局密呈,〈北平市政府 密呈〉(1934. 11. 27), 北京市檔案館所藏, J005-001-00038-001.

42 北平市政府 公安局,〈逕啓者查關于收集糞便接收時之警備辦法前准〉(1935. 5. 5), 北京市檔案館所藏, J005-001-00081-001.

43 〈一月來頓改舊觀袁市長口中之平市〉,《北平晨報》, 1933. 7. 29, 6.

44 〈新市長昨就職發表改革市政意見〉,《北平晨報》, 1933. 6. 22, 6.

45 北平市社會局 印行,《北平市工商業槪況》, 北平: 北平市社會局, 1932. 10, 663~664.

46 〈주요 도시 3년간 지출통계표(1931~1933)〉, 國民政府主計處歲計,《歲計年鑑》第2集, 國民政府主計處歲計局 印行, 1935, 제5장 제1절, 35~46.

47 北平市社會局 印行,《北平市工商業槪況》, 北平: 北平市社會局, 1932. 10, 663~664.

48 北平市政府 衛生局密呈,〈北平市政府 密呈〉(1934. 11. 27), 北京市檔案館所藏, J005-001-00038-001.

49 〈北平市政府收糞區域補償金評價委員會第一次會議記錄〉(1935. 10. 19), 北京市檔案館所藏, J005-001-00081.

50 10월 22일《北平晨報》에 발표된 바에 의하면, 시정부가 분상들에게 지급하려는 액수는 15만 원이었다. 이럴 경우 분도 하나당 38원을 보상하는 셈이다.〈市當局發款十五萬元: 組評價委會收回糞道官辦〉《北平晨報》, 1935. 10. 23, 6.

51 北平市政府 衛生局密呈, 〈北平市政府 密呈〉(1934. 11. 27), 北京市檔案館所藏, J005－
001－00038－001.

52 〈표 4〉베이핑 시내 지역별 마통비(단위: 위안元)

종류 지역	갑종 내일內一, 내이內二, 내육內六, 외일外一, 외이外二	을종 내삼內三, 내사內四, 외삼外三, 외사外四	병종 내오內五, 외오外五
매월 마통비	5~6위안	3위안	2위안
분도 가치	5~600위안	300위안	200위안

출처: 趙萬毅, 〈平市處理糞便的一個特殊組織〉, 《市政評論》4-12, 1936. 12. 16, 36.

53 北平市政府, 〈北平市政府 密令 字第906號 附件〉(1934. 11. 22), 北京市檔案館所藏,
J005－001－00038－001.

54 〈표 5〉마통비 최저 징수액(단위: 자오角)

	1~5칸	6~10칸	11~20칸	21~30칸	31칸 이상
누방樓房	3.00	4.00	7.00	10.00	매10칸당 3자오 증액
와방瓦房	2.50	3.50	6.00	8.00	매10칸당 2자오 5편 증액
회방灰房	2.00	3.00	5.00	6.00	매10칸당 2자오 증액

출처: 北平市政府 衛生局密呈, 〈北平市政府 密呈〉(1934. 11. 27), 北京市檔案館所藏, J005－
001－00038－001.

55 〈표 6〉화장실 청소비 최저 징수액(단위: 자오角)

	1~5칸	6~10칸	11~20칸	21~30칸	31칸 이상
누방樓房	1.00	1.50	2.00	3.00	매10칸당 1자오 증액
와방瓦房	0.50	0.70	1.00	1.50	매10칸당 5편 증액
회방灰房	0.20	0.30	0.50	0.70	매10칸당 2편 증액
부주附註	빈호貧戶	면징免徵			

출처: 北平市政府 衛生局密呈, 〈北平市政府 密呈〉(1934. 11. 27), 北京市檔案館所藏, J005－
001－00038－001.

56 北平市政府 衛生局密呈, 〈北平市政府 密呈〉(1934. 11. 27), 北京市檔案館所藏, J005－
001－00038－001.

57 北平市衛生局, 〈北平市政府衛生局布告市民書〉(1935. 10. 12), 北京市檔案館所藏,

J005-001-00081-001.

58 〈生活記錄一個糞夫的自述〉,《北平晨報》, 1937. 6. 18, 5.

59 〈一場臭官司: 糞夫斫傷了糞夫〉,《北平晨報》, 1933. 5. 12, 6.

60 〈方頤積談糞夫登記: 規定收糞處所剷除勒索等弊〉,《北平晨報》, 1935. 1. 5, 6.

61 北京市處理糞便事務所 編印,《北京市處理糞便事務所業務報告》, 北京: 北京市處理
   糞便事務所, 1938. 12, 2~3.

62 〈平市糞業將收歸市營〉,《京報》, 1935. 10. 23.

63 〈京師警察廳外右一區分區表送水夫郭喜增聚衆阻撓自來水公司工匠安設水管一案卷
   (1925. 10. 1~1925. 10. 31)〉, 北京市檔案館所藏, J181-019-47847; 〈京師警察廳內右
   一區分區表送水夫岳殿文等阻止自來水公司安設水管并砸毀家具等情一案卷(1925.
   12. 1~1925. 12. 31)〉, 北京市檔案館所藏, J181-019-47848; 〈京師警察廳外左一區
   分區表送水夫高廷才阻撓自來水公司安裝水管并毆傷工人一案卷(1926. 7. 1~1926. 7.
   31)〉, 北京市檔案館所藏, J181-019-51237.

64 신규환,《국가, 도시, 위생》, 263~264.

65 〈糞夫刁猾宜取締〉,《京報》, 1935. 4. 22, 6.

66 〈爲便利市民起見衛生局卽取締水閥〉,《京報》, 1935. 5. 23, 6.

67 〈衛生局催辦水井及水夫登記〉,《北平晨報》, 1936. 4. 23, 6.

68 〈衛生局催辦井水及水夫登記〉,《北平晨報》, 1936. 4. 23, 6.

69 〈衛生局擧辦水夫登記竣事〉,《北平晨報》, 1936. 10. 22, 6.

70 北平市衛生局,〈北平市衛生局籌辦糞便收集事務收歸市辦及修繕淸道班宿舍, 采
   購糞夫用品的呈文和市政府的密令(1935. 10. 26)〉, 北京市檔案館所藏, J005-001-
   00053-001.

71 〈一部份糞夫昨請願請變更通行時間〉,《北平晨報》, 1936. 10. 15, 6.

72 〈主動暴行之糞夫當局決從嚴處置〉,《北平晨報》, 1936. 10. 20, 6.

73 〈暴行糞夫已拘劃首犯三名〉,《北平晨報》, 1936. 11. 3, 6.

74 北京市處理糞便事務所 編印,《北京市處理糞便事務所業務報告》, 北京市處理糞便事

務所, 1938. 12, 24~25.

75 《北京市處理糞便事務所業務報告》, 1938. 12, 25.

76 1937년 1월, 난징국민정부는 공안국을 경찰국으로 개칭했고, 일본점령기와 내전 시기 동안 그 명칭은 계속 사용되었다. 1949년 2월, 베이핑시인민정부는 경찰국을 다시 공안국으로 변경했고, 그 명칭은 현재에도 사용되고 있다.

77 《北京市處理糞便事務所業務報告》, 1938. 12, 26.

【일본점령기의 유산】

1 〈平城內我軍昨晨已撤竣〉, 《新民報》, 1937. 7. 30, 1.

2 曹子西 主編, 《北京通史》第9卷, 北京: 中國書店, 1994, 80.

3 왕징웨이 국민정부의 성립 과정에 대해서는 배경한, 〈중일전쟁시기의 왕징웨이정 권과 신민회〉, 《동양사학연구》 93집, (2005. 3); 배경한, 〈중일전쟁시기 중국에서의 동아연맹운동과 왕징웨이정권〉, 《중국근현대사연구》 21, (2004. 3); 김승욱, 〈왕징 웨이의 화평론과 동아시아론〉, 《중국근현대사연구》 32, (2006. 12).

4 《新民報》는 중경국민정부의 방역 실패는 장제스정부의 무능을 나타내는 대표적 사 례로 선전했다. 〈黨府對衛生毫無設備重慶發現時疫已呈蔓延之勢〉, 《新民報》(1939. 5. 18), 1.

5 차오완이趙萬毅 제2과 과장(전 제3과 과장), 룽슈장龍秀章 제3과 과장(전 제2위생구사무 소 계장), 웨이위린魏毓麟 정신병요양원 원장(전 원장), 라시좡羅希莊 제1전염병의원 원장(전 전염병의원 의무장), 양젠팡楊建邦 제4위생구사무소 소장(전 소장), 차오쿤趙堃 북교의원 원장(전 제3위생구사무소 제일계장), 두완헝杜萬亨 약학강습소 주임(전 주임) 등 과장급 주요보직자들이 현직을 유지하거나 내부 승진했다. 이들은 주요 보직자 중 1/3 정도를 차지한다. 1936년 5월 《베이핑시정부위생국직원록北平市政府衛生局 職員錄》과 1938년 11월 《베이징특별시공서위생국직원록北京特別市公署衛生局職員 錄》을 참고. 〈衛生局職員錄四冊〉(1934. 12. 1~1939. 11. 30), 北京市檔案館所藏 J005-

002-00655.

6 그밖에 부속기관으로 시립의원市立醫院, 전염병의원傳染病醫院, 정신병요양원精神
   病療養院, 계연의원戒煙醫院, 열성독품계제소烈性毒品戒除所, 기녀검치사무소妓女檢
   治事務所, 보육사무소保育事務所[보영사무소保嬰事務所], 의약강습소醫藥講習所, 위생진
   열실衛生陳列室, 위생구사무소衛生區事務所 등이 있었다. 北平市政府秘書處, 《北平
   市統計要覽》, 北平: 北平市政府秘書處, 1936, 25.

7 北平市政府衛生局, 《北平市政府衛生局職員錄》(1936. 5), 〈衛生局職員錄四冊〉(1934.
   12. 1-1939. 11. 30), 北京市檔案館所藏 J005-002-00655; 北平市政府秘書處, 《北平
   市統計要覽》(1936), 27.

8 北京特別市公署衛生局, 《北平市政府衛生局二十五年度業務報告》, 北京特別市公
   署衛生局, 1938. 10, 18; 〈北京特別市衛生局組織規則〉(草案), 《衛生月報》 第1期,
   1939. 3. 21, 8~10.

9 北京特別市公署衛生局, 《北京特別市公署衛生局職員錄》(1938. 11), 〈衛生局職員錄
   四冊〉(1934. 12. 1-1939. 11. 30), 北京市檔案館所藏, J005-002-00655.

10 辛圭煥, 《國家, 都市, 衛生: 1930年代 北平市政府의 衛生行政과 國家醫療》(아카넷,
   2008)의 제3부 시정부의 전염병 통제와 공간 통제를 참고.

11 〈推進四郊衛生事業擴大醫院機構改組衛生區事務所〉, 《新民報》, 1940. 7. 2, 2; 〈四
   郊醫院改組爲衛生區事務所〉, 《新民報》, 1940. 7. 6, 2.

12 1933년 7월에서 1934년 6월까지 법정전염병 환자 1,126명 중 521명이 사망했다.
   법정전염병 환자의 사망률은 46퍼센트였다. 北平市衛生處 編印, 《北平市政府衛生
   處業務報告》, 北平: 北平市衛生局, 1934. 9, 79.

13 신규환, 《국가, 도시, 위생》, 185~191.

14 北京特別市公署衛生局 編印, 《北京特別市公署衛生局二十八年度業務報告》, 北京特
   別市公署衛生局, 1941. 1, 38~43.

15 梅佳 選編, 〈民國時期北平的傳染病管理與衛生防疫〉, 《北京檔案史料》, 2003. 2, 8.

16 北京特別市公署衛生局, 〈北京特別市公署衛生局訓令第22號〉(1941. 2. 18), 〈衛生局

轉市公署關於各機關公務員年終獎勵 強化治安運動之實施和宣傳計劃的訓令 密令 以及衛生局關於豫防天花傳染病流行舉行春季種痘運動的訓令〉(1941. 1. 1~12. 31), 北京市檔案館所藏, J005-001-00634.

17 北京特別市公署衛生局, 《北平市政府衛生局二十五年度業務報告》(北京特別市公署衛 生局, 1938. 10), 21.

18 北京特別市公署衛生局 編印, 《北京特別市公署衛生局二十六年下半年二十七年全年 業務報告》(北京特別市公署衛生局, 1940. 1), 43; 北京特別市公署衛生局 編印, 《北京特 別市公署衛生局二十八年度業務報告》(北京特別市公署衛生局, 1941. 1), 21.

19 北平市政府衛生局 編印, 《北平市政府衛生局二十三年度業務報告》(北平市政府衛生局, 1935. 10), 15.

20 北京特別市公署衛生局 編印, 《北京特別市公署衛生局二十八年度業務報告》(北京特 別市公署衛生局, 1941. 1), 20.

21 廖泰初, 《一個城郊的村落社區》, 發行處不明, 首都圖書館藏所藏, 1941. 11, 72~75.

22 신규환, 〈민국시기 의사면허제도의 성립과정과 의사의 사회적 지위〉, 《동양사학연 구》 114(2011. 3).

23 식민지 조선에서 일제의 호별검역에 의한 콜레라 검역은 좋은 성과를 냈지만, 강 제 우두접종은 효과를 내지 못했다. Park Yunjae, "Sanitizing Korea: Anti-Cholera Activities of the Police in Early Colonial Korea", *Seoul Journal of Korean Studies* 23- 2(Dec. 2010), pp. 164~165; 박윤재, 〈조선총독부의 우두정책과 두창의 지속〉, 《의 사학》 21-3(2012. 12), 388~398.

24 신규환, 〈제1·2차 만주 페페스트의 유행과 일제의 방역행정(1910~1921)〉, 《의사학》 21-3(2012. 12), 459~463.

25 1938년 6월 방역위원회 구성 당시 19명의 방역위원 중 일본인은 9명이었다. 1941 년에는 방역위원 28명 중 22명이었고, 1943년에는 방역위원 33명 22명이었다. 北 京特別市公署衛生局 編印, 〈民國二十七年豫防霍亂工作報告書〉(1938. 12), 3-4. 北 京市檔案館所藏, J005-001-00305; 北京區防疫委員會, 〈民國三十年防疫計劃〉

(1941), 〈北京區防疫委員會防疫計劃委員名單〉(1941), 北京市檔案館所藏, J005－001－01916; 〈北京區防疫委員會民國三十二年霍亂豫防實施計劃〉(1943. 1. 1～1943. 12. 31), 北京市檔案館所藏, J005－001－00763.

26 北京特別市公署衛生局 編印, 《北京特別市公署衛生局二十六年下半年二十七年全年度業務報告》, 北京: 北京特別市公署衛生局, 1940, 附表 28.

27 北京特別市公署衛生局 編印, 〈民國二十八年豫防霍亂工作報告書〉(1939), 28～36, 北京市檔案館所藏, J005－001－00435.

28 〈關於本年舉辦豫防霍亂工作的檢討〉, 《衛生月報》 第7期, 1939. 11. 21, 2.

29 〈本市霍亂豫防工作簡報〉, 《衛生月報》 第18期, 1940. 8. 21, 19.

30 北京特別市公署衛生局 編印, 〈民國二十九年豫防霍亂工作報告書〉(1940), 41～42, 55～58, 北京市檔案館所藏, J005－001－00533.

31 〈北京區防疫委員會民國卅年霍亂豫防實施計劃及會議記錄等〉(1941. 9), 3～5, 北京市檔案館所藏, J005－001－00589.

32 〈北京區防疫委員會民國卅年霍亂豫防實施計劃及會議記錄等〉(1941. 9), 44～66, 北京市檔案館所藏, J005－001－00589.

33 〈虎疫患者仍日有增加〉, 《新民報》, 1943. 9. 18, 4.

34 〈三十二年六至十月患者路倒死亡者消毒工作統計表〉(1943), 30, 〈北京地區防疫委員會防疫課民國三十二年霍亂豫防工作報告書〉(1943. 1. 1～1943. 12. 31), 北京市檔案館所藏, J005－001－00768.

35 〈僞造或賣買注射證按僞造文書論罪〉, 《晨報》, 1943. 9. 6, 4.

36 〈注射證有效期間須嚴加注意〉, 《晨報》, 1943. 9. 18, 4.

37 〈虎疫猖獗期間市民不注射者行將處罰〉, 《晨報》, 1943. 9. 7, 4; 〈京警局獎勵摹發虎疫患者, 公布檢舉虎疫獎懲辦法〉, 《晨報》, 1943. 9. 19, 4.

38 〈注射證須隨身携帶違者卽拘懲〉, 《晨報》, 1943. 9. 25, 4; 〈對不注射者決子以嚴懲, 昨公佈違反注射罰則〉, 《晨報》, 1943. 9. 26, 4.

39 〈市民應協力防疫對患者申告給獎〉, 《晨報》, 1943. 9. 11, 4; 〈社會局關於抄發市公署頒發僞造防疫證明書和檢擧虎疫等各種獎勵廢辦法的訓令及防疫實施狀況第四,五期 報告表〉(1943. 9. 1~11. 30), 北京市檔案館所藏, J002-003-00878.

40 〈收容乞丐達千二百名〉,《新民報》, 1943. 9. 11, 4.

41 健秋, 〈北國歸來〉,《京報》, 1943. 10. 5, 4.

42 〈京市警察局積極展開防疫對策〉,《警聲》4-10, 1943. 10, 29~30;〈徹底根絶虎疫媒 介市署公佈滅蠅罰則〉,《晨報》(1943. 9. 24), 4;〈主戶商舖捕繩不力〉,《晨報》, 1943. 9. 26, 4;〈滅蠅工作優良及不力者防疫本部分別獎懲〉,《晨報》, 1943. 10. 13, 4.

43 〈防疫區內主戶決逐日配給食糧〉,《新民報》, 1943. 9. 7, 4.

44 〈警局檢疫工作〉,《晨報》, 1943. 9. 18, 4.

45 신민회에 대해서는 배경한, 〈중일전쟁 시기의 汪精衛政權과 新民會〉,《東洋史學研 究》제93집(2005. 12); 曾業英, 〈略論日僞新民會〉,《近代史研究》, 1992-1; 張洪祥· 楊琪, 〈抗戰時期華北淪陷區的新民會〉,《史學月刊》, 1999-5; 劉大可, 〈山東淪陷區 新民會及其活動〉,《山東社會科學》2001-3; 王强, 《漢奸組織新民會》, 天津社會科 學出版社, 2006; 成田貢 編,《中華民國新民會大觀》, 東京: 公論社, 1940; 八卷佳子, 〈中華民國新民會の成立と初期工作狀況〉, 藤井昇三 編,《1930年代中國の研究》, 東 京, 1975; 堀井弘一郎, 〈新民會と華北占領政策〉,《中國研究月報》, 1993年 1, 2, 3 月號; 王强, 〈日中戰爭期の華北新民會〉,《現代社會文化研究》第20號(2001. 3) 등이 있다.

46 배경한, 〈중일전쟁 시기의 汪精衛政權과 新民會〉,《東洋史學研究》제93집, 2005. 12, 126~129.

47 八卷佳子, 〈中華民國新民會の成立と初期工作狀況〉, 藤井昇三 編,《1930年代中国 の研究》, アジア經濟研究所, 1975, 391.

48 신민회의 의료·후생활동厚生活動에 대해서는 王强, 〈日中戰爭期における新民會の 厚生活動をめぐって〉,《現代社會文化研究》25(2002. 11); 王强, 《漢奸組織新民會》, 天津社會科學院出版社, 2006, 140~148.

49 〈豫防流行病之發生東郊辦事處擧行保健運動週〉,《新民報》, 1940. 5. 27, 7.

50 〈新民會京總會防疫注射良好〉,《新民報》, 1940. 7. 14.

51 〈新民會中央訓練處, 電車公司機關請求發給霍亂注射疫及注射證與衛生局的來往公函〉(1943. 6. 1~1943. 9. 30), 北京市檔案館所藏, J005-001-00747.

52 〈挨戶檢查注射今日起實施〉,《新民報》, 1943. 9. 4, 3.

53 〈京警局加強檢疫〉,《晨報》, 1943. 9. 6, 4.

54 〈新民會協力防疫成立防疫班捕繩班〉,《新民報》, 1943. 9. 26, 4.

55 〈市總會捕繩成績良好〉,《新民報》, 1943. 10. 5, 4.

56 王强,《漢奸組織新民會》(天津社會科學院出版社, 2006), 161-162; 吳超,〈日僞北京新民會的奴化教育〉,《傳承》2008年2期; 堀井弘一郎,〈新民會と華北占領政策(上·中·下)〉,《中國研究月報》47卷1·2·3號, 1993年1·2·3月.

57 越澤明,〈日本占領下の北京都市計劃〉,《第5回日本土木史研究發表會論文集》, 1985.

58 윤형진,〈일본점령기 北京의 도시계획과 그 유산〉,《서울학연구》제42호 (2011. 2), 98~102.

59 王沅,〈北京市糞便問題〉,《農學月刊》第8卷3·4期合刊, 1941, 58.

60 國立中央研究院 社會科學研究所編,《北平生活費指數月報》第8卷 12期(南京, 1936. 12), 1.

61 신규환,《국가, 도시, 위생》, 303~304.

62 王沅,〈北京市糞便問題〉,《農學月刊》第8卷3·4期合刊, 1941, 59~60.

63 1936년 베이핑시 인구는 1,539,105명이었고, 1940년 베이징시 인구는 1,722,450명이었다. 北京特別市公署秘書處,《市政統計月報》第1卷 第1期, 1941. 1, 27.

64 신규환,《국가, 도시, 위생》, 256.

65 北京聯合準備銀行,《北京物價月報》, 第6卷 9期, 1944. 9, 3.

66 北平市衛生局,〈關於糞便的收集和處理收歸市勃的密令和市政府的密令〉(1934. 11. 27), 北京市檔案館所藏, J005-001-00038-1; 王沅,〈北京市糞便問題〉,《農學月刊》第8卷3·4期合刊, 1941, 59~60.

67 北京特別市公署衛生局 編,《北京特別市公署衛生局二十八年度業務報告》, 北京特別市公署衛生局, 1941, 71~72.

68 李庭安·郭祖超,〈國人死因之商榷〉,《國立中央大學醫科研究所公共衛生學部研究報告》1943年 第1期, 1943. 8. 14.

69 梅佳 選編,〈民國時期北平的傳染病管理與衛生防疫〉,《北京檔案史料》, 2003. 2. 8.

70 北京特別市公署衛生局編,《北京特別市公署衛生局二十八年度業務報告》, 北京特別市公署衛生局, 1941, 부표17.

71 北京特別市公署衛生局編,《北京特別市公署衛生局二十八年度業務報告》, 北京特別市公署衛生局, 1941, 18~19.

72 侯毓汶,〈北京市結核病蔓延現況與其對策〉,《衛生月報》第33期, 1941. 11, 3~4.

73 신규환,〈개항, 전쟁, 성병: 한말 일제초의 성병 유행과 통제〉,《의사학》17-2, 2008. 12.

74 堅山磐,〈北京に於ける日支事變後二ケ年間の性病の統計的觀察〉,《同仁會醫學雜誌》13-10, 1939. 10, 536~537.

75 堅山磐,〈北京に於ける日支事變後二ケ年間の性病の統計的觀察〉, 536.

76 신규환,〈近代 中國의 性病起源論爭과 性病統制: 20世紀 前半 上海와 北京을 중심으로〉,《의사학》16-1, 2007. 6, 14~15.

77 尾河順太郎,〈北支に於ける傳染性疾患〉,《同仁會醫學雜誌》13-6, 1939. 6, 58~59.

78 彭紀謙,〈職業病的種類和原因及救濟方法〉,《衛生月報》第20期, 1940. 10, 13.

79 T. F. Huang, "The Development of Health Centres", *The Chinese Medical Journal* 55, June 1939, 546~560.

80 劉鳳祐,〈處理糞便事務所管理糞夫概況〉,《晨報·衛生週刊》第27期, 1938. 9. 21, 7.

81 王沅,〈北京市糞便問題〉,《農學月刊》第8卷 3·4期 合刊.

82 〈本市糞便處置上幾個小問題〉,《衛生月報》, 北京特別市公署衛生局, 1939年 第7期, 2.

83 劉鳳祐,〈處理糞便事務所管理糞夫概況〉,《晨報·衛生週刊》第27期, 1938. 9. 21, 7.

84 〈改進糞便事務委員會本年首次全體會〉,《晨報》, 1939. 2. 24, 6.

85 王沅, 〈北京市糞便問題〉, 《農學月刊》第8卷 3·4期 合刊, 50~51.

86 于恩德, 〈北平工會調查〉, 《社會學系》第4卷, 北平: 燕京大學社會學系, 1929. 6, 119~120.

87 劉秋陽, 〈論都市苦力工人的階級屬性與特點〉, 《中國勞動關係學院學報》 22-5, 2008. 10, 102~104.

88 于恩德, 〈北平工會調查〉, 《社會學系》第4卷, 北平: 燕京大學社會學系, 1929. 6, 117~125.

89 〈本市糞便處理上幾個小問題〉, 《衛生月報》第7期, 1939. 9, 2.

90 〈各業分會組織近況〉, 《新民報》, 1938. 5. 4, 7.

91 〈糞夫職業分會昨開首次籌備會議〉, 《新民報》, 1938. 5. 6, 7.

92 〈糞夫分會定期開成立會〉, 《新民報》, 1938. 5. 15, 7.

93 〈糞夫職業分會成立大會〉, 《新民報》, 1938. 5. 22, 7.

94 〈糞夫分會設子弟學校〉, 《晨報》, 1939. 2. 1, 6.

95 〈救濟貧苦糞業患者治療辦法〉, 《晨報》, 1939. 11. 18, 5.

【신중국의 탄생과 위생개혁】

1 張志如, 〈北京市免費醫療實施辦法的最初制定與實施〉, 《北京黨史》, 2008. 2, 41~43.

2 1954년 베이징 인구는 1,676,064명(323,920호戶)으로 베이징 시민의 1.5퍼센트 (25,000여 명) 미만이 무상의료를 제공받았다. 1953년과 1954년 베이징의 무상의료 인수는 오히려 줄었다. 베이징 인구는 〈北京市公共衛生局1954年1~12月生命統計報表〉(1955. 5. 10), 北京市檔案館所藏, 011-002-00134를 참고. 1952년 무상의료 인수는 25,200여 명(문진 누계 517,000여 명, 무상입원 6,300여 명)이었다. 〈衛生局關於制訂北京市免費醫療實施辦法, 限制節育及人工流産潛行辦法等五個辦法的請示與市府的批復〉(1953. 3. 17~11.30), 北京市檔案館所藏, 002-005-00166.

3 〈北平市衛生局工作報告〉(1946. 2. 13), 北京市檔案館所藏, J005-001-01236.

4 시정부가 법정전염병 사망자 발생 시 위생구사무소에 보고하고, 통계조사원, 의사, 경찰 등의 보고체계를 따르도록 한 지시는 다음을 참고할 수 있다. 〈北平市衛生局關於遇患法定傳染死亡時應電告本區衛生事務所經醫師鑑定後施行坮埋的函〉(1946. 4. 18), 北京市檔案館所藏, J181-016-02829.

5 〈北平市衛生局局務會議記錄〉(1947. 1. 1~12. 31), 北京市檔案館所藏, J005-001-02086.

6 北平市政府衛生局 編印, 〈民國35年北平市瘧亂豫防工作報告〉(1947. 1), 北京市檔案館所藏, J005-001-01164; J181-016-02970.

7 〈衛生局呈送46年度和47年4至12月份生命統計表的呈文及衛生署市府統計室的指令〉(1948. 6. 30), 北京市檔案館所藏, J005-001-01936.

8 〈北平自來水業務報告〉, 《北京市自來水管理處及其下屬單位資產清點清册及北平市自來水業務報告》(1947. 4. 1), 北京市檔案館所藏, J013-001-01233.

9 〈北平自來水股份有限公司業務說明〉(1948. 6. 21); 《北平市政府衛生局施政報告(1948年1月至5月)》(1948. 6), 北京市檔案館所藏, J146-001-00039.

10 〈調整機構的一個典型調查, 平市自來水公司正逐步解決〉, 《人民日報》, 1949. 5. 12, 2.

11 〈北平市人民政府代管自來水公司, 大漢奸的私股一律沒收〉, 《人民日報》, 1949. 3. 22, 2.

12 〈平市自來水公司, 成立工廠管委會〉, 《人民日報》, 1949. 5. 24, 2.

13 〈北京自來水公司全體職工向毛主席報告完成全年任務城內已有十分之八以上人口飲用自來水〉, 《人民日報》, 1949. 10. 11, 1.

14 〈兩處不按規定價格售水自來水公司已調查處理〉, 《人民日報》, 1950. 3. 28, 6.

15 〈北平市冀夫工會章程, 理監事簡歷表, 代表會議簽到簿, 常務會議記錄和稿簿等〉(1947-4-1), 北京市檔案館所藏, J005-001-01606.

16 北平市政府 編, 《光復一年之北平市政》, 1946. 10, 73.

17 〈北平市政府衛生局施政報告(1948年1月至5月)〉(1948. 6), 北京市檔案館所藏, J146-

001-00039.

18 〈北平市糞夫名册〉(1946. 8), 〈衛生局函送糞夫名册以便抽調受訓致警察局的公函〉 (1946. 1. 1~1949. 12. 31), 北京市檔案館所藏, J005-001-01404.

19 合作銀行, 〈北平市大糞業調查報告〉(1949. 10), 北京市檔案館所藏, 004-002-00013.

20 〈存糞移出城外, 處理辦法擬定, 昨起開始執行〉, 《人民日報》, 1949. 8. 23, 4.

21 〈市衛生局工作計劃和報告〉(1949. 8. 30), 北京市檔案館所藏, 002-026-00008.

22 北京市勞動局, 〈勞動局關於本市私營糞業并訂立勞資集體合同報局審查備案〉(1949. 9. 30), 北京市檔案館所藏, 110-001-00021.

23 분업노동조합 대표로 11명이 참여했는데, 차오장푸趙長福, 우더콴吳德寬, 샤오바오산邵寶山, 위칭롄于淸連, 루칭산魯淸山, 차오량위趙良玉, 허우경원候耕雲, 차이롄청蔡連城, 친칭허우秦淸厚, 리징셴李景賢, 판칭칭范靑慶 등이었다. 분업동업공회 대표로는 17명이 참여했는데, 쑨싱구이孫興貴, 딩전취안丁鎭銓, 왕한싱王漢興, 장원융張文永, 장원짜오張文藻, 징쉬첸井緖謙, 마칭구이馬淸貴, 밍좐유明傳有, 왕수샹王樹祥, 덩밍위에鄧明月, 한이룽韓宜榮, 양춘즈楊存治, 류춘장劉春江, 부옌링卜延齡, 장주창張柱昌, 두융창杜永暢, 장젠쉰張建勳 등이다. 이 밖에 베이징시北京市 인민정부人民政府 노동국勞動局의 스파비史法璧 국장局長과 마광두馬光斗 부국장副局長이 참여했다. 北京市勞動局, 〈勞動局關於本市私營糞業并訂立勞資集體合同報局審查備案〉(1949. 9. 30), 北京市檔案館所藏, 110-001-00021.

24 合作銀行, 〈北平市大糞業調查報告〉(1949. 10), 北京市檔案館所藏, 004-002-00013.

25 黄利新, 〈北平和平接管時期的城市街道工作組〉, 《當代中國史研究》 14-5, 2007. 9, 54.

26 1949년 12월 중앙인민정부中央人民政府는 베이징시 인민정부北京市人民政府 시장에 녜룽전聶榮臻, 부시장에 장유위張友漁, 우한吳晗, 비서장에 쉐쯔정薛子正을 임명하고, 시장 이하 민정국民政局, 재정국財政局, 문교국文敎局, 공안국公安局, 노동국勞動局, 건설국建設局, 공업국工業局, 상업국商業局, 지정국地政局, 공공위생국公共衛生局, 위생공정국衛生工程局 등 11개 부서를 설치했다. 공공위생국 국장에는 옌징칭

嚴鏡淸, 부국장 장원치張文奇, 위생공정국 국장 차오옌싱曹言行, 부국장 천밍샤오陳明紹 등이 임명되었다. 〈北京市人民政府 秘書長及各局長就職〉, 《人民日報》, 1949. 12. 28, 1. 공공위생국은 1963년 10월 위생국으로 변경되었다. 〈市人委關於市公共衛生局更名爲北京市衛生局的請示及國務院批復〉(1963. 10), 北京市檔案館所藏, 002-015-00016.

27 옌징칭의 이력에 대해서는 燕京硏究院 編, 《燕京大學人物志》第1輯, 北京: 北京大學出版社, 2001, 290~291등을 참고.

28 〈京市設衛生工程局, 原衛生局改組爲公共衛生局〉, 《人民日報》, 1950. 1. 14, 3.

29 〈張友漁副市長在北京市二屆二次各界人民代表會議上關於1950年度北京市財政收支槪算草案的報告〉, 《人民日報》, 1950. 2. 28, 4.

30 〈京市衛生工作獲得顯著成績〉, 《人民日報》, 1950. 1. 24, 4.

31 〈解放一年來北京市的市政建設-張友漁副市長廣播演講詞〉, 《人民日報》, 1950. 1. 31, 2.

32 〈建設人民的首都, 記1950年北京的市政建設〉, 《人民日報》, 1950. 5. 6, 3.

33 〈在北京市區各界人民代表擴大連席會議上彭眞市長的講話〉, 《人民日報》, 1951. 5. 22, 1.

34 〈全國搬運工人情況報告〉, 《人民日報》, 1950. 4. 3, 2.

35 〈徹底改革封建的糞道占有制度, 北京市逮捕罪大惡極的糞閥惡覇〉, 《人民日報》, 1951. 11. 4, 3.

36 〈關於肅淸糞閥惡覇, 改革封建糞道制度的方針與判法〉(1951. 8. 5), 北京市檔案館中共北京市委黨史硏究室編, 《北京市重要文獻選編》3卷, 中國檔案出版社, 2001, 499~503.

37 北京市人民政府衛生工程局 編印, 《北京市的糞便》(1950. 6), 北京市檔案館所藏, 136-001-00012.

38 〈北京市糞業勞資集體合同〉(1949. 9. 30), 北京市檔案館所藏, 101-001-00245.

39 〈糞業同業公會籌委會成立, 委員名單, 會員統計, 職工調査及工商局批復〉(1950. 6~

1950. 8) 北京市檔案館所藏, 022-010-00106.

40 〈北京市人民政府公安局, 衛生工程局關於改革糞道制度的布告〉, 1951. 11. 3, 北京市檔案館 中共北京市委黨史研究室編, 《北京市重要文獻選編》 3卷, 中國檔案出版社, 2001, 498~499; 〈北京市人民政府公安局衛生工程局關於改革糞道制度的布告〉, 《人民日報》, 1950. 11. 4, 3.

41 北京市衛生工程局, 〈市衛生工程局關於接管殘存和私營糞便業取糞地段方案〉(1954. 2. 9), 北京市檔案館所藏, 002-006-00212.

【에필로그】

1 〈讀者來信〉, 《人民日報》, 1951. 11. 12, 2.

참고문헌

● 신문, 잡지

《京報》

《警聲》

《大公報》

《同仁會醫學雜誌》

《北京物價月報》

《北平生活費指數月報》

《北平市政統計》(1946~1948)

《北平晨報》

《市政統計月報》(1941~1945).

《新民報》

《晨報》

《申報》

《衛生月報》(北京: 1939~)

《人民日報》

National Medical Journal of China

The China Medical Journal(*The Chinese Medical Journal*)

● 당안자료

〈京師警察廳內右一區分區表送水夫岳殿文等阻止自來水公司安設水管幷砸毀家具等情
   一案卷(1925. 12. 1~1925. 12. 31)〉, 北京市檔案館所藏, J181-019-47848.

〈京師警察廳內右一區分區表送自來水公司工頭趙子韶控挑水夫傳文淸攔阻作工等情一
   案卷(1925. 6. 1)〉, 北京市檔案館所藏 J181-019-47844.

〈京師警察廳外右一區分區表送水夫郭喜增聚衆阻撓自來水公司工匠安設水管一案卷
   (1925. 10. 1~1925. 10. 31)〉, 北京市檔案館所藏, J181-019-47847.

〈京師警察廳外左三區分區表送推水夫陳玉齡等聚衆阻撓自來水公司安設水管妨害秩序
   一案卷(1925. 4. 1)〉, 北京市檔案館所藏 J181-019-47839.

〈京師警察廳外左二區分區表送水夫趙喜坡率衆阻撓自來水公司安設專管一案卷(1925. 6.
   1)〉, 北京市檔案館所藏 J181-019-47841.

〈京師警察廳外左一區分區表送水夫高廷才阻撓自來水公司安裝水管幷毆傷工人一案卷
   (1926. 7. 1~1926. 7. 31)〉, 北京市檔案館所藏, J181-019-51237.

北平市政府 衛生局密呈, 〈北平市政府 密呈〉(1934. 11. 23), 北京市檔案館所藏, J005-
   001-00038-001.

北平市政府 衛生局密呈, 〈北平市政府 密呈〉(1934. 11. 27), 北京市檔案館所藏, J005-
   001-00038-001.

北平市政府, 〈北平市政府 密令 字第787號〉(1934. 10. 23), 北京市檔案館所藏, J005-
   001-00038-001.

北平市政府, 〈北平市政府 密令 字第906號 附件〉(1934. 11. 22), 北京市檔案館所藏,
   J005-001-00038-001.

北平市政府, 〈北平市政府 密令 字第906號〉(1934. 11. 22), 北京市檔案館所藏, J005-
   001-00038-001.

〈衛生局職員錄四冊〉(1934. 12. 1-1939. 11. 30), 北京市檔案館所藏 J005-002-00655.

北平市衛生局, 〈關於糞便的收集和處理收歸市辦的密令和市政府的密令〉(1934. 11. 27),

北京市檔案館所藏, J005-001-00038-001.

北平市衛生局, 〈北平市衛生局籌辦糞便收集事務收歸市辦及修繕淸道班宿舍, 采購糞夫用品的呈文和市政府的密令(1935. 10. 26)〉, 北京市檔案館所藏, J005-001-00053-001.

北平市衛生局, 〈北平市政府衛生局布告〉(1935. 10. 28), 北京市檔案館所藏, J005-001-00081-001.

北平市政府公安局, 〈逕啓者查關于收集糞便接收時之警備辦法前准〉(1935. 5. 5), 北京市檔案館所藏, J005-001-00081-001.

北平市衛生局, 〈北平市政府衛生局布告市民書〉(1935. 10. 12), 北京市檔案館所藏, J005-001-00081-001.

〈北平市政府收糞區域補償金評價委員會第一次會議記錄〉(1935. 10. 19), 北京市檔案館所藏, J005-001-00081.

北京特別市公署衛生局 編印, 〈民國二十七年豫防霍亂工作報告書〉(1938. 12), 北京市檔案館所藏, J005-001-00305.

北京特別市公署衛生局 編印, 〈民國二十八年豫防霍亂工作報告書〉(1939), 北京市檔案館所藏, J005-001-00435.

北京特別市公署衛生局 編印, 〈民國二十九年豫防霍亂工作報告書〉(1940), 北京市檔案館所藏, J005-001-00533.

北京特別市公署衛生局, 〈北京特別市公署衛生局訓令第22號〉(1941. 2. 18), 〈衛生局轉市公署關於各機關公務員年終獎勵 強化治安運動之實施和宣傳計劃的訓令́密令以及衛生局關於豫防天花傳染病流行舉行春季種痘運動的訓令〉(1941. 1. 1~12. 31), 北京市檔案館所藏, J005-001-00634.

〈北京區防疫委員會民國卅年霍亂豫防實施計劃及會議記錄等〉(1941. 9), 北京市檔案館所藏, J005-001-00589.

北京區防疫委員會, 〈民國三十年防疫計劃〉(1941), 〈北京區防疫委員會防疫計劃委員名單〉(1941), 北京市檔案館所藏, J005-001-01916.

〈新民會中央訓練處, 電車公司機關請求發給霍亂注射疫及注射證與衛生局的來往公函〉
　　(1943. 6. 1~1943. 9. 30), 北京市檔案館所藏, J005-001-00747.

〈北京區防疫委員會民國三十二年霍亂豫防實施計劃〉(1943. 1. 1~1943. 12. 31), 北京市
　　檔案館所藏, J005-001-00763.

〈社會局關於抄發市公署頒發僞造防疫證明書和檢擧虎疫等各種獎勵辦法的訓令及防
　　疫實施狀況第四, 五期報告表〉(1943. 9. 1~11. 30), 北京市檔案館所藏, J002-003-
　　00878.

〈三十二年六至十月患者路倒死亡者消毒工作統計表〉(1943), 〈北京地區防疫委員會防疫
　　課民國三十二年霍亂豫防工作報告書〉(1943. 1. 1~1943. 12. 31), 北京市檔案館所藏,
　　J005-001-00768.

〈北京特別市政府衛生局處理糞便事務所職員錄〉(1945. 1. 1~12. 31), 北京市檔案館所藏
　　J005-001-01793

〈北平市糞夫名册〉(1946. 8), 〈衛生局函送糞夫名册以便抽调受训致警察局的公函〉(1946.
　　1. 1~1949. 12. 31), 北京市檔案館所藏, J005-001-01404.

〈北平市糞夫名册〉(1946. 8); 〈衛生局函送糞夫名册以便抽調受訓致警察局的公函〉(1946.
　　1. 1~1949. 12. 31), 北京市檔案館所藏, J005-001-01404.

〈北平市衛生局工作報告〉(1946. 2. 13), 北京市檔案館所藏, J005-001-01236.

〈北平市衛生局關於遇患法定傳染死亡時應電告本區衛生事務所經醫師鑑定後施行埋
　　的函〉(1946. 4. 18), 北京市檔案館所藏, J181-016-02829.

〈北平市糞夫工會章程, 理監事簡歷表, 代表會議簽到簿, 常務會議記錄和稿簿等〉(1947-
　　4-1), 北京市檔案館所藏, J005-001-01606.

〈北平自來水業務報告〉,《北京市自來水管理處及其下屬單位資産清點清册及北平市自
　　來水業務報告》(1947. 4. 1), 北京市檔案館所藏, J013-001-01233.

〈北平市衛生局局務會議記錄〉(1947. 1. 1~12. 31), 北京市檔案館所藏, J005-001-
　　02086.

北平市政府衛生局 編印,〈民國35年北平市檔亂豫防工作報告〉(1947. 1), 北京市檔案館

所藏, J005-001-01164; J181-016-02970.

〈衛生局呈送46年度和47年4至12月份生命統計表的呈文及衛生署市府統計室的指令〉
(1948. 6. 30), 北京市檔案館所藏, J005-001-01936.

〈北平市政府衛生局施政報告(1948年1月至5月)〉(1948. 6), 北京市檔案館所藏, J146-001-
00039.

〈北平自來水股份有限公司業務說明〉(1948. 6. 21);《北平市政府衛生局施政報告(1948年1
月至5月)》(1948. 6), 北京市檔案館所藏, J146-001-00039.

〈北京市糞業勞資集體合同〉(1949. 9. 30), 北京市檔案館所藏, 101-001-00245.

合作銀行, 〈北平市大糞業調查報告〉(1949. 10), 北京市檔案館所藏, 004-002-00013.

北京市勞動局, 〈勞動局關於本市私營糞業幷訂立勞資集體合同報局審查備案〉(1949. 9.
30), 北京市檔案館所藏, 110-001-00021.

北京市勞動局, 〈勞動局關於本市私營糞業幷訂立勞資集體合同報局審查備案〉(1949. 9.
30), 北京市檔案館所藏, 110-001-00021.

〈市衛生局工作計劃和報告〉(1949. 8. 30), 北京市檔案館所藏, 002-026-00008.

〈糞業同業公會籌委會成立, 委員名單, 會員統計, 職工調查及工商局批復〉,(1950. 6~
1950. 8) 北京市檔案館所藏, 022-010-00106.

北京市人民政府衛生工程局 編印,《北京市的糞便》(1950. 6), 北京市檔案館所藏, 136-
001-00012.

北京市衛生工程局, 〈市衛生工程局關於接管殘存和私營糞便業取糞地段方案〉(1954. 2.
9), 北京市檔案館所藏, 002-006-00212.

〈衛生局關於制訂北京市免費醫療實施辦法, 限制節育及人工流産潛行辦法等五個辦法
的請示與市府的批復〉(1953. 3. 17-11.30), 北京市檔案館所藏, 002-005-00166.

北京市人民政府公共衛生局統計室 編印, 〈北京市1954年1至9月衛生統計簡報〉(1954.
11), 北京市檔案館所藏, 011-002-00122.

〈北京市公共衛生局1954年1-12月生命統計報表〉(1955. 5. 10), 北京市檔案館所藏, 011-
002-00134.

〈市人委關於市公共衛生局更名爲北京市衛生局的請示及國務院批復〉(1963. 10), 北京市
　　檔案館所藏, 002-015-00016.

● 단행본 및 논문자료

陶孟和,《北平生活費之分析》, 上海: 商務印書館, 1930.

〈關於肅清糞閥惡覇, 改革封建糞道制度的方針與判法〉(1951. 8. 5), 北京市檔案館 中共
　　北京市委黨史硏究室編,《北京市重要文獻選編》3卷, 中國檔案出版社, 2001.

〈北京市人民政府公安局, 衛生工程局關於改革糞道制度的布告〉(1951. 11. 3), 北京市
　　檔案館 中共北京市委黨史硏究室編,《北京市重要文獻選編》3卷, 中國檔案出版社,
　　2001.

〈北平天津等十處人力車夫數〉, 實業部中國經濟年鑑編纂委員會 編,《中國經濟年鑑》
　　(1934) 第15章, 上海商務印書館, 1934.

〈中國社會各階級的分析〉,《中國農民》1-2, 1926. 2. 1.

國民政府主計處歲計,《歲計年鑑》第2集, 國民政府主計處歲計局 印行, 1935.

廖泰初,《一個城郊的村落社區》, 發行處不明, 首都圖書館藏所藏, 1941. 11.

北京市檔案館 等編,《北京自來水公司檔案史料(1908年-1949年)》, 北京燕山出版社,
　　1986.

北京市處理糞便事務所 編,《北京市處理糞便事務所業務報告》, 北京: 北京市處理糞便
　　事務所, 1938.

北平市政府衛生局 編印,《北平市政府衛生處業務報告》, 北平: 北平市政府衛生局,
　　1934. 9.

北平市政府衛生局 編印,《北平市政府衛生局二十三年度業務報告》, 北平市政府衛生局,
　　1935. 10.

北平市政府衛生局 編印,《北平市政府衛生局二十四年度業務報告》, 北平: 北平市政府

衛生局, 1936.

北京特別市政府公署衛生局 編印,《北京特別市政府公署衛生局二十五年度業務報告》,
　　北京特別市政府公署衛生局, 1938.

北京特別市公署衛生局 編印,《北京特別市公署衛生局二十六年下半年二十七年全年度
　　業務報告》, 北京: 北京特別市公署衛生局, 1940.

北京特別市公署衛生局 編印,《北京特別市公署衛生局二十八年度業務報告》, 北京特別
　　市公署衛生局, 1941. 1.

北平市社會局 印行,《北平市工商業槪況》, 北平: 北平市社會局, 1932. 10.

北平市政府 編,《光復一年之北平市政》, 1946. 10.

北平市政府秘書處 編印,《北平市政府統計月刊》1期, 北平: 北平市政府, 1934. 1.

北平市政府秘書處,《北平市統計要覽》, 北平: 北平市政府秘書處, 1936.

北平市政府衛生局,《北平市政府衛生局職員錄》, 1936. 5.

沈福文,〈北平糞夫〉,《藝風》1-6, 1933.

王沅,〈北京市糞便問題〉,《農學月刊》第8卷 3·4期合刊, 1941.

于恩德,〈北平工會調查〉,《社會學系》第4卷, 北平: 燕京大學社會學系, 1929. 6.

李景漢,〈北京人力車夫現狀的調查〉,《社會學雜誌》1925年 第2卷 第4期.

李景漢,《北平郊外之鄉村家庭》, 上海: 商務印書館, 1929.

李庭安·郭祖超,〈國人死因之商榷〉,《國立中央大學醫科研究所公共衛生學部硏究報告》
　　1943年 第1期, 1943. 8.

林頌河,〈統計數字下的北平〉, 陶孟和 編輯,《社會科學雜誌》2-3, 南京: 社會調査所出
　　版, 1931.

張友漁,〈解放一年來北京市的市政建設〉(1950. 1. 31), 北京市檔案館 等編,《北京市重要
　　文獻選編(1950)》2, 北京: 中國檔案出版社, 2001.

田濤·郭成偉 整理,《清末北京城市管理法規(1906-1910)》, 北京: 北京燕山出版社, 1996.

趙萬毅,〈平市處理糞便的一個特殊組織〉,《市政評論》4-12, 1936. 12. 16.

竹內實 監修,《毛澤東集》1, 東京: 蒼蒼社, 1972, 第2版 1983.

陳明光 主編,《中國衛生法規史史料選編(1912-1949.9)》下篇, 上海: 上海醫科大學出版社, 1996.

《北平市市政法規滙編》, 1934. 12.

《北平市政統計》第2期, 1946.

《北平指南》, 1929.

關東局移民衛生調查委員會,《滿洲ニ於ケル邦人農業移民ノ榮養問題ノ研究(昭和十年度 調查研究報告)》, 1936. 8

Robert Moore Duncan, *Peiping Municipality and the Diplomatic Quarter*(1933).

● 연구서 및 연구논문

권택규, 〈淸代 北京 梨園會館의 설립과 변천〉,《明淸史硏究》25집, 2006. 4.

김승욱, 〈왕징웨이의 화평론과 동아시아론〉,《중국근현대사연구》32, 2006. 12.

라오서, 심규호·유소영 옮김,《낙타 샹즈》, 황소자리, 2008.

린위탕, 김정희 옮김,《베이징이야기》, 서울: 이산출판사, 2001.

박윤재, 〈조선총독부의 우두정책과 두창의 지속〉,《의사학》21-3, 2012. 12.

배경한, 〈중일전쟁시기 중국에서의 동아연맹운동과 왕징웨이정권〉,《중국근현대사연 구》21, 2004. 3.

____, 〈중일전쟁시기의 왕징웨이정권과 신민회〉,《동양사학연구》93집, 2005. 3.

____, 〈중일전쟁 시기의 汪精衛政權과 新民會〉,《東洋史學硏究》제93집, 2005. 12.

백영서,《중국현대대학문화연구》, 서울: 일조각, 1994.

손승회,《근대중국의 토비세계》, 서울: 창비, 2008.

송한용, 〈'中華民族' 論下의 국민통합과 갈등: '민족영웅' 岳飛를 중심으로〉,《역사학 연구》41, 2011.

신규환,《질병의 사회사: 동아시아의학의 재발견》, 서울: 살림출판사, 2006.

____, 〈近代 中國의 性病起源論爭과 性病統制: 20世紀 前半 上海와 北京을 중심으로〉, 《의사학》 16-1, 2006. 6.

____, 〈1930년대 北平市政府의 糞業官辦 構想과 環境衛生의 改革〉, 《東洋史學研究》 97, 2006. 12.

____, 《국가, 도시, 위생: 1930년대 베이핑시정부의 위생행정과 국가의료》, 서울: 아카넷, 2008.

____, 〈개항, 전쟁, 성병: 한말 일제초의 성병 유행과 통제〉, 《의사학》 17-2, 2008. 12.

____, 〈民國時期 北京의 衛生改革과 '環境暴動'〉, 《中國近現代史研究》 42, 2009. 6.

____, 〈북경, 도시공간의 변화와 정치〉, 《내일을 여는 역사》 38호, 2010년 봄.

____, 〈민국시기 의사면허제도의 성립과정과 의사의 사회적 지위〉, 《동양사학연구》 114, 2011. 3.

____, 〈日本占領期 콜레라 流行과 北京의 衛生行政(1937~1945)〉, 《중국근현대사연구》 51, 2011. 9.

____, 〈제1·2차 만주 페페스트의 유행과 일제의 방역행정(1910~1921)〉, 《의사학》 21-3, 2012. 12.

____, 〈日本占領期 北京 똥장수의 日常生活과 糞業改革(1937~1945)〉, 《중국학보》 제67집, 2013. 6.

유용태, 《지식청년과 농민사회의 혁명》, 서울: 문학과지성사, 2004.

윤형진, 《일본점령기 北京의 도시계획과 그 유산》, 《서울학연구》 제42호 (2011. 2), 98~102.

윤휘탁, 〈민국시기 중국인의 만주이주와 귀향〉, 《중국사연구》 63, 2009. 12.

이은자, 〈청대 산동서부의 인문적, 군사적 환경과 團練의 동향〉, 《중국사연구》 5, 1999. 2.

____, 〈19세기 후반 산동서부의 사회경제적 환경〉, 《근대중국연구》 2, 2001. 4.

전인갑, 《20세기 전반기 상하이사회의 지역주의와 노동자》, 서울: 서울대학교출판부, 2002.

정문상,《중국의 국민혁명과 상하이학생운동》, 서울: 혜안, 2004.

지현숙,〈남경국민정부(1928~1937)의 국민통합과 여성〉, 이화여자대학교 박사학위논문, 2002.

최장순,〈중국사합원의 평면유형과 공간 구성의 특징에 관한 개괄적 연구〉,《한국주거학회논문집》14-5, 2003. 10.

〈焦點网談: 産垃圾多於産糧食〉,《新華网》671期, 2003. 2. 25. http://news.xinhuanet.com/focus/2003-02/24/content_738026.htm.

《北京舊影 –古いペキンの姿–》, 人民美術出版社, 1989

高樂才,《近代中國東北移民硏究》, 北京: 商務印書館.

邱國盛,〈北京人力車夫硏究〉,《歷史檔案》2003年 第1期.

邱仲麟,〈水窩子: 北京的供水業者與民生用水(1368~1937)〉, 李孝悌 編,《中國的城市生活》, 聯經, 2005. 4.

金祥瑞,〈舊北京的糞夫與糞閥(1964. 11. 13)〉, 全國政協文史資料委員會編,《文史資料存稿選編》第25輯 社會, 北京: 中國文史出版社, 2002.

董可,〈袁良與北平的三年市政建設計劃〉, 北平市檔案館編,《北京檔案史料》1999-2.

杜麗紅,〈從被救濟到抗爭: 重析1929年北平人力車夫暴亂〉,《社會科學輯刊》2012年 第1期.

____,〈20世紀30年代的北平城市管理〉, 北京: 中國社會科學院 硏究生院 博士學位論文, 2002. 5.

廖胜平,〈北平解放初期對乞丐的收容和改造〉,《天津行政學院學報》12-1, 2010. 1.

劉秋陽,〈論都市苦力工人的階級屬性與特點〉,《中國勞動關係學院學報》22-5, 2008. 10.

梅佳 選編,〈民國時期北平的傳染病管理與衛生防疫〉《北京檔案史料》, 2003. 2.

文庠,〈試論民國時期中醫開業管理政策法規與實施〉,《民國檔案》, 2007. 4.

北京市自來水集團有限公司,〈淸泉悠悠鑒古今: 探尋京城自來水百年供水發展歷程〉http://www.bjwatergroucom.cn/300/2005_5_31/300_1093_1117527588125.html.

成田貢 編,《中華民國新民會大觀》, 東京: 公論社, 1940.

余新忠 主編,《淸以來的疾病, 醫療和衛生: 以社會文化史爲視覺的探索》, 北京: 三聯書
　店, 2009.

燕京硏究院 編,《燕京大學人物志》第1輯, 北京: 北京大學出版社, 2001.

王强,《漢奸組織新民會》, 天津社會科學出版社, 2006.

王琴,〈20世紀30年代北平取締女招待風波〉,《北京社會科學》2005年 第1期.

王林 主編,《山東近代災荒史》, 濟南: 齊魯書社, 2004.

王樹槐,《中國現代化區域硏究 江蘇省, 1860~1916》, 臺北: 中央硏究院近代史硏究所,
　1984.

王熹·楊帆,《會館》, 北京出版社, 2006.

饒克勤·陳育德,〈民國時期北平市居民醫學人口資料的分析硏究〉,《中國衛生統計》12-
　6, 1995.

熊亞平,《鐵路與華北鄕村社會變遷, 1880~1937》, 北京: 人民出版社, 2011.

游金生,〈淸末北京城內外城居民死因分析〉,《中華醫史雜誌》24-1, 1994.

劉大可,〈山東淪陷區新民會及其活動〉,《山東社會科學》2001-3.

張肇基,《北京四合院》, 北京: 北京中國美術撮影出版社, 1996.

張志如,〈北京市免費醫療實施辦法的最初制定與實施〉,《北京黨史》, 2008. 2.

張洪祥·楊琪,〈抗戰時期華北淪陷區的新民會〉,《史學月刊》, 1999-5.

曹子西 主編,《北京通史》第9卷, 北京: 中國書店, 1994.

越澤明,《日本占領下的北京都市計劃》,《第5回日本土木史硏究發表會論文集》, 1985.

朱耀廷 主編,《華夏文明的核心: 古代都城》, 遼寧師範大學出版社, 1996.

曾業英,〈略論日僞新民會〉,《近代史硏究》, 1992-1.

陳世松 主編,《宋哲元傳》, 長春: 吉林文史出版社, 1992.

黃利新,〈北平和平接管時期的城市街道工作組〉,《當代中國史硏究》14-5, 2007. 9.

堀井弘一郎,〈新民會と華北占領政策〉,《中國硏究月報》, 1993年 1, 2, 3月號.

王强,〈日中戰爭期の華北新民會〉,《現代社會文化硏究》, 第20號, 2001. 3.

蘭信三,《滿洲移民の歷史社會學》, 京都: 行路社, 1995.

熊遠報,〈清代民國時期における北京の水賣業と'水道路'〉,《社會經濟史學》66-2, 2000. 7.

八卷佳子,〈中華民國新民會の成立と初期工作狀況〉, 藤井昇三 編,《1930年代中國の研究》東京, 1975.

黄宗汉,《老北京天桥的平民文化》,《北京社会科学》, 1996년 제3기

"Chinese Riot Over Pollution: Thousands of Protesters Beat Back Police Sent to Restore Order", *Business in Asia*, 83-16, April 18, 2005.

"Protest-Next: Environmental Riots in Xinchang", *China Herald*, July 19, 2005.

Andrews, Bridie J., "Tuberculosis and Assimilation of Germ Theory in China, 1895~1937", *Journal of the History of Medicine* Vol. 52, Jan. 1997.

Dong, Madeleine Yue, *Republican Beijing: The City and Its Histories*(Berkeley: University of California Press, 2003).

Duara, Prasenjit, *Culture, Power, and the State: Rural North China, 1900~1942*(Stanford, California: Stanford University Press, 1988).

Park, Yunjae, "Sanitizing Korea: Anti-Cholera Activities of the Police in Early Colonial Korea," *Seoul Journal of Korean Studies* 23-2, Dec. 2010.

Shi, Mingzheng, "From Imperial Gardens to Public Parks: The Transformation of Urban Space in Early Twentieth-Century Beijing", *Modern China* Vol. 24 no. 3, July 1998.

Sihn, Kyu-hwan, "The Nightsoil Worker's Daily life and Health Reform in Beijing Under Japanese Occupation (1937~1945)", *The International Conference on Life and Health in China from the Perspective of the History of Everyday Life*(Tianjin: Nankai University, July 24~27, 2012).

Strand, David, *Rickshaw Beijing: City People and Politics in the 1920s*(London, England: University of California Press, 1989).

<표> 역대 베이징 시장 및 위생국장

기간	역대시장	위생국장
난징국민정부 시기 (1928~1937)	허청쥔何成濬(1928. 6~1928. 7) 허치공何其鞏(1928. 7~1929. 6) 장인우張蔭梧(1929. 6~1931. 2) 왕타오王 韜(1930. 10~1931. 3) 후루어위胡若愚(1931. 4~1931. 6) 저우다원周大文(1931. 4~1933. 6) 위안량袁 良(1933. 6~1935. 11) 친더춘秦德純(1935. 11~1937. 7) 장쯔중張自忠(1937. 7~1937. 8)	황쯔팡黃子方(1928. 8~) 팡이지方頤積(1933. 11~1935. 11) 셰전핑謝振平(1936. 1~1937. 7)
일본점령기 (1937~1945)	장차오쭝江朝宗(1937. 8~1938. 12) 위진허余晉龢(1938. 1~1943. 2) 쑤티런蘇體仁(1943. 2) 류위슈劉玉書(1943. 2~1945. 8) 쑤슈즈蘇修直(1945. 8)	허우위원候毓文(1938. 1~1943. 2) 장싱옌張瘙菴(1943. 2~1945. 8)
국공내전 시기 (1945~1948)	슝빈熊 斌(1945. 8~1946. 7) 허쓰위안何思源(1946. 7~1948. 7) 류야오장劉瑤章(1948. 7~1949. 1)	한윈펑韓雲峯(1945. 10~1948. 12)
신중국시기 (1949~)	예젠잉葉劍英(1948. 11~1949. 9) 녜룽전聶榮臻(1949. 12~1951. 2) 펑쩐彭眞(1951. 4~1954)	옌징칭嚴鏡淸(1949. 12~?)

표목록

찾아보기

어느 중국인 노동자의 일상과 혁명

북경 똥장수

- ⊙ 2014년 5월 29일 초판 1쇄 발행
- ⊙ 2015년 7월 6일 초판 4쇄 발행
- ⊙ 글쓴이   신규환
- ⊙ 펴낸이   박혜숙
- ⊙ 영업 · 제작   변재원
- ⊙ 펴낸곳   도서출판 푸른역사
  우 110−040 서울시 종로구 통의동 82
  전화: 02)720−8921(편집부) 02)720−8920(영업부)
  팩스: 02)720−9887
  전자우편: 2013history@naver.com
  등록: 1997년 2월 14일 제13−483호

ⓒ 신규환, 2015

ISBN   979−11−5612−013−1   93900